超越体験　宗教論

クラウス・リーゼンフーバー小著作集　I

超越体験

宗教論

クラウス・リーゼンフーバー小著作集 I

知泉書館

釘宮明美 編集

序文

　われわれが生きている世界は疑いもなく一つの全体を成しているが、この全体の意義と根拠を吟味するにあたり、理解は常に限界に直面する。それゆえ、存在の真理を諸事象を手がかりにして推察することになる。その際、すべての個別的な考察は確かにある根源的な焦点を目指してはいるものの、その焦点と起源を一定の視点のもとで反映している。現実全体や存在そのものの意義を探ろうとする哲学と、第一根源の光のもとで人生の意義や目標に触れようとする宗教は、各々の仕方で全体とその起源に近づこうとする。両者はそれぞれに固有な道を歩んでいても、普遍的で根源的な関心においてはつながりを持っており、互いに照らし合うことになる。

　こうした理解に基づいて、本小著作集は数多くの断片的な考察から成り立っているが、多様な論考の集成として人生の意味を思索し、特に哲学と宗教の視点から人間精神の視野を全体の根源的な焦点に向けて開こうとする。これらの諸断編は一貫した体系的論述を成しているわけではなく、それぞれが独立していて、人生の理解に寄与することを目指して書かれたものである。各論の長さはもちろんのこと、叙述の仕方も論文調のものから話し言葉で論点を思いめぐらしたものまで多種多様であり、また洞察の徹底さと深みに関しても相違があるが、いずれも互いに関連し合っており、共通の問いかけに基づいて出来上がった諸論考で構成されている。

この著作集の核を成す哲学的思考と宗教的関心においては、存在への問いと人間の自らの意義への問いが不可分的につながっている以上、その考察は、問われている事柄そのものがもつ二重的構造を反映している。つまり人間存在の二重的構造は、自立と無限への憧れ、諸対象の理性的分析と、意義の深みを探る心の動きから成っていると言えようが、人間の理性は根源的に同じ中心に根差している。そのために、両者の活動は反省によるその二分化にも先立って、互いに補い合い、精神の自己遂行として一致しており、したがって方法的にも明確に切り離せないであろう。

この著作集では、既発表の哲学的・思想史的論考を補充するという意味で、理性による認識の拡大を常に目指しながら超越と関わる諸テーマを積極的に取り上げ、その理解に努めている。人生全体に関わる意義を理解可能なものにするために、宗教的次元に関しても理性的理解を目指して論考が進められる。その際、精神においては超越との関わりと人間の自分自身に対する問いかけを結びつけ、しかも宗教的次元を問いにするにあたって、聖書の言葉とその解釈上の伝統を立脚点としている。哲学・思想の歴史においても、聖書の理解と理性による存在理解とは、互いに影響を及ぼし合いながら発展してきたからである。それゆえ、両者を方法論的に区別するというよりも、この著作集においては人生の根本的問題をめぐって両方の視点を通して、その根源的な理解にまで近づこうとする。

小著作集の全体は、五つの巻から構成されている。この第一巻『超越体験——宗教論』では人間論的思考に重点を据え、全巻を通しての問題提起をするとともに、精神の基本的経験と、宗教におけるその主題化を共通の基盤としている。超越理解は何よりも言語を通して伝えられるので、言語の経験的理解が存在認識との関係で吟味される（第一章）。現代の宗教理解に影響を及ぼす精神的状況にあっては、価値認識が批判的に問われており（第二章）、また合理的に平板化される傾向もある（第三章）。その一方で、人生において常に実行される根本的な経験のうちに存在の意義が了解されており、この意義があらゆる認識の基本的な次元として再発見されることによって、宗教の新しい理解可能性が示された（第四章）。意義を発見するにつれて人間は、超越の理解へと導かれる（第五章）とともに、宗教的行為が祈りというかたちで呼び起こされる。祈りの構造を人間論的観点から分析する（第六章）ことを通して、宗教性の基盤を考察したうえで、自由な主体性に基づく自己形成への反省は、自己規定と自己理解の刷新を通じて人間にとっての中心的な行為の実現を明らかにし、信仰の輪郭を描き始める（第七章）。生きた信仰において新たにされる自己理解と世界理解とは、宗教的伝統に従って黙想を通して関わり合う。近世には、合理的思考形態が黙想的思考に対して有力であったが、その後、現代のさまざまな哲学的傾向において、感覚と理性的理解の多様な相互浸透の仕方が再評価されるようになり、黙想の理解に豊かな可能性が開かれた（第八章）。黙想を人間の基本的な自己了解の一つの道として注目するにつれて、東洋的霊性と西洋的宗教性との間の創造的な交互作用が始まったように思われる（第九章）。さらに近代で試みられているように、認識そのものをただ主体の能動性という観点から説明するというよりも、存在の自己啓示に由来するものとして存在論的に再考察することで、認識それ自体の根幹をなす存在と、意義を顕わにする啓示の役割が哲学では新たに注目されるようになった。これによって、認識そのものと、啓示による宗教的理解との間の隔たりを埋めて、認識と啓示を対立させる思考を克服するような可能性が生まれた（第一〇章）。それらの発展を契機にして人間の基本的な経験と言葉に基づいて、存在と意義に関する宗教的問いに新しい根拠が備えられる（第一一章）。

この著作集を根拠づける以上のような問題意識は、第二巻『真理と神秘——聖書の黙想』と第三巻『信仰と幸い——キリスト教の本質』において、宗教思想がキリスト教を具体例として導入され、キリスト教信仰が人間の内的実践の可能性という側面から問われる。というのも、超越との関係を単なる人間論的考察のみによって十全に理解するのは困難であり、それは宗教の言葉を導入することを通じて初めて深みまで照らし、その根本的意義を浮き彫りにすることができると思われるからである。そこでは宗教的思想を直接、対話の一方の主題として理性的理解と関連させながら、理性と宗教の対話がなされることが課題となる。このような意図に基づいて、第二巻『真理と神秘——聖書の黙想』は、教義的に規定された信仰からではなく、超越との関わりを求める人間の自覚を通して展開される。聖書の言葉と人間の思考を黙想を用いて絡み合わせることで、両者が充実した理解に進んでいくことになろう。

続く第三巻『信仰と幸い――キリスト教の本質』では、宗教的伝統が基づいている定式的に言語化された信仰を扱う。キリスト教の多くの宗派が共通の基盤としている信仰宣言の解釈を通じて、教義としての宗教を、キリスト教を焦点にして多様な諸次元から解読することを試みる。同時にまた、人間の自ら自身による直接的な宗教的関心は、古典古代からすでに幸福への問いというかたちをとって言語化されてきたが、幸福とは何かという宗教性の軸とも言えるこの問いに対して、聖書に従いながらその内実を考察する。言うなれば、教義と幸福への問いという二つの側面――信仰理解と人間の実存的な憧れという両方――を通して、宗教の核心を了解しようとするのである。

第四巻『思惟の歴史――哲学・神学的小論』では、再び哲学的思考法に戻って、古代・中世・現代にわたる思想の流れの中から典型的な具体例を取り上げる。専門的知識というよりも従来からある中心問題に焦点を当て、すでに発表した研究を補足あるいは深化させて考察を進める。

最後の第五巻『自己の解明――根源への問いと坐禅による実践』は、理解と宗教という人間にとって基本的な営みを人生の意義についての哲学的思考へと指し向け、既成宗教や専門家の枠組みを超えて、一般の読者に向かって開こうする試みである。人間の宗教性を呼び覚ます一例として、東洋的霊性の一つである坐禅による具体的実践が紹介される。人間の自己形成における根源を問う思考が、実行を通して日常性において実を結んでいく可能性を探る。

本小著作集は、四十年余にわたって書かれた諸論考を集成したものである。元の原著論文の作成にあたっては、お名前を挙げることのできないほど多くの方々のご尽力をいただいた。そのご親切とご厚情は誠に大きなものであり、忘れることができない。ここに公刊される一つひとつの論文は、上智大学の同僚諸氏をはじめ、諸学会の先生方の励ましとご指導によって成立したものである。文章の整理・推敲、翻訳、用語等について幾つかの大学の先生方、大学院生、友人の方々から惜しみない時間を頂戴したことに、心から御礼申し上げる。また編集にあたっては、用語の統一や索引作り等に関して、幾人かの若手研究者のご協力に支えられた。この小著作集の企画、本論文の再翻訳と編集から全体の連絡調整にわたるまで、白百合女子大学の釘宮明美氏には総編集者として諸事万端のご尽力をいただき、特に厚く御礼申し上げる。本小著作集刊行のご提案とご親切なお招きをいただいた知泉書館の小山光夫氏、編集に常に積極的に関わってくださった高野文子氏には、そのご指導によって出版に至ることができたことに衷心から感謝の意を表する次第である。

ここに取り上げられたさまざまな問題が、読者諸賢にとってわれわれの生きている現実世界の真理と意味を新たに問うきっかけとなることを願ってやまない。

二〇一五年六月二四日

著　者　識

超越体験　目　次

超越体験

宗教論

第一章　語ることと聴くこと

一　言語と哲学

人間とは、飽くことなき好奇心を抱く者と定義できるだろう。人間は、常に新たなものや他なるものを求めて、その精神的地平と生の可能性を拡大していく。しかし、特殊なものに関心を寄せるあまり、身の回りにいつもあるごく普通のものを容易に見逃してしまいがちである。日常生活で最も身近なものが同時に最も遠く、いちばん理解しがたいものである。一見して自明なものが、特別なものすべてを取り囲み、支えている。それに目を向けることを学び、それを自分がまだほとんど理解できてないことに気づくときこそ、哲学的思考が始まるのである。

人間の生をきわめて深く規定していながら、以前から見過ごされてきたものの一つが言葉であろう。現代が情報の時代であることは言を俟たない。日々、テレビや新聞を通して受け取る溢れんばかりの情報が、特に言葉を介して押し寄せる。だが、どんな学びもまた人間同士の交わりも、言語の上に成り立っている。静かにものを考えるときでさえ、われわれは言語と結びついた概念および思考の習慣を拠りどころとしている。周囲をほんの少し見回してみても、机や本、人や犬など当たり前のように目に入るが、それらは、言葉を介してすでに無意識のうちに、対象へと統合され把握された印象の数々である。このように、言語は人間の生のあらゆる領域に及んでおり、理解と伝達を可能にしている。にもかかわらず、まだ言葉そのものに明らかな注意が向けられていない。

二十世紀の哲学は、さまざまな問いや方法をもって多種多様な方向へと発展していった。これらの異なる多くの見解の間に共通する主題が見られるかと言えば、おそらく第一に言語を挙げることができよう。言語は、現代のほとんどすべての哲学が共通の対象として探究しているものである。分立する世界観の間で相互に理解し合うことが非常に困難になっているが、共有の言語はあらゆる意志伝達の第一条件であるからこそ、まさに言語の問題が前面に出て来たのだろう。たえまない誤解の経験に加えて、それぞれに言語使用を異にするイデオロギーの林立に混迷を深めていることへの憂慮、それらに余儀なくされて、哲学は哲学自身の語り口や、ひいては言語一般について、冷静な目で探究を進めているのである。

もっとも、ギリシア哲学においてもすでにアリストテレス（Aristoteles 前三八四―三二二年）や、さらにはストア学派（前三〇〇頃―後二五〇年頃）が言語とその論理について詳しく論じている。中世に見られる高度な一般教養は文法、修辞学、弁証論の研究の上に成り立っており、これらの諸学はみな言語を主題にしていた。とはいえ、これらの言語の研究は、古代や中世の人々にとっては、どちらかといえば本来の学問への入口、あるいはそのための道具であったに過ぎない。アリストテレスによれば、根本的な学は存在するものとその諸原因を問うものであり、つまり形而上学なのである。近代になると存在者への形而上学的問いはデカルト（René Descartes 一五九六―一六五〇年）以降、認識と思考に向かう問いへと変わっていく。というのも、人間が存在者を認識することができる限りにおいて、哲学も存在者を問題にすることができるからである。人間の認識が及ぶ範囲を問う、近代の根本的問いにおいても、まだ言語の問題は掘り起こされないままであり、そればかりか古代や中世に比べるといっそう目立たなくなっている。なぜなら、近代の合理論的認識論が考えているように、個々の人間があらゆる伝統に左右されず、もっぱら自分自身の理性で認識するのであれば、言語の役目はせいぜい、すでに知的に認識されたものを後から伝達することに尽きるだろうからである。

二十世紀の初頭以来、人間の行う認識と言語の諸形式とが内的に結びついていることに、目が向けられるようになった。それと同時に、人間が決してただの孤立した個人として思考するのではなく、人間同士の対話において、そして文化を同じくする社会の一員として思考するということにも気づかれるようになった。その結果、人間の思惟が存在者に関する学の制約として示されてきたのと同じように、言語が思惟の前提となるものであることが明らかにされたのである。むろん、言語への問いがそう簡単に思考への問いや、存在者への問いに取って代わるわけではない。言語は、その意味を思考から受け取るのであるし、存在者に対して指示的に関わっているからである。それでも言葉は、哲学と人間の生とのあらゆる領域にわたって大きな意義を持っており、言語についての省察は、今や哲学の基盤に属している。

二　言語の根本規定

ところで、われわれが「言語」と称しているものの本質は、どのようなものであろうか。第一に、言語は事物というより行為である。言語は、もともと語る働きのうちに在るからである。とはいえ、人間はその語る働きのうちで、他のどのような行為とも異なって、単にある外的目的を実行するにとどまらず、ある意味を表現している。それゆえに、言語は表現行為なのである。何らかのものが表現されるのは記号による。言語の記号は一般に、文字記号と音声記号とに大別されるだろう。文字記号の中には、漢字のように、表音文字ではなく象形文字のほうが本来的に重要な言語もあるにせよ、文字記号は、語られた音声である言葉に基づいてのみ明確な意味を表す。したがって、言語記号とはまず第一には、声による発話された音声記号である。それは、ある何かを意味して新しい認識を媒介するがゆえに、発音の分節されない単なる叫び声とは区別される。その表現される新しい意味内容が言語記号に基づいて認識されるのは、ひとえに、それらの記号が同一の言語を使用する人に共通な規則に従って形成されているという理由によっている。かくして言語は、ある集団に共通しているとともに彼らの意思疎通に役立つような音声記号の体系であると、まず第一に定義されるだろう。われわれは、この定義を起点にしてもう少し詳しく考察してみよう。

発話もしくは記述された記号は、それが一定の記号体系、例えば日本語といったある体系に属しているときに、それ自身が理解されるようになる。例えば、「アイ」という音声が英語と日本語とでは別の意味を表すように、同一の音声であっても、記号体系が違っていれば、まったく異なるものを指し示すことができる。したがって、記号は第二に、まさにそれが記号であるという理由によって、それ自身とは異なる他のものに指示的に関わっている。それはある何かを指し示しており、意味もしくは意味内容を有している。というのも、われわれが語っているとき、われわれはいつもある何かについて語っているからである。われわれが何かについて語っているとき、それが現実に存在する必要はないにしても、とにかくそれは、言語的に表出することで志向されている。

音声もしくは文字が、それら自身ではない他のものを意味しうるためには、つまりは記号でありうるためには、第三に、それはある人、つまり語り手によって、記号として用いられなければならない。さもなければ、それは何も意味しない単なる音の羅列に過ぎなくなるだろう。したがって、耳に聞こえ目に見えるものの中には、何らかの意味が込められていることが察知されなければならない。そのようになるのは、一般に知られている規則に従い、思考している主体から言葉が発せられている場合である。

　最後に第四として、発話は聴き手に対して向けられており、語り手は何かあることを聴き手に伝えようとしている。語り手と聴き手の共通の基盤となっているのは、伝達の間主観性である。それは、両者が同じ言語共同体に属している場合、つまり同じ記号体系を用いている場合に成立する。以上のように、言語的発話の四つの主要要素の間の関係は、図のようになる。

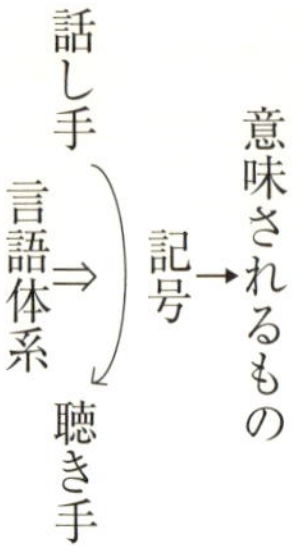

　したがって、言語理論は、記号つまり言語による発話から出発して、それら諸要素のいくつかの本質的連関を探求しなければならないだろう。すなわち、言語は、意味される対象や事象に指示的に関わる限りで、意味論の対象となる。意味論は言語を、それが意味をもち真理を主張する限りで、言い換えれば、記号としてあるものを表している範囲で考察する。次に、言語がそれ自体で記号とその機能から成る体系である限りで、文法論（ないし構文論 syntax）による考察の対象となる。文法論は、個々の単語と文章の意味を捨象して、言語の構造を問題にし、品詞や文の種類を各々の規則に照らし

て問う。だが、言語的表出の意味は、ただ語彙や文法だけから生まれるものではない。同時にそこでは、言葉に自分の思いを託し、聴き手に影響を及ぼそうとする語り手の意図が生きている。語り手の言語表現に対するこのような関わりは、語用論の対象となる。語用論は、言葉をその意味（意味論）あるいは論理的・文法的な規則（文法論）を対象にするのではなく、主体の行為という観点から考察するのである。

　ところで、話し手は言葉を語る際に聴き手に向かっているので、言葉の受け手への関わりもまた、言語の語用論的次元から理解されなくてはならない。であるならば、言語の語用論的次元は、語り手の側から考察されるとともに、聴き手の立場からも考察の対象となるという意味では、二つの局面をもつ。すなわち、語り手の自己表現と聴き手への呼びかけである。行為と訴えである。聞き手は応答し、そうすることによって聴き手自身も語り手になるので、行為と訴えは相互的である。ここから語用論の本来の対象は、相互的なコミュニケーションであることが分かる。

　意味論（semantics）、文法論（grammar）、語用論（pragmatics）は言語理論の三つの基本的部門とされている。そしてこれらは、言語哲学が立脚すべき問題領域なのでもある。

　意味論、文法論、語用論という三つは、おそらくは真、美、善という古典的な三つの理念が言語に適用されたものであることを再認識できるかもしれない。意味論が問題にするのは、意味と真理である。また、文法論では言語の形態が問題になるが、形態は調和と美を伴うべきものである。さらに、語用論では語り手の向かう目的を定めることが大事だが、目的は善と関わるものである。

加えて、文学の基本的な三つの種類、すなわち叙事詩、詩学、劇というのも、言語の三つの次元とそれらの理念の各々が重視するところから理解されるだろう。叙事詩は世界の出来事を描出するが、これは意味論のテーマに対応する。詩学は、文法と結びつきながら言語構造の美に作用する。劇は、行為の葛藤・抗争の過程を表現するが、これは善をめぐる、また善を目指しての矛盾・葛藤という点において、語用論と密接に触れ合っているのである。

三　意味としての言語

人間にとって言語とは、内的にすでに出来上がった認識を他人に伝えるための、単なる外的な補助手段なのではない。むしろ人間の中では、認識と言語は同一のものではないにしても、両者が非常に密接に連関し合っている。人間は、自分の認識を言語を用いて形にすることによって初めて、完全にそれを把握するのである。言い換えれば、思考は少なくとも頭の中でまだ言葉になっていないうちは、その概念もまだ見出しておらず、それゆえ、知識以前の漠然とした予感に留まっている。このように、理性と言語とはたいへん緊密に関係しているので、ギリシア人が、両者を同じ「ロゴス」という言葉で言い表そうとしたことは納得がいく。アリストテレスにとって、人間は「ロゴス——すなわち言葉としての理性――をもつ生き物」である。人間は、精神であると同時に身体でもあり、精神的な生は身体のうちに表現され、身体の感覚を通して育まれているが、それと同様に思考もまた、自分の具体的な形姿として、つまり自分の身体として、言葉を形づくり、その言葉に担われているからである。

ところで、人間は認識したり語ったりする際に、自分の考えや言葉にだけかかずらっているわけではない。そうではなく、自分が思いめぐらしたり語ったりしているその当のものを目指しているのである。すなわち、言語と思考は、最初から本質的に、それ自身を超えたところを指し示しており、自分とは異なる何ものかを意味しているからこそ、言語として、思考として、成り立っているのである。なぜならば、人間が有意味に語り、また人間らしく生きることができるのは、人間が自分を取り巻く世界に向かって開かれており、それを理解しようと試みているからにほかならないからである。それゆえに言語は志向的であり、意味あるいは内容を有している。この意味や内容は、言語に先立ってあり、言語には依存しないような何かを指し示す。意味とは、言語表現がそれによって何事かを言い表そうとしているもの、つまりは、言語表現と結びついてそれを表すために用いられる知識なのである。このように、意味と思考行為とは同一のものではない。思考行為は、個々人によって異なるからである。同様に、意味は対象そのものと同一なのでもない。ある対象についての命題が有意味であっても、その対象が場合によっては、まったく実在しないこともあるからである。むしろ意味とは、現実への関係において思考しつつ把握され、言葉へと結ばれていく意味内容である。その際、対象の性質と働きを想定して端的に対象を示している語、例えば「机」「円」「高い」「走る」といった言葉の他に、直接に対象に向けられた意味内容を修飾したり結合したりすることで、文脈の中でのみ意味を持つ語、例えば「非常に」「しかし」「と共に」といった言葉がある。第一のグループにおいては、人間の精神が世界に対して開かれていることを明らかにする。一方、第二のグループでは、人間が外的世界の印象から単に受動的に影響されるだけではなく、それらを能動的に構造化し、自主的に事物と対峙していることが分かるのである。

人間には感覚的な記号と意味を結びつける能力があるので、感覚的な言葉を介して、直接に与えられている感覚的な環境世界を超えていく。というのも、人間はものが今ここで自分に与えられているかどうかに関わりなく、そのものを言葉の中でつかむからである。そのようにして人間は、言葉のうちに過去を現存させて保持し、未来をあらかじめ考慮し、さらに現在における自分の限定された場所を超え出ることができる。つまり人間は、言葉において自らに対して世界を打ち立てるのであり、それはもはや自分の限定された時空の場にとらわれるものではない。

そこでは人間は、言葉において、自分の時間・空間的な世界を単に量的に拡大するのみならず、事物を自立した客観として自己に対置するのである。言語において人間は、事物の客観的な世界を、自己の主観的な印象から区別する。人は、さながら変転してやまない感覚的印象の洪水から脱し、それらと距離を置いて普遍的な概念や言葉に統合していく。このように、言葉において客観化され普遍化されることによって、世界は人間にとって見渡せるものとなる。人間は事物を、それどころか自分自身をも、直接の感覚的印象から明確に切り離すことができるというまさにそのために、自分自身において自由であり、世界を自由に形成しうるのである。

あらゆる語義のうちには普遍性と客観性が存在するが、それは、感覚的に現象する個々の事物の表層を認識しつつも、その事物の不変の核心にまで至ろうとする人間の努力に基づく。確かに人間は、ほとんどの事物に関して、その本質が何であるかを明確に述べることはできない。しかし人間は、事物それ自体の在り方、つまり事物の本質を、単なる印象から言葉において取り出そうと努めている。言葉は、その事物が本来あるところを目指し、それを命名する。ゆえに、対象の何であるかを指し示す名詞が、どんな言語にとっても基本的である。

ところで、語はどのようにしてその意味を獲得するのだろうか。われわれが問うているのは、語のそもそもの意味を採用もしくは習得する場合のことであり、単に、すでに知っている言語をもとに、ある新しい言語を習得したり、既知の意味をそのまま結び合わせて新しい語句を構成したりする場合を問題にしているのではない。人間は、認識することと言葉にすることによって、さしあたり自分の感覚的世界に関わっている。人間がある語を理解するには、まず、語の意味と用法が分かるような実例や反例を目にして、それで意味と用法を察するようになる。次に、その言葉を知っている他の人と話すときに、自分でもその語を使用してみる。自分で使用することによって、最初の推測が徐々に確かなものになり、あるいは修正されていく。このようにしてようやく、人間は一つの言葉を理解するようになるのである。

語はさまざまな事例を通して覚えられるので、それは一般的な意味を、つまり無限に多くの個々の事例を包括するような適用範囲を備えている。それに対して、名前は何か個別的なものそれ自体を指し示す。語の意味が、内容的には異なるが似たような機会を通して覚えられたものであるなら、ほとんどの語には意味の幅が、つまり意味内容には弾力性がつきものである。したがって言語は、決して、絶対に明確なものでも一義的なものでもない。むしろ、どのような意味内容にも、類似した転義的な使用の可能性が含蓄されている。言語の意味内容がある程度、不確かで融通性のあるものだからこそ、刻々と変化する質的にも新しい生の状況を、言葉において捉えることが可能になるのである。

ところで、さまざまに異なる言葉の意味も、一つの言語の中では相互に関係し合い、補完し合っている。その結果、そうした意味論的体系の中で、言語を同じくする集団の生活世界の全体が表現されうるのである。けれどもこれらの言葉は、各々がそれ自身で意味を有しており、その意味論的体系の他のあらゆる意味と対照されることだけによって意味を表しているのではない。実際、人は、個々の言葉を理解するためには、その言語のすべての言葉を知る必要はない。また、言葉の意味の間にある相違や関連は、現実の事物の間での境界や関係をそのまま映し出しているわけではなく、言語社会の生活様式やものの見方に大きく依存している。したがって、言語は、語彙や形態を通じて、現実をすでにある一定の視座のもとで現象させているのである。一つの言語の中でも、容易にぴったりと言い表される言葉もあれば、複雑な表現でおおよその程度でしか言い表せない言葉もあるという具合である。しかしだからと言って、どんな言語にも見られるこうした限界は、言われている事柄が、実際に現実に当てはまることを否定するものではない。

言語が、感覚的なもののうちに本質的なものを求め、現象している現実を能動的に分節するものであるならば、それは経験論や実証主義が考えたような、感覚的印象の単なる鏡像や実物に忠実な像なのではない。これらの見解によれば、感覚的に与えられていないもの、あるいは与えられることができないものについての言表は、まったく無意味なものになってしまう。それらの言表はそもそも偽であるのではなく、およそ思考されることも理解されることもありえないからである。つまり経験論や実証主義では、感覚的印象に基づいて真偽が実証される事柄のみが、有意味であると言われるのである。しかしながら第一に、検証ないし反証の原理は、それ自体で経験的で検証可能な命題ではない。このため、この原理それ自体に照らしてみても無意味であり、それゆえ今日ではその原理は一般に放棄されている。加えて、こうした原理がもし有効であるなら、あらゆる哲学的また倫理的命題が無意味になるのみならず、日常言語の発言もまた意味をもたないであろう。というのも、日常われわれが語っているのは、感覚的印象についてではなく、実在する事物についてその特性や因果関係や目的に関してであり、過去や未来について、必然的なものや可能的なものについて語っているからである。

すなわち、直接に感覚に与えられたもの、あるいは与えられうるものを超え出ているような事柄について、語っているのである。したがって、認識する働きと語る働きにおいて人間は、たとえ不完全であっても、常にすでに現実の構造をつかみ出そうとしている。実際、現実の構造そのものは、感覚的ではないが、感覚的なものにおいて知性的に認識されうるのである。トマス・アクィナス（Thomas Aquinas 一二二四／二五―七四年）が述べた「可感的なものにおける可知的なもの」、それが人間の認識作用と言語化にとっては、手近でふさわしい対象なのである。それゆえ言語は、形象に富んでいると同時に形象の感覚的意味を超え出て行く。つまり、本質的に形而上学的なのであり、こうしてまさに現実に近接するのである。

四　構造としての言語

語と文章は、一つの言語の枠組みでのみ意味を有しており、その言語の規則に従っている。このため、言語の意味論的・志向的機能とは、言語の構造とも言える規則体系によって支えられている。というのも、言葉は記号であるので、言葉がその言語体系の規則にかなった用いられ方をしている限りで、その意味を成すからである。確かに、言語の構造は、さしあたり言語ごとに異なっているように見える。しかしながら、ある言語の文章が他の言語に翻訳されうるのであれば、――例えばフランスで始まった構造主義の見解が示すように――さまざまに異なる言語構造も、言語に本来固有な唯一の基本構造の変型に過ぎないと推測されるだろう。

構造主義的な言語探究は、ある特定の時点における言語の構造を探求する。言語を共時的に、言うなればスナップショットのように、あるいは横断面で観察するのである。しかし言語は、機械のように閉鎖的な体系の中で完成されたものではない。それは、統一されることなく不均一に発展し、さまざまな発達段階が部分的に重なり合いながら今に至っている。それゆえ、共時的方法での言語研究は、言語の歴史的な発展を究明しようとする通時的な研究によって補われなければならない。この方法では、言語を縦断面から観察し、その変遷を辿っていく。

言語というものは、まず、その感覚的な現れ、つまりその音声体系において、すでに構造化されている。どんな言語でも、それが使いこなせる個々の音声の数は限られている――例えば、アルファベットの範囲でおおよそ収まるように――が、単にそれだけに尽きるのではない。それ以上にどの言語にも特徴的なこととして、例えば語根のように、意味の弁別に重要な基本的な音声結合というものがある。このような音声のまとまりの体系が音韻論の対象である。

とはいえ、音声という言語の外観にもまして重要なのは、言語の内的な文法構造である。文法構造という言語の設計図のごときものが、言語表現の類別や、その形成、変換、結合の規則を規定する。言語には一定の基本的な諸規則が働いているのだから、それは、根本的にはいつも同じことばかりが言われるような、完成した体系なのではない。というのも、その諸規則が、言語の限られた用法から絶えず新しい構造やスタイル、意味などを創造的に展開できる仕方を与えてくれるからである。文法は、形態論で探求される語の規則と、統辞論で探求される文の規則とに大別されている。

ところで、それだけで自立している完全な言語表現とは、単語によるものではなく、文および文結合による表現である。アリストテレス以来、文の中で基本的とされているのが陳述文である。もちろん、言語はそれ以外にも、さまざまな文の形式をとりうる。例えば、疑問、願望、命令などの文である。だが、さまざまに異なる文の形式も、それが「その人は……かどうか尋ねる」とか「その人は……するように命じる」というように陳述文に書き換えられる以上、陳述が基本的なのである。陳述においてのみ、ある事象が主張されるという点で、陳述は単なる語と区別される。それは、主語に加えて述語が付けられることから生じる。主語と述語の結合によって主張されている事象が、現実に合致するかどうかによって、その陳述の真偽が決まる。それゆえ、言語における真理の場、それが陳述文である。

さて、文法は、明らかに一般的な論理的規則を含んでいる。そこで、文法は論理学に還元できるのではないかという問題について、分析哲学の二つの主流——もともとアングロサクソンの地域で生まれた——が区別されるだろう。論理的言語分析に拠れば、日常言語の文法は多義的で論理的には不正確だとされる。そこからこのような立場では、数理上の論理学を援用して人工言語を構成していく。

そこでは純粋に形式的な基準に則って、命題の（意味論的）内容を考慮する必要なしに、ある命題の構造の正しさについて、つまり、それが有意味であるかどうかについて判断が下される。命題が真であるかという問題については、当然ながら、その命題の構造からだけでは判定できない。この学派は、しばしば経験論と結びついた論理実証主義へと至り、語のさまざまな意味は、感覚的に経験可能なものに立ち還らせなければならないことを要請する。

そのような構成的な論理的言語には、精確で明瞭という長所がある。それらは特に、経験科学の分野で用いられる。しかしながらこうした言語には、細分化された複雑なニュアンスをもつ自然の日常言語に比べると、表現の豊かさという点では著しく制約がある。それゆえ人工言語には、図式化し単純化するという恐れ、つまり日常言語に本質的な、論理的もしくは意味論的な観点を見極めることなく、簡単な定式に還元してしまうという危険性がある。そのような変換に際して、何が本質的であり、何が重要でないと判断するかは、言語を構成する人の立場に拠っている。そうである以上、人工言語はすでに、その論理的形式主義を通して、ある一定の哲学的立場を暗黙のうちに示唆していることになる。というのも、論理的構造とは結局のところ、常に現実の根本的構造として、したがって存在論的な言明として思念されているからである。そういうわけで、この見解を主張する者の中には、あらゆる哲学的諸問題を一つの論理的な人工言語へと書き換え、それらが言語上、無意味な命題であることを示すことによって、すべての哲学的諸問題を消滅させようとした者もいた。彼らはその際、人工言語の内容となっている前提を顧慮することを忘れ去っていた。実際、形而上学的命題にせよ倫理的命題にせよ、経験的命題とは異なっており、このため、経験論的な言語形式によっては定式化されないのは明らかである。

日常言語には、どんな人工言語よりも豊かな内容が備わっているので、分析的な言語哲学のもう一つの学派、イギリスで起こった日常言語学派の哲学は、日常言語の個々の構造をいくつかの類型によって記述しようとする。その場合に規準の役目を果たすのは、経験的な検証可能性でもなければ、あらかじめ構想された論理体系でもなく、言語の標準的な使用である。というのも、日常言語というものは基本的には、どんなに頻繁に誤解を受けようとも、論理的に非難される筋合いはないからである。日常言語の規則は、ただ単純に定式化されうるものではなく、非常に複雑であり、意味の属する領域に応じて異なっている。そこで、この学派の言語分析は体系を構築するのではなく、さまざまな表現のニュアンスの違いを記述するのである。そこには、時には経験的な個別研究にとらわれてしまう恐れがあるにしても、その反面、哲学的な問題意識を鋭敏にするのに役立つ。言語使用や語の意味の研究は、それだけでなくさらに、事実そのものの本質にも迫っていくからである。しかしながら、このような言語分析は、言語の有意味な使用と無意味な使用とを規範的に区別しようとするあまり、往々にして、言語のある一定の領域──例えば常識の言語──をさながら言語全般のように見なし、そこでの言語使用を、他の領域での言語使用──例えば哲学や宗教──に対しても絶対的な尺度へと高めていく。したがって、こうした言語分析は、方法的に拡張された類比的な言語の可能性を簡単に見過ごしてしまう。単なる言語使用の研究が、事物と事柄そのものへの問いに取って代わるはずはなく、それはただその問いにある方向性を示しているに過ぎない。

ところで、形式化された言語と標準的な言語との本質的違いは、形式化された言語は常に対象にだけ照準を合わせて、それ自身には適用されえないという点にあるのだろう。それは精密な器具のようなもので、より高次の言語によって、つまりは日常言語によって定義され操作されることになる。これに対して、日常言語はそれ自身に立ち還るものであり、人間の自己意識に似ている。人間の意識というものは自己意識であるから、言語もまたそれ自身のうちに映し出されることが可能である。すなわち、人間が自己自身とその行動について知っているように、絶えず日常言語を使ってこの日常言語について語っているのである。けれどもこの再帰性は、日常言語が明白には定義されえないということを含んでいる。それゆえ日常言語とは、人間が使いこなしている道具というよりも、人間がそこで語りつつ生活している意味空間というべきかもしれない。この言語の意味空間は、それ自身によっては、十分に反省したり対象化したりすることはできない。その反省自体がまた、その言語が反省している当の言語によって為されているからである。

そもそも人工言語とは、日常言語をもとにして初めて構成され、日常言語の意味によって規定されるものである以上、人工言語は常に日常言語を前提とし、決してそれに取って代わりうるものではない。確かに標準的な日常言語は、形式論理的に構成することで明快にされ解釈されることもありうるし、特別な専門領域のために拡張されることもあるだろう。しかし日常言語は、そのようなあらゆる構成にとって、決して完全には再構成されえない基盤ならびに地平として、それらを包摂しているのである。

人工言語と日常言語の特性は、以上のように区別されよう。とはいえ、日常言語には専門用語や形式化された言語の要素が常にその中に取り入れられることで、絶えず拡張されていく。もともと形式化された言語に属する表現も、形象をもって類比的に用いることができ、標準的言語の再帰性と具体性を伴っているならば、その場合には日常言語に属するものと見なされてよいであろう。

人間が言語を反省しうるとしても、言語の外部に飛び出すのではなく、つまり言語やそれがもたらす展望、歴史から離れたところで、絶対的な見地に立つわけではない。それにもかかわらず、人間は言語の外にあるもの、すなわち語り手や聴き手、何よりも語られている現実そのものへの言語の関係を反省的に認識するのである。どのような言明の中にもすでに、その言明が真であるということが主張されている。だがそこには、言語と現実との関係についての反省がすでに入っている。なぜならば、言明はその外にある現実と合致している、ということによって真であるからである。

言語を再帰的に意識することで人間は、同時に自分の言語が不完全で誤解を招きやすいものであることに、つまり自分の言語の限界に気づくようになる。そこで人間は、ごく普通の表現形式の背後にひそんでいる偏向性やイデオロギーをさらけ出し、そうすることで言語を批判し、相対化することができるのである。それゆえ言語とは、人間が何の助けもなくそこに委ねられているような、閉じられた体系なのではない。確かに言語は有限的で相対的にではあるが、現実と真理に対して開かれている。人間は、実際にはたいていの場合、言語についてではなく、事物について語るのであり、また、その言語のうちで何が言われているのかではなく、語られている当のものが、人間のすべての言明に先立って、それ自体どのようなものであるかを知ろうとするのである。

五　行為としての言語

さて、ここまでは言語をその意味と構造という観点から考察してきたが、それは言語の客観的な面を成している。しかし、そのような言語は、ドイツの言語学者ヴィルヘルム・フォン・フンボルト（Wilhelm von Humboldt 一七六七―一八三五年）が強調しているように、生き生きとした活動の所産でもあり、すなわち言語行為の所産なのである。意味と構造とは、語り手によって遂行されるものである。それゆえ言語というものは、第一に――経験論的に――現実の模写でもなければ、――記号論理学的もしくは構造主義的に――普遍的体系なのでもない。そうではなく、言語とは、そこにおいて語り手が現実や聴き手と実際に関わり合う行為なのである。このため、意味論や文法論に先立って語用論があり、それは語り手と言語との関係を探究するのである。

ギリシア哲学や近代の合理論は、言語をその内容的・対象的な側面から解釈してきた。それに対して、ウィトゲンシュタイン（Ludwig Wittgenstein 一八八九―一九五一年）に続く現代の言語哲学は、行為という性格が言語にとっては基本的であることを新たに見出した。この点でそれは、ヘブライ的・聖書的な言語理解に近い。ヘブライ的な言語理解によれば、言葉とは、それに左右されない現実に対する単なる記号に尽きるものではない。むしろ事物は、それが言葉のうちに捉えられて初めて、事物本来の現実性を伴って現前しうるのである。したがって、言葉と事柄とは分かちがたく結びついている。中でも特に、聖書的な意味では、言葉はそれ自ら働きかける力として解されている。聖書の言葉は、それがもつ力を語り手の力と意志から受け取っている。というのも、肝心なのは、語り手によって何かが語られているということよりも、その言葉の中に語り手自身が現れてくるということだからである。語り手は、言葉に自らの力を込めて表し、自分の意志することを言葉に実行させる。聖書では、神によって次のように言われている。「そのように、わたしの口から出るわたしの言葉も、むなしくは、わたしのもとに戻らない。それはわたしの望むことを成し遂げ、わたしが与えた使命を必ず果たす」（イザ五五・一一）。それゆえに、「言葉」を意味するヘブライ語の表現「ダーバール」は、同時に「行為」および「出来事」をも意味している。

さて、言語行為に特有なことは、それがまさに記号を介して、つまり言葉を語ることを介して起こり、それによって一定の意味を実現し、伝達するということである。したがって、意味論にしても文法論にしても、そのまま行為の一般的構造へと還元されず、むしろ語用論の中に組み込まれている。このことは、どのようにして言語を初めて習得するか、そのありさまにすでに示されている。文法と語彙を学ぶだけでは足りず、その言語を使いこなせる人の中に入って話に加わることでいっそう効果が上がるものである。子どもはこのような方法で、母親と常に接しながら話すことを学んでいく。こうしてみると、対話することは人間と人間との間の基本的な行為の形式である。

このように、言葉の語り手との関係への洞察が、話を理解する働きをも初めて可能にする。というのも、人間が何らかの音声を聞いて、それが意味のある言葉だと認識できるのは、その音をそれを発した人の意志表明として理解しようとするときに限られるからである。

同じように語用論の次元は、表現された意味の客観性と間主観性のうちに含まれている。なぜなら、ある命題を客観的に有意味で真であると主張するとき、語り手は自分の見解の正しさを強調し、聴き手に対して、暗に同意もしくは批判を求めているからである。つまり、意味の表現のうちには要求が入っており、聴き手からの次なる反応ないし行為を期待しているのである。

したがって、言語とは本質的に意志伝達に関するもので、かつ実践的なものである。言葉の意味でさえ、語用論的な次元で初めて具体的なものとなる。なぜなら、言語表現はそれだけでも往々にして多義的であり、それが用いられる具体的な状況に応じて、それだけ多様な意味をとりうるからである。

このため、意味を定めるのに文法の規則だけではまだ足りない。発言の意味は、その命題が実際に適用され、具体的で目的に向かう言語行為となって初めて明らかにされる。語り手の意図や態度が明らかになるのは、行為においてだからである。

どのような言語表現にも何らかの行為が含まれているにせよ、それにとどまらず、発言される内容が、発言行為そのものによって初めて実現されることになるような言語行為さえ見られる。発話はここでは、ともかく成り立っていることを確かめるのではなく、ある新しい事態を生み出す。例えば「たしかに〜を約束します」とか、「どうか〜をお願いします」とか、「〜を命令します」といった表現は、その言葉がなくても成り立っているようなことを述べているわけではない。ゆえに、これらの表現は真でも偽でもなく、それ自身で一つの現実なのである。なぜなら、その表現自体を通して、約束や依頼や命令が初めて成立するからである。言語の行為的性格は、このような言語行為もしくは「行為遂行文」に最も明らかに現れている。だがさらに、記述的命題にしても、基本的には行為遂行的に用いることができる。例えば「信号はもう黄色だ」と言われれば、停車するように要求されていることが分かり、「こちらの果物がよく熟れていて、安いですよ」と言われれば、その品物を勧められていることが分かる。

あらゆる言語行為には言葉が伴っており、またそれは言葉を介して遂行されうるものだから、言語の語用論的次元は、人間の活動一般と同じく広範囲に及んでいる。次に、その幾つかの段階を簡単に示してみよう。

まず、人間は語るときに、特定の聞き手を想定せずに、ただ自分の心理状態を表現することができる。だが、そのような表現の中にも、聞いてほしいという願望がすでに込められている。次に、語ることは、相手と接することで結びつきを確かなものにしようとする意図に限ることもできる。そのような日常的なおしゃべりでは、語られる内容はさして重要でない場合が多い。さらに人間は、どちらかと言えば一人でいたいと思うときも、相手のために話してみようと決心することができる。言葉を交わそうとするこの決心において、人間は自らを能動的に共同性へと規定していく。言葉はここでは、相手に対する尊重と愛から発せられる。ここで言葉を通して語り手は、最も固有のもの、つまり自分自身を伝えるのである。人間は、心の底から他者へと語りかけるそのような言葉において、自分自身を自覚し、自分自身をつかむことができる。自己理解というものは、単なる内的な反省を通してよりも、むしろ多くの場合「私」という自我の壁を克服して、ありのままの自分を「汝」に知らせることによって得られるのである。

ところで、語り手は自分の意志を特定あるいは不特定の聞き手に向けて表現するので、言葉は同時に呼びかけでもある。修辞学は、言葉のこの呼びかける機能に基づいている。というのも、人間は語るときに、相手が自分の語ることに耳を傾けてくれて、それを理解するように努めてくれること、そして、自分の言明が真実だと真面目に受けとめてもらうことや自分の望みがかなうことを要求しているからである。自分の言葉が他人にまったく相手にされないときほど、心が傷つくことはあるまい。したがって、語ることは他人が言語によって、あるいは行いによって答えてくれることを目指している。

このような言語の相手に呼びかける機能には、他人に対する自分の要求を、客観的に正当であると思っていることも含まれるだろう。われわれは、答えてもらえる権利があるとも思っている。そこで例えば、他人に話しかけてよいか自問したり、他人の自由の領域にそのように入り込むことを詫びたりもするのである。人間が、語る際に他人への要求を掲げて、それを正当のように見なしているとすれば、それによってすでに客観的な規範の存在を認めていることになる。ということは、あらゆる対話において、人間はすでに一般的拘束力をもった倫理的規範のもとに立っているのである。

言葉には本質的に応答が期待されているが、この応答が最初の語り手に対して、自然に再び何らかの期待や要求をしているとすれば、言語行為の基本形式とは、つまるところ相互的な対話にほかならない。言葉というものは、単なる「我」の自己表現でもなければ、単なる「汝」への呼びかけでもない。それは「我と汝」との相互理解である。人間は、語り合いながら自由な人格として互いに認めることによって、対話の中で「我々」という共同体が育ち始める。それゆえ共同体は、自分自身を伝えようとし、他人の伝えたことを受け取ろうとする意志の上に成り立つ。それは行為と生活の共同体であるように、理解の共同体でもある。

言葉と共同体との連関は、次の点に示されるだろう。すなわち、言葉の意味が定められるのは第一に、語り手の内的意図によってではなく、言語共同体が通常、使っているその言葉の用法によってである。語り手自身さえ、すでにある言語共同体の枠組みの中で思考している限りでのみ、言葉を解するのである。それゆえ人間の意識と理解とは、常に間主観的なコミュニケーションの意味範囲でその方向が定まる。この共通の枠組みを前提としてのみ、個々の語り手は、言葉の意味を自らの意図によって状況の中で具体化することができ、あるいはまた、一般的な言語使用を独創的に使い変えることもできるのである。したがって、言語とは生の共通の様式であるとともに、それが意味を伝達することから、生の共通の意味解釈でもある。とはいえ、言語は非常に広く開かれたものであるので、ただ言語だけで社会全体の体系が規定されてしまうわけではない。言語の意味解釈は、まず、コミュニケーション行為のさまざまな領域に関係している。というのも、個々の語にその意味と行為連関が現れるのは、何よりもある限定された言語の領域において、ウィトゲンシュタインの言葉によれば「言語ゲーム」によってだからである。例えば元来、親子の触れ合いに属するものであったり、仕事や商売、スポーツや友人との語らい、学問的な議論などの言語に属するものである。

六　歴史と言葉

われわれは主に語られた言葉を念頭に置いて、意味、構造、行為という三つの次元から言語の考察を行ってきた。しかしながら、以上の論述は書かれた言葉にも当てはまる。書かれた言葉の場合、正確に理解するという問題は、会話で聞かれる言葉の場合よりも、いっそうの精密さを要する。というのは、対話はある具体的な状況でなされるので、多くの場合すでにそこから何らかの理解の方向性が示されているからである。そのうえ、対話する人は聞き手に合わせて話すだろうし、相手が間違って理解したときにはその誤りを正すだろうからである。だが、書かれた言葉の場合には、状況や相手を通じてこうした理解の手助けとなるものが欠けている。さらに、遠く隔たった時代や文化的に異なる環境で書かれた言葉である場合には、理解するのはいっそう難しくなる。

解釈学はこのような理解の困難さから生まれ、特にドイツで展開されてきた。解釈学は理解の仕方とその諸制約とを問題にする。このような解釈学的問題が意識されるようになったのは、聖書の読解に際してであった。聖書の世界と自分たちの時代の精神的隔たりに注意を向けるようになり、この隔たりに架橋し、聖書のもともとの意味を自分たちが生きている現代へと翻訳できるような方途を探ろうとしたのである。このため解釈学は、その展開に従って、最初に歴史的文献の研究に携わり（シュライアーマッハー〔Friedrich Schleiermacher 一七六八―一八三四年〕）、それから同じように、歴史的出来事や芸術作品の理解、すなわち精神諸科学を対象として問うようになり（ディルタイ〔Wilhelm Dilthey 一八三三―一九一一年〕）、それらの問いは最終的には、人間のすべての認識と生への問いへと拡大する（ハイデガー〔Martin Heidegger 一八八九―一九七六年〕）。なぜなら、人間の生と理解とが歴史的だからである（ガダマー〔Hans-Georg Gadamer 一九〇〇―二〇〇二年〕）。

歴史的なテクストを理解しようとする際には、言葉の意味と構造を明らかにしただけでは足りない。理解ということに固有な課題が始まるのは、ここからである。すなわち、テクストに直接示されている内容が、テクストの書かれる背景となった諸連関のうちに据えられて、その前提となっているものや位置づけが明確にされたときに初めて、テクストの意味が生じるのである。というのも、テクストはある具体的な状況に由来するが、その状況からして、その時代の具体的な世界――精神的、社会的、経済的、宗教的、文化的な状況――からしか理解されえないからである。どのようなテクストもこうした「生活の座」をもつ。それが書かれた世界の構造全体の中に位置を占め、繋がっているのである。

ところで、この全体の連関そのものは、直接には与えられていない。それは、テクストと他のよく知られた経緯から、つまり多くの個々の要素から再構成されなければならない。しかし逆に、この個々の要素の意味からして、全体の連関が分かって初めて明瞭になる。それゆえ理解は、テクスト、文脈、その他の例証といった個々の要素から出発して、そこに浮かび上がってくる生の連関を得ようとする。そうして、この全体のさしあたっての理解から降って、さらにもう一度、個々の要素に入っていき、それらをいっそう正確に理解しようとするのである。それによって、生の全体の連関がいっそう深く解明されることになる。かくして理解というものは、螺旋的に——個と全体との「解釈学的循環」を成しながら——深化していく。その際、理解の進展が可能となるのは、言葉や文章、あるいは歴史的な作品や出来事もが、包括的な意味連関としての精神的世界を示唆するからにほかならない。なぜなら、言葉は文化的に制約されたものであり、その背景として、それまで積み重ねられてきた現実一般に対する理解や誤解の痕跡を担っているからである。したがって、言葉による理解では、「あるものがあるものとして」、つまり、個々の要素がある世界観の表明として把握される。例えば一枚の古い貨幣を見るにしても、われわれはそれを無意識のうちに、その時代の経済的、社会的、精神的な連関から理解しようとする。そこでの歴史的で文化的な理解とは、基本的には対話における理解と似たような構造をとる。事実、語用論が示しているように、対話の場合にも、相手をその人自身の世界から、その人の意図や価値観によって理解することが問題になる。ただ歴史を理解するには、目の前の生きた相手に代わって、テクストや作品や出来事があるのである。

対話において聴き手は、ともすれば自分自身の思考習慣を相手の言葉に投影する傾向があるが、同じように、歴史を理解する際にも、われわれはまず、自分自身の世界の見方を与えられたテクストの中に読み込もうとする。自分自身のものの見方を通してテクストを理解しようとする、つまりすでに固有の問題意識を持ち合わせているということによってのみ、テクストの精神的世界は、次第にわれわれに開かれてくるのである。しかしながらその際、テクストが自分の期待や見解に簡単には従わないという経験をする。テクストの世界は、まさに、自分自身の投影に対して抵抗するということによってでも顕在化する。こうして人は、例えば読書の際にも、全体の連関について自分の誤解に少しずつ注意するようになり、自分の早まった解釈を取り下げ、もう一度、偏見のより少ない、より深く理解した眼でそのテクストを読み直すことになる。

このようにわれわれ自身の理解の地平は、テクストの世界を部分的に見出させるが、同時にまだ他の観点を覆い隠したり歪めたりもする。それゆえ理解する際には、自分自身の地平と他者、つまりテクストの地平との間に緊張が生じている。とりあえずは理解しているけれども、まだ正確な理解に達していないことも同時にわきまえている。自分の予見が繰り返しテクストのほうから正され、掘り下げられていくことによって、そして、この深まった予備理解をもって再びテクストに向き合うことによって、われわれのものを見る方法はさらにいっそうテクストの世界に開かれていくのだが、他方、われわれの世界観もまたテクストの世界の理解へと入っていくのである。こうして双方の世界観ないし精神的地平が互いに近づき、融合し始める。両者は相互に通訳可能なものとなり、それゆえお互い理解し合えるようになる。このことは、対話においても経験されることであり、対話ではお互いに内から徐々に理解していく。しかし、われわれが相手の考えを理解したからと言って、それだけでその考えを真だと見なしたり、同調したりする必要があるわけではない。かえって相手の考えを理解しているからこそ、それを有意味に評価したり、また批判することもできるのである。

そのような対話の場合、われわれは自分の先入観に固執しているのではなく、相手の考え方を認識することによって、いわば相手と共になって、さらに深く真理そのものの中へと導かれていく。そこでは、従来まで自分には自明のことであった自身のものの見方も、検討を要する前提として自覚されてくる。こうして考え直し、自分自身に批判的となり、真理に対してよりいっそう開かれてくる。つまり、自分も相手も、それまでなかなか得ることのできなかった真理に向かって開かれていくのである。それとともに、自分の言語や世界のうちに、依然として、未知の見方や忘却されていた見解が眠ったままになっていることを発見するのである。

言語は、歴史的に対話の中で培われてきたものなので、言語に結ばれた人間の理解もまた歴史的であり、そこにはさまざまな文化的伝統が介在している。自然科学のような客観的知識でさえも、その歴史が示すように、暗黙のうちに、世界観上の制約された思考モデルやあらかじめ設定された方法的前提から出発して、それらを徐々に変更していく。したがって、言語というものは単に自然を映し出すだけではなく、所与の現実を創造的に意味解釈し、さらに展開させていくのである。自然科学もまたそこに属している、社会的で文化的な世界の全体は、言語記号によって担われた歴史的な世界なのである。しかしながら、歴史的かつ文化的に制約されたさまざまなものの見方を、互いに比較しつつ関連づけることや、また、それによって基本的な諸前提を明らかにし、それらの正当性や限界を吟味することは、いつでも可能であるのだから、人間の理解が、言語的あるいは歴史的な相対主義に陥ってしまうということはない。なぜなら、およそいつの時代にも人間は、真理と意味を捉えようとすることによってのみ生きることができるのであり、それゆえに、歴史のうちには常に真理そのものの相が現れてくるからである。

七　存在と言葉

ここまでわれわれは、人間の語る言葉について見てきた。そのような言葉の中で人間は、語る主体として、つまり言葉の主人として立ち現れる。なぜなら、語る働きにおいて人間は、現実の全体に対して開かれ、相手に向かっている、そうした自由な人格として自己を実現し、また表明するからである。そこでわれわれは、次のように問うことにしよう。すなわち、言葉はただ人間からのみ由来しているのだろうか。あるいは、人間が語ることができるのは、人間自身が言葉によってつかまれ、聞く者であるからではないだろうか。とすれば、人間が自分の力で語り出すのに先立って、人間に語りかけ、語る能力を賦与する何らかの言葉があるのだろうか。これについては、人間が幼児の頃から他の者に、両親に語りかけられるという事実に、その最初のヒントを見出すことができるかもしれない。

だとすると、聴くことは語ることに先行しているように思われる。他の人間から語りかけられねばならないという必然性のうちには、人間というものが、その本性上、絶えず現実そのものによって語りかけられているのだという、より深い関係が今や露わになっているのではないだろうか。

確かに、語るという行為は、人間の生まれつきの性質から生じて来るのであり、この素質によって言語共同体の中での生活が呼び覚まされ、形成されていく。しかし、語る内容は、人間にその本性として自然に賦与されているわけではない。それはむしろ、あらゆる歴史的媒介を通じて、経験からその都度、新たに獲得されていくものである。現実というものは、決して秩序も本質もない混沌なのではなく、構造化された内容を有しているからこそ、人間によって言葉のうちに捉えられることができるのである。実際、言語による判断、つまり命題は、現実の認識に何の内容も付け加えはしない。それはただ、その現実を表現しているに過ぎない。したがって語る内容は、まず第一に、経験された現実の中で人間に与えられているのである。それを発展させて意味内容へと仕上げるのは――例えば、理論的記述から命令や約束のような遂行的文への移行のような――、人間の意識の自発的活動に負っている。それゆえ事物に命名する際には、唯名論で考えられているように、事物に勝手に言葉や意味を分け与えるのではなく、積極的に理解しようと努めながら、経験の中で現れてくる意味を捉えて、それを言葉にして表現するのである。なるほど、そこにはすでに言語に伴う予備理解を通じて、現実に対する自発的で潜在意識的な解釈が織り込まれている。しかし、この解釈が選択しつつ強調しながら描き出すものとは、現実そのものにおいてすでに意味と構造に緊密に結ばれ、潜在的に具わっているものである。というのも、どれほど自覚していない意識の自発性があろうとも、われわれは事物について、有意味で現実に忠実に語っているからである。その事物は、単なるわれわれのものの見方の所産なのではなく、否応なく与えられている。したがって現実は、人間にとって、言語化できるようにあらかじめ構造化されて現れている。その際、人間は自分に扱いかねる意味にも関わり合い、その意味に従わねばならないのだから、認識とは事実、たいへん困難なことである。

人間は、自分自身に開示された「現実」によって語りかけられている。ということは、自然の美から幸いな出会いに至るまで、すべて事物と出来事との現れとは、人間の注意を呼び覚まそうとする申し出であり、呼びかけなのである。人間は、現実の美しさや力強さ、親しさを承認し、真実をありのままに表現するよう求められていることが分かる。なぜなら、現実は意味を伴って人間に遭遇するが、この意味とは、人間の思考と言語能力に応答を促し、真理の権威をもって迫るものだからである。現実がそのようにそれ自身を通して人間に意味を伝え、真理を理解するように迫って応答を促すとしたら、現実それ自体が言葉のようなものである。それゆえ人間の言葉は、本質的に応答する語（Ant-Wort）である。それは、現実そのものの根源的な言葉を、認識しつつ聴き取ることから生じるからである。例えば科学でなされるような理論的な言述は、いわばそのような根源語を忠実に追遂行しているのであり、それを承認しているのである。現実そのものが、すでに人間とコミュニケーションを交わしているので、人間同士の間でも言語や身振りを介さずに、以心伝心のようなコミュニケーションでさえ可能なのである。

人間に応答を要求するこの意味は、確かに、経験されるものに応じて違いがあるように思われる。それにもかかわらず、あらゆる経験を通して一つの意味が、全体としての現実の意味が語りかけている。なぜならすでに示されたように、人間の理解は個々の事実にとどまるのではなく、その事実を通して全体の地平へと、つまり究極的で包括的な意味へと差し向けられているからである。個々の出来事を通して人間は、世界全体とそこでの自分の人生とが、究極的で肯定的な意味に支えられていることに気づかされるのである。全体としての究極的な意味は、多面体のプリズムさながら、個々のあらゆる出来事のうちに反映している。意味は、あらゆる経験において人間に差し出されているが、この意味とは、そのように全体としての現実の意味、もしくは存在の意味なのである。こうして存在そのものが、人間に根本的な言葉として自己を語り示す。

究極的な意味そのものと語り示される根源語との統一、それがすなわち、世界を基礎づける意味としての存在そのものであり、人間への啓示なのである。それは、キリスト教的・西洋的な伝統で「ロゴス」、つまり「言葉」と呼ばれてきた。古代ギリシア哲学においてもすでに、ヘラクレイトス（Herakleitos 前五四〇頃―四八〇年頃）は、人間の理解と相互に語り合える可能性とが、すべての人間に共通で測り知れない深さを具えるロゴスに基づいていることを知っていた。ロゴスによって個々人を超えた、意味一般の間主観的な場が開かれ、その中でわれわれ人間は、断片的な意味を言葉のうちで捉えるのである。またストアの哲学でも、世界の秩序や認識可能性、さらに人間の真理把握の能力や倫理的使命がロゴス、つまり神的世界理性に基づくことが認識されている。このような認識と、「ヨハネ福音書」の第一章（一・一―四、九、一四、一八）で簡明に述べられているような、キリスト教のロゴス理解とは、結びついている。それはさらに、初期のキリスト教著述家たちの手で展開される。ロゴスは神自身の自己言明であり、アウグスティヌス（Augustinus 三五四―四三〇年）が述べるように、神の精神の内なる「言葉」である。そこにおいて神が神自身を知解するのである。このような根源の意味を通して、神は世界をも生じさせる。ロゴスが創造する言葉として世界を支えているように、それはいかなる人間にとっても内なる生命の光であり源泉である。したがって、人間の生と理解とは、その起源からしてロゴスのうちに、つまり神の自己言明のうちに基盤が置かれている。このような神の言葉についてヨハネは、それは人間であるイエスにおいて経験することができ、具現されていたことを告げている。この見解によれば、あらゆる現実の隠れた根拠である神は、人間に神自身のことを語り示すことによって、言い換えれば、神の御心である言葉を伝えることによって、人間に意味と生命とが贈られるのである。人間は、自分自身の批判的な尺度で事物を測るに先立って、あらゆる現実の中で、こうした無制約的な意味によって語りかけられ、照らされているのである。人間は本質的に、自分に語り示されている根源語から生きている。だからこそ人間は、隣人の声に耳を傾ける際にも、事物を認識する際にも、自分を導き活力を与えてくれる根源語を求めてやまないのである。人間は、さまざまな仕方で自分に鳴り響いて来る根源語を耳にするとき、自己自身を見出すとともに、生きる勇気を得るのである。

あらゆる現実の根本の意味がそうであるように、言語もあらかじめ人間に賦与されている。一人ひとりの人間が言語を発明するわけではなく、すでに自分が言語の中にいることを発見するのである。ところで言語には、歴史的に堆積してきた意味がすでに含まれている。例えば語彙においても、個々の意味を通して、言語は全体としての世界の意味、もしくは存在の意味を指し示している。それゆえ言語は、たとえ曖昧で一面的であろうと、ある種の根源語を現実から取り入れており、それを言語表現の形で備えている。このようにして、人間がその中で生きている言語とは、人間に現実の意味を初めて明らかにし、人間の実存の意味を確かなものにする。ハイデガーが述べるように、言語は「存在の棲み家」であると同時に、「人間の住まい」である。したがって、真正に語るとき人間は、言葉を単に自分の勝手な見解のために利用しているのではない。そうではなく、言語の中でつかまえられた根源の意味に注意深く耳を澄まし、それを自分自身の言葉で語り出そうとしているのである。言語は、沈黙のうちに熟考しつつ現実に聴き入ることから、その力を汲んでいる。

日常の語らいにおいては、世界の意味へと向かう言語そのものの透明さは見失われがちである。そんなふうに日常的に忘却されているものを、詩は、その営みの中心に据えている。詩というものは、世界の意味を直接に言明しようとするのではなく、言葉で描き出された内容とその音の響きの形式とを統一することで、その意味を啓き示そうと試みる。すなわち、全体としての言語の中では、究極的な意味は背後に退いているに過ぎないが、他方、詩はその意味を、感覚的にも精神的にも知覚されうる形へと結晶させるのである。詩の中で個々のものは、全体の象徴となっている。

しかしながら、意味は単なる形象の中で現れようとするだけではなく、その力と現実性によって、それ自身を伝えようとしてやまない。人間はあらゆる現実において呼びかけに注意し、それに心を開くことによって、その呼びかけから自己自身が、つまり自らの理解と生とが形成されていく。黙想しつつ傾聴し、経験することで、人間それ自身の存在が、意味へ向かって透明になっていく。例えば、円熟に達した人の真面目な静かに微笑んでいる顔には、何かしら現実の意味をわれわれに語りかけていないだろうか。このように人間は、それ自身が究極的な意味の表現なのであり、それを具現するもの、生きた言葉になるのである。人間の行為と言葉には、特に他者への私心のない思いやりの中には、根拠となる意味が現に働いており、力強く伝わってくる。人間存在の現実性と根源の意味の言語化とは、相互に浸透し合い、その最高の事例——宗教的人間や預言者や「神の言葉」と呼ばれる者——において、歩み寄りながら一体になりうるのである。

人間は、経験された現実の意味を哲学的な言葉ではっきりと理解し、表現しようとする。というのも、意味は単に詩的形象のうちに、もしくは宗教において生き生きと働きかけ顕現するだけではなく、理解された真理としても世界のうちに現れてくるからである。それゆえに人間は、自分の経験や経験した現実の究極的な根拠と意味を、つまりロゴスを、哲学において反省し、自分の認識を理性に則った思考と間主観的に理解可能な言葉にして伝達しようとするのである。その際、哲学は、言語と表象にまつわる限界に絶えず突き当たるのは確実であろう。なぜなら、人間の思考と言語はその形式上、日常の事象を扱うように裁断されており、主観と客観、個々の事物と普遍的意味づけを区別し、思慮するすべてのものを、過去・現在・未来という時間の相のもとに置くからである。しかし一方、究極の意味とは主観でも客観でもなければ、単なる個々の事物でも抽象的属性でもなく、また時間の相のもとに実在するものでもない。したがって、究極の意味について語りうるとすれば、それは、人間が自らの言語と思考を不完全なものと認め、自らの言語を超えて真理そのものが顕現することを承認することによってのみ、なされうるのである。

今や詩と哲学と宗教は、それぞれ美と真理と善という仕方で、究極の意味もしくは根源語に触れている。これら三つのものの響和のうちに、最終的にもう一度、言語は三つの相で、形態、意味、行為として現れてくるであろう。しかし、詩も哲学も宗教も、単なる人間の営みに尽きるものではなく、現実そのもののロゴスの表現でもある。その限りで、美と真理と善の活動という三つは、現実自体の基本構造であるとも言えよう。

第二章　ニヒリズムに臨む宗教

現代、ニヒリズムという言葉が広範に使われるようになるにつれ、その本質がどこにあるのかについては、主流となるような見解の一致はほとんど見られない。ニヒリズムの根本構造を理解しようとするなら、現代の精神的状況の基本的特徴を問うべきであろう。とはいえ、ニヒリズムのような時代を画する現象は、意識的に反省される以前に、潜在的に歴史の中で長い年月をかけて醸成されてきた。それゆえ、ニヒリズムの歴史的源泉の理解を踏まえたうえで、現代の分析をする必要がある。ニヒリズムは、精神史的に見れば十九世紀になって登場し、近代末期の現象として現れてきたものである。そこで本章では、最初の一歩として、近代の精神的原理のうちに潜むニヒリズムの根本を尋ね、さらにそこから、十九世紀の思想において明確化したその解釈が問題にされなければなるまい。ニーチェ（Friedrich Wilhelm Nietzsche 一八四四―一九〇〇年）とハイデガー（Martin Heidegger 一八八九―一九七六年）は、ニヒリズムをギリシア人のもとでの形而上学の基礎づけにまで引き戻そうとしたが、彼らのような試みは、キリスト教中世から近代への劇的な転換の意義を過小評価していると考えられるのであり、そのために、主観と客観の分裂、存在と価値の分離といった近代特有の思考方式を、古代の思想の中へ逆投影する恐れがある。第一節では二段階的に精神史を遡ることを試みたうえで、それを踏まえて第二節では、ニヒリズムが本質的に何であるのかという規定と、現代においてそれがどのような形態で現象しているかの記述を試みることにしたい。これらの現代の分析を援用して、第三節においては、ニヒリズムに直面した宗教に課せられた将来の課題について考察しよう。

一　近代のニヒリズムの歴史

(1)　近代の起源とその精神史

近代の人間による世界理解と自己理解は、十七世紀の前半、とりわけデカルト（René Descartes 一五九六—一六五〇年）において典型的な姿をとった。しかし、合理性という点で一見、きわめて自明のように思われるこの新しい構想は、何世紀にも及ぶ集積と変動の産物として、努力の末に戦い獲られたものである。すでに中世末期とともに、十四世紀の初頭以来、中世盛期に総合されていた精神的諸要素がおのおの独立し、互いに分極化し始める。中世盛期は、アリストテレス（Aristoteles 前三八四—三二二年）の形而上学を援用しているが、自然は人間を介して神を指し示すものと依然として解され、それゆえ宗教的・形而上学的観点のもとでは、世界の総体は創造されたコスモスとして捉えられたのである。十四世紀の唯名論は、ギリシア・アラブ的な数学を淵源とする量的思考と結びつくことで、本質的・質的な思惟方式を震撼させることになる。それは形而上学批判を通じて目的論的な世界像を破壊し、経験ならびに分析的・批判的思惟をも導入することで、近代の自然科学の基礎を固めた。こうして、自然が合理的に支配可能な対象と見なされるようになる一方で、すでに初期ルネサンスの頃からこの狭隘な見方を弁証法的に補うものとして、自然の美と無限性の中で憩う憧れが、つまり美的な自然概念が成立する。

自然が外的なものになっていくのに対し、今や人間のほうは、合理的で自由な主体として見出されるに至る。ところが、すべてを包括する形而上学的秩序の崩壊とともに、そうした全体における人間の位置も失われてしまい、それゆえ、人間は自らの拠りどころを自己の有限な自由の自律の中に求めざるをえなくなったのである。こうしてほぼヨーロッパ全土を覆う神聖ローマ帝国に代わって、個々の民族国家が現れるとともに、それと呼応して個人のレベルでは、ルネサンス的な自由な人格や近代的な個人の自律が理想とされるようになる。しかし、合理的思考が外的自然に、自由な意志が個々人の自己完成に向かうにつれて、信仰から、人間の理性と自由のうちにある人間論的基礎づけが見失われていったように思われる。神への信仰は、世界との交わりを絶ち神秘主義的な感情の内面に沈潜してしまうか、もしくはこのような主観化への誘惑から免れようとして、人間とその世界経験のうちにはもはやどんな手がかりも見出せない、ただ超越的な神の啓示の言葉のみを支えにするかであった。

自然の発見も個人の発見も、古代文芸の復興から起こったものではなく、古代にはそれらに到り着くことはなかった。それらは、むしろキリスト教的な理念の展開を背景にして生じたのである。自然観の背景には、主として創造信仰が、人間中心主義の背景には、救済の教理に裏づけられた一人ひとりの人間の有する無限の価値への確信がある。さらにルネサンスと合理主義において、そうした見解を主張する人々自身によっても、この見解がキリスト教的なものとして理解された。したがって、そうした見解には、キリスト教から離反しようとする意図は含まれておらず、むしろスコラ学や中世的な世界像から離反しようとしていたと言えよう。

当時の教会が説くキリスト教は、世界観的に中世の権威ある伝統に非常に多くを負っていた。そのため、人間が自己や神について考える際、時代精神の急激な構造の変化に対して十分に対応しえず、それに宗教的理解を施すことができなかったのだろう。人間の世界経験が拡大し、宗教的世界像と信仰経験がそれに後れをとるようになったとき、人間の世界経験は世俗化していき、同時にそれらを統一する力、すなわち全体を包括して意義づける力もまた失われていった。その結果、全体は人間にとって互いに競合する諸領域へと分裂した。一つは自己完結した外界や自然であり、科学の対象となる。もう一つは、同じように自己完結した形式的合理性と自由な主観性であり、信仰に代わってしだいに意義づけと統一化の機能を引き受けようとした。さらなる一つとして、世界や経験を超えた絶対的な原理があり、それは人間と世界とを根拠づけ、両者を連結するのに有効であると考えられていたが、両者の自立した領域の中で力と意義を失っていった。こうして信仰から独立したかたちで、ダイナミックに拡張していく開かれた理解の地平が展開されるようになるにつれて、かかる地平に対してキリスト教の世界像、すなわち一つに統合され、それゆえ静止状態にあり比較的閉じられた世界像は、狭隘で時代遅れなものと見なされていく。しかもその世界像は、有限的な現実の自律という新しくより深い経験を包括し、意義を与えることができなくなった以上、現実と合致しないものと思われたのである。現実理解がもはや信仰によって基礎づけられることなく、それゆえ現実からその宗教的意義が取り去られるに至ったとき、宗教からも世界内の現実に基づく象徴や表現が限られ、宗教的意味の具体的な可視性が失われた。かくして宗教は、世俗化された世界において、不可解な現実内容をもつ異物のように受けとめられ、特殊領域へと追いやられていった。宗教が、世俗とは別の心情にのみ訴えかける信仰の領域を引き合いに出して、あらゆる吟味を不問のものにする限り、それは世俗的経験の攻撃を受け、現実の経験を消化することがそれ自身、不十分なままであり、このため、抽象的概念からア・プリオリに自らの正しさを弁明するよう迫られることになった。ところが、そのように宗教の対象が純粋思惟によって構成されざるを得なくなったとき、宗教の対象である神が、結局は人間の思惟の投影による産物であり、それまで潜在していた人間自身の本質にほかならないとする解釈が出現するようになったのである。

このような神観の危機と並行して、宗教の広範な影響にも陰りが増していく。すなわち宗教が、学問、芸術、社会、経済、政治から、理論的にも実践的にも、時を追うごとに退却せざるをえなくなったとき、宗教はいっそう孤立化を深めて悪循環に入り込んでいった。そこでは宗教は、生き生きした現実感覚を喪失し、時代の問いや必要に対して理解ある態度で取り上げたり、信仰によって解決へと導いたりする力量がさらに乏しくなった。

以上のような変遷が容易に進んだ背景として、元来はキリスト教固有の考えであったものが、一般的な意識へと継承されるにつれ、次第に自明のものと思われるようになり、その結果、その宗教的基盤から切り離されるかたちで近代の原動力になったことが挙げられよう。このように宗教的モチーフが一般的意識に浸透したことは、確かに、世のパン種としてのキリスト教の意義にまったく合致するものであったが、世俗の事柄と宗教のそれとの相違が少なくなることによって、信仰を合理主義的に人間の自己理解に還元しようとする試みに行き着く可能性を孕んでいた。そして本来はキリスト教の内容であったものが、より発展し変容した形態をとることで、制度化された宗教の世界像や人間像に対抗することも稀ではなかった。例えば近代科学は、創造信仰に基づく世界の精神的構造と、それゆえそのすべてが認識可能だとする確信から発展したと言ってよいが、この近代科学の側から、宗教的世界像が科学の進歩を妨げるものとして批判されることもありえた。近代の進歩信仰にしても、もとを正せば、将来における救済と完成という目的に向かうキリスト教的な歴史観から育まれたものであるのだが、この自らの源泉を「暗黒の中世」と断じた。また、近代末期の歴史理論も、世俗化されたメシア待望と終末論にほかならないにもかかわらず、宗教による人間疎外を排撃した。さらに、自由・平等・博愛を求める闘争も、その着想をキリスト教の根本的な価値観から得ていることは紛れもない事実であるが、キリスト教の伝統を拠りどころとする階層的な社会秩序に抗した。これらの立場や運動は、限定された領域を絶対化しているという意味では、しばしば疑似宗教的な性格を帯びていたと言わざるをえない。その中心の精神的・宗教的な空虚さを、表面的には隠蔽しえたことも少なくなかったのである。

新しい世界を人間の合理性、つまり全体の担い手であり秩序の原理である人間の思惟から構想しようとする壮大な体系的試みは、結局のところ、意識の巨大な自己反復《トートロジー》に帰着するに終わった。しかしながら、それによって間接的に、近代末期の意識の空白と意義の欠如が、言い換えれば、意識の根源たる絶対的なものの不在が露呈されることになる。こうして絶対的なるものの次元の虚無への反省が、ニヒリズムとして取り上げられるようになったのである。

(2)　十九世紀のニヒリズム

哲学が、世界と人間とを体系的な全体として理性の主観性から理解しようと試みたその時点で、思想史上にニヒリズムの主題と概念が登場したのは、多分に暗示的であろう。近代的人間像の帰結として、フィヒテ（Johann Gottlieb Fichte 一七六二―一八一四年）は、現実の総体を自我の自己措定に基づいて基礎づけようと試みた。しかし、若きフィヒテのこうした観念論的な企てを通して、かえってその批判者であったヤコービ（Friedrich Heinrich Jacobi 一七四三―一八一九年）の見解によれば、人間の主観性はそれ自体としては思惟の形式一般を具えているに過ぎず、そうした思惟は存在、つまり何らかの実質には及んでいないことが明らかにされる。フィヒテの知識学の体系は、それゆえ、ヤコービが一七九九年三月のフィヒテを批判する公開書簡の中で初めて用いた言葉に従えば、「ニヒリズム」、すなわち「無を欲する意志(1)」のうちに終わってしまう。ヤコービは、神の存在と物自体の実在とを肯定し、したがって、たとえ無知の感情としてしか実現できないとしても、理性の存在への関わりを主張して譲らなかった。ヤコービにとっては、カント（Immanuel Kant 一七二四―一八〇四年）ならびに特にフィヒテが言う純粋理性とは、「理性以外のすべてのものが無に帰せられ、理性だけが取り残される(2)」に至って初めて始動するものである。そこでは神ですらも、「有限者の考える単なる観念(3)」に過ぎなくなる。というのも、ヤコービによれば、そのような体系において人間は、存在への透明さも超越もないまま「自分の中だけにこもって(4)」自身を根拠づけ、「一切は人間にとって、徐々に自分自身の無の中へと解消されてしまう(5)」からである。ここでニヒリズムは、有限な主観が自己を絶対的理性ならびに全体の源泉として措定しようとする試みの不可避な帰結として露呈している。フィヒテが一八〇一年以来、自らの体系を絶対的存在からの理性の発生の理論へと深めていったのは、このヤコービによる手厳しい批判が寄与していたことは疑いない。

これまで潜んでいた無がひとたび顕わになるや、無に脅かされているという意識はたちまち拡がっていった。ニヒリズム的な生の感情、ヘルダーリン（Johann Christian Friedrich Hölderlin 一七七〇―一八四三年）の言葉によれば、「われわれを取り巻き、深淵のようにぱっくりと口を開けている無」[6]に動揺させられる感情は、さまざまなかたちをとって一八〇四年までの初期ロマン主義、特にイェーナでのサークルに見られる感受性に富んだ美的雰囲気のうちに浸透している。音楽家ヴァッケンローダー（Wilhelm Heinrich Wackenroder 一七七三―九八年）にとって人生とは、「無から来たりて無へと果て行く、心打つしばしの喜び」のように思われる。「それは生じては滅し、なぜかは人は知らぬ。歌声と楽の音のとよもす、晴れやかな小島。されど、暗く底知れぬ大海に漂う小島」[7]。

ここで無ということで象徴されているのは、「なぜ」の理由が見出せないことであり、根拠と意義が、それによって人生を時間性を超えて永続するものへと高めるような何かが、見えなくなったことにほかならない。このように無の経験の根本には、挫折した宗教的問いが、すなわち、絶対的で永遠なる存在への満たされない憧憬が存している。ヘルダーリンの的確な表現を借りるなら、「私にとって、すべてであり永遠にすべてであるようなもの、そうしたものではないものは、私には無なのだ」[8]。キリスト教信仰において開示された絶対的なるものの次元は、人間に永遠の使命が放棄できないものであることを自覚させたのである。だが、この絶対的なるものの次元が、もはや庇護してくれる近しさとしても基盤となっている現実としても経験されなくなったとき、無限の充溢を求めるキリスト教的希望は、逆に現実の乏しさ、すなわち意義の喪失や価値の空白に迫られる絶望的な経験へと転化する。ジャン・パウル（Jean Paul 一七六三―一八二五年）は、根底からの尽きることのない希望と極度の幻滅とのこうした連関を認識し、『死せるキリストの語り』と題する悪夢を描いた著作の中で、キリストの口を通して、終末の日に復活する者に対し「神が存在しない(9)」と告げさせ、彼らを恐怖に陥れている。

その後、数十年の間、新たに絶対的現実に基づく確実性をもった基礎づけをすることで、ニヒリズムを克服しようとする試みがないわけではなかった。すでにヤコービは、存在の経験が単なる概念のうちに解消されてしまうような合理主義や観念論に対抗して、敬虔な信仰心に基づく神の確証を唱えていた。フランツ・フォン・バーダー（Franz Xaver von Baader 一七六五―一八四一年）によれば、近代の危機の源は、思惟する主観の隔離と絶対化にある。そこで彼はそうした自律的思惟を、主観が思惟されているというより深い次元に、つまり、有限的主観に先立ってロゴスが啓示されてくるところに根拠づけようと試み、同時にまた、教会共同体と伝承という客観的なかたちのうちに個人の拠りどころと故郷を求めようとした。そしてキルケゴール（Søren Aabye Kierkegaard 一八一三―五五年）は、超越と自由を理性に内在する必然性のうちに解消してしまうヘーゲル（Georg Wilhelm Friedrich Hegel 一七七〇―一八三一年）に抗して、信仰への飛躍に賭ける個々人の自由に訴えかけたのである。

ニヒリズムの第二のうねりは、十九世紀中葉のロシアを見舞ったが、芸術家や文学者仲間のごく限られた交流範囲を越えて、人々の意識の中に爆発的に広まった。ツルゲーネフ（Ivan Sergeevich Turgenev 一八一八―八三年）の『父と子』（一八六二年）によって「ニヒリズム」という言葉は、ロシア特有の社会批判的・政治的な意味合いを帯びて広く一般に知られるようになった。ドストエフスキー（Fyodor Mikhailovich Dostoevskii 一八二一―八一年）は、愛こそが、ニヒリズムの時代に神への信仰の危機から救われる道であることを示そうとした。

しかしながら、ニヒリズムが哲学的に十分に思惟された形式を見るに至ったのは、フリードリッヒ・ニーチェの作品においてである。それによって彼は、二十世紀前半における世界観の展開に持続的な影響を及ぼした。ニーチェは、ニヒリズムを綱領化したというよりも、むしろそれが避けられない運命であり、歴史によって導出された「生存をめぐるこれまでの価値解釈の一貫した帰結」[10]であると判断した。たとえその構成に恣意的な面が見られるにしても、ニヒリズムの要因と原因を方法的に分析しようとしたのは、ニーチェが初めてである。彼自身、最も徹底したニヒリストであると公言して憚らないが、しかし結局のところ、ニヒリズムの徹底化を通してそれを克服することが、彼の目指した課題だったのである。

ニーチェにとりヨーロッパ文化とは、プラトン（Platon 前四二七―三四七年）によって真理が、そして真理とともにあらゆる価値が、彼岸の純粋に精神的なイデア界において実体化されることを基にして、築き上げられたものである。このプラトン主義は、神を真の現実と見なすキリスト教的な考え方によって固定化され、神聖視されるに至ったその限りでは、人間の手によるどんな把握も届かないもののように思われた。したがってニヒリストは、彼岸にある真理の世界を、仮象やまやかしに過ぎないと見なすのである。つまり、そこには「いかなる真理も存在しない(11)」ことが前提とされている。こうした「仮説(12)」を支えているのは、真理や神の理念についての詮索ではなく、これらの理念の心理的な起源の認識なのである。それらの理念は、ただ生の保全のために創案されたに過ぎず、「単に価値を措定する側における力の一兆候であり、生を目的とする一単純化に過ぎない(13)」ことをニーチェは見抜いている。というのも、世界はそれ自らでは意義をもたず混沌としており、どんな意義づけももっぱら主観的な関心の産物にほかならないからである。「ニヒリズムの極限の形態とは、次のような洞察になるであろう。すなわち、いかなる信仰も、真と見なすいかなることも、必然的に虚偽である。なぜなら、真なる世界など全然ないからである。それゆえ信仰も、何かを真と見なすことも遠近法的な仮象なのであり、その起源はわれわれ自身のうちにある(14)」。つまりは、生の自己自身への意欲から産み出されるということである。

さて、彼岸の絶対的真理という理念が道徳を基礎づけるのだが、この道徳は、感性的で生成してやまない世界や生の喜び、自己自身への意欲を否定する方向へ進む。「道徳を信じる限り、われわれは生存を断罪する(15)」。したがって真理の破壊とともに、神への信仰のみならず、道徳もまた失墜する。それというのも、神の超越的な現実に基礎づけられていない道徳は、ニーチェの示すように人間の価値措定へと還元され、そうして自然に解消されてしまうからである。他方また、あらゆる価値は道徳に基づいているため、それらの価値も弱者の生存確保のために創り出されたものであることが看破され、それゆえ価値の規範性が失われるのである。価値は人間を縛りつけ、人間に過度の要求をして罪悪感を負わせ、子どもらしい無垢な心を損なうので、価値の世界は廃棄されなければならないとされるのである。価値の崩壊に伴い、続いて根源や完成への問いに対するあらゆる答えが消滅する。かくしてニヒリズムとは「最高の諸価値が無価値にされる」ことを、「目的が欠けており、『何のために』への答えがない[16]」ことを意味するようになる。

ニーチェによれば、キリスト教的道徳のうちでまだ残されている最後の価値が誠実さである。ところが、まさにこの誠実さゆえに、人間の利益やルサンチマンをもとに作り上げられたに過ぎない、理念や価値のさまざまな仮象の塔は、引き倒されざるをえないのである。根底ではすでにニヒリズムに冒されているのに、ただそれを自認しようとしないだけの偽りの意識が装う人生の欺瞞は、暴かれなくてはならない。そこでエリートによる強者の能動的ニヒリズムは、諸価値を故意に破壊することによって、価値の崩落をいっそう促進しようと努めるのである。この徹底的なニヒリズムは、生の高揚への意志にその活力を汲んでいる。それは根本的には権力への意志であり、要するに意志への意志にほかならない。永遠の真理と価値という彼岸の世界が消え去ってしまったとき、残るのは自ら同じことの無意義な永劫回帰のみである。世界の無意義さを知った今や、完全に自由になった最強の者自身、つまり超人が、全面的な自由をもって自らの価値を定めることができるようになる。

ニーチェの闘いは、プラトン主義ならびに、吟味されないままプラトン主義と同一視されたキリスト教に対する闘いであり、したがって、意志の奴隷に抗する闘いであった。それはまた、感性的で直接的な生を、理想的に対象化された彼岸によって観念論的に媒介することに反対した闘いでもあった。しかしながら、そのようにニーチェが根本的に（感性的な）存在と（精神的な）価値との分離に反対して闘っているとき、彼はハイデガーが示すように、反形而上学の立場で考え抜きながらも、なおどこまでも形而上学的に思考していたのである。なぜなら第一に、世界は無意義な仮象であるとするニーチェの規定は、真理と価値に関する前提への否定的関わりであるにしても、それとの関連によってのみ堅持されうるものだからである。それに加えて彼は、精神的世界に属する永遠性や必然性のような属性を保持したまま、価値の転倒に際しては、それらを感性的な現実へと転用するに至るが、しかし同時に、今度は、感性的世界のほうが形而上学化されてしまったからである。さらにまたニーチェは、存在や真理や神をもはや価値に過ぎぬものとして、つまり、人間の生の意志にとっての保護手段でしかないと理解していたので、ハイデガーによれば、ニーチェの思想は、形而上学の完結であると同時にその没落であることは明白である。なぜなら、形而上学が存在を単に存在者から、それによって主観とその意欲との関係から理解することは、形而上学の命運だからである。このようにして存在は、有用性の観点に取り込まれ、存在そのものとしては忘却されるまでになり、今やただ人間にとっての価値としてのみ現象することになる。したがって、「存在そのものについては何もない(17)」というのが、形而上学の帰結なのである。それゆえ、ハイデガーによればニヒリズムの克服は、主観の権力に基づく——それ自体すでにニヒリスティックな——何らかの価値措定によるのではなく、存在がそれ自身を歴史的に再びそれ自身として現してくるかどうかを、存在の声を待ち望みつつ聴き取ることによってのみ成し遂げられる。

ニーチェのニヒリズムは、二十世紀の哲学において多様なかたちをとって隆盛したが、中でも、サルトル（Jean-Paul Sartre 一九〇五—八〇年）の考え方が最も際立っているかもしれない。サルトルによれば、ただ単に存在する事物の即自存在とは異なって、人間は対自存在であり、つまり自由な意識なのである。人間は、純粋な自由として自らは未規定な実存にほかならず、その実存の本質を自由な選択によって初めて創り出さなければならない。どのような既成の規範も人間を規定して自由を破棄する恐れがあるので、神は存在しえず、状況や歴史をも含め、存在するあらゆるものが、それ自身では無意義で無価値なものたらざるをえない。そうである限り、人間は自己自身を実現しようと努力しながらも、存在に対して否定的に規定されている。それは、人間が一方では、安定した存在に欠けており、それを求めてやまないのに、他方では、自らの自由のために、この確定的な存在を絶えず否定しなければならないからである。こうして自由の核心には、同時にその制約であり挫折でもある無が巣食っており、それが死の無意義さのうちに立ち現れてくる。人間存在とはそれゆえ、存在すべきでありながら、しかし存在することができない、解決不能な課題なのである。もし人間に追求される理想があるとすれば、それは即時存在と対自存在との、存在と自由との一致であろうが、この一致とは神の一つの言い換えである。しかしながら、この理想の追求は、その内的な矛盾ゆえに挫折する。

ニーチェは、ニヒリズムを第一に精神史的な現象として理解し、たとえ遠くからであれ、何らかの可能な克服を見出すべく努めた。それに対してサルトルは、人間論的・形而上学的なニヒリズムを要請し、自由の名のもとに、可能な克服に抵抗するのである。

二　ニヒリズムの本質と現代におけるその形態（1）——ニヒリズムの根本構造

(1)　無の理解の諸形態

以上、ニヒリズムを歴史的に顧みてきたが、それではニヒリズムとは根本的に何であるのか、という問いが今や課されてくる。というのも、どんな批判的で否定的な世界観であっても、そのすべてにニヒリズムの烙印を押してはならず、むしろ、その固有の意味で無に立脚しているものだけがニヒリズムだからである。また、無についての理解も必ずしもすべてがニヒリスティックであるとは限らない。そこで、まず無の理解の形態[18]に簡単に目を通し、その概念の範囲を明らかにしてニヒリズムの本質を分析する道を備えることにしよう。

客体の領域において、無はまず相対的に、つまり存在者同士の互いに対する対立と他性として現れる。さらに、こうした無の根底にあるのは事物の有限性であるので、無は、あらゆる有限な存在者それ自身の性質に浸透しており、それが欠如や変化や消滅というかたちをとって現れる。それにもかかわらず、この存在的な否定が部分的なものに留まっている限りでは、ニヒリズムの問題となるレベルにまでは達していない。

ニヒリズムにより近い無の形態とは、ただ客体のみに帰するものではなく、主体としての人間に関わるものである。すでに人間の努力の無力さや無益さのうちにも、人間の内なる虚無は自覚されるが、さらに死や無常を思い知るとき、その自覚はいっそう深められる。希望に幻滅することで、それまで思い込んでいた意義が単なる仮象に過ぎないことが露わになる。人間は、不安のうちに自身が無によって取り囲まれていることを感じる。罪の意識のうちに、自らの人格の中心に無を招き入れたことを知る。このような無の経験をすると、なるほど、人をニヒリズムに陥らせることがあるかもしれない。しかしなお、人間が自分自身の運命を、存在と意義とのより大きな秩序の中の一部として理解できている限りでは、まだ虚無的ではない。

ニヒリズムは、客観も主観も含め、あらゆるものを否定し尽くそうとする。人間は、理解し決断する際に、すべてを否定することができる。なぜなら、有限的な精神である人間は、承諾と拒否、存在の受容と否認という二者択一の可能性に対して普遍的に開かれており、その両極の狭間でいずれか一方に重心を置かざるを得ないからである。

無が普遍的で存在論的な意味合いをもつように思われるのは、無を背景にすることで初めて、存在者が人間の精神にとって驚きと疑いの対象として、つまり偶然的な存在者として立ち現れる限りにおいてである。そのように無の暗い翳りによって存在者それ自体が見分けられるようになるとき、無は世界の包括的な根底として、すべての時間的存在がそこから出て、そこへと向かうところとして現れるのである。

この包括的で存在論的な無は、一定の存在的な否定とは異なり有限的存在者に対立しているのではなく、むしろ存在者による理解の可能根拠として前提されたかたちで現れる。ところが、この無とはそれ自体、相反する意味で解釈されうるものである。というのも、無が有限的存在者のほうから、つまり有限的存在者を基準として見られるとき、それは確かに何も無いのであるが、しかしながら、次のように問うことも可能だからである。すなわち、無は何かそれ自体としてあるものなのか、それとも、そもそも無が在るのかという問い自体が成り立たないとしたら、無の現象の根拠はどこにあるのか、という問題である。ところで、人間の認識が有限的な対象性だけを、換言すれば、人間が自由に処理できるものだけを存在論的陳述の唯一の判断基準とする限りでは、有限者の包括的根底は有限的なものの否定として、また意義や真理のような有限的なもののすべてに具わる肯定的述語の否定としてのみ現れることになる。把捉可能で存在的な対象性への要求はこうして、包括的で存在論的な地平に直面すると、捉えどころがなく空に帰し、結果的にこの地平を否定性つまり無として捉えるのである。そのような否定性は、もはや包括者が現象する仕方そのものについてだけではなく、包括者自体についても主張されるに際して、有限的な人間のある姿が反映されていると言ってよい。すなわち、処理可能な有限的存在を絶対視する見方――自分で処理できるもののみを存在として認め、それを超えた、有限者を支える包括的な次元それ自体と関与することを拒絶しようとする態度――が反映されているだろう。つまり、このように包括的な根拠が単に否定的なものとしか見なされない場合、それは有限者の存在を根拠づける積極的な機能を奪われ、人間を脅かし、有限的主観とその世界とを根本的に無化するものとして理解されることになる。有限者の存在の根拠が、そのように有限者に対して自らを伝え示すのを拒絶すること、それは――まさに無として定位されるがゆえに――ニヒリズムの生の感情を特徴づけていると言えよう。

しかしながら、有限的存在者に対して「無」と名づけられるこの包括的で存在論的な場は、人間の認識が、その尺度として客体的なものに固執するのではなく、むしろ人間自身の能動的な把握を超え出て行くように促されていることを受け入れるとき、それ自体が肯定的、積極的なものとして現れ始める。この肯定性は、もはや有限的悟性による肯定によってなされたものではなく、それゆえ否定の可能性には関係しておらず、このため、概念では十分に言い表しえないものである。それにもかかわらず、この肯定性はあらゆる有限的存在を自らに照らして、自らに向かって相対化する存在論的な深

み と力を有するのである。こうして、さしあたり包括的な無として顕現するものが、よりいっそう深く受け入れられた場合には、それを純粋な存在と呼びうるだろうし、あるいは、それが有限的な実体やその拡大したものとして誤解されることを避けようとして、まさに否定的な述語表現を使うことによって、その超越的な肯定性のうちに暗示されるかもしれないだろう。

以上をまとめると、包括的なものに関しては、無の理解に三つの種類のあることが区別されよう。第一に、無の一般的で中立的な概念であり、それは有限的なものの存在と非存在に対する差異を意味するに過ぎない。第二に、第一の理解の存在論的な無の概念では、まだそれ自体として無規定であったものが、欠如や矛盾、不条理として否定的に理解されるようになったものである。これこそ、ニヒリズムに行き着く無の概念である。第三に、包括的なものを、有限的なものとのあらゆる比較を凌駕した肯定性として理解される無の概念である。それは、否定神学や神秘主義の意味では肯定的な、無の概念なのである。

(2) ニヒリズムの本質規定の試み

ニヒリズムを理解するにあたり、最初に問題設定の次元を把握する必要がある。ニヒリズムで肝心なのは、第一義的には存在論的な言明——例えば、神は存在しないといった——ではなく、人間の意識がとりうるある根本的な態度や態勢である。意識は、現実を把握する際に、その根底と中心部分で関与しているので、原理的に、ニヒリズムが意識の各領域に応じて（理論的ニヒリズム、道徳的ニヒリズム、美的ニヒリズムのように）分類されることはありえない。ニヒリズムは、それが主にどのような現れ方をしているかという形態に応じて、強調される側面に違いが見られるにせよ、むしろ統一ある全体としての意識を不可分的に規定するものである。

そもそも人間の意識は、常に現実の全体、現実全体における存在そのものを理解しながら、それに関わっていくので、ニヒリズムの場合は全体の有意義性を疑問に付すことになる。しかしまた、全体をその意義において理解することが、逆に、人間の生が関係するあらゆる事柄のうちに人間の具体的な自己理解を規定するのである。それゆえ、反省以前の意識状態に基づいて、ニヒリズムには存在論的な問題と人間論的な問題、言い換えれば、存在理解と人間の自己理解とが浸透し合っている。

人間の意識の根底にあるのは、全体の真理と意義への問いかけである。そして、この問いが根本のところで否定的に答えられる限り――その否定が、意識があからさまに否定的主張を掲げることによってであれ、あるいは、求められる肯定的答えを見出せないことに暗に固執することによってであれ――、意識は虚無的になる。しかし、意識が理解するものとして全体へ関わっている限り、人間の意識には、存在の真理への問いが不可避的に課せられているのである。なぜなら、全体は意識のうちに統一体として把握されるが、この統一はある秩序の原理に、つまり存在の意義に基礎づけられているからである。このため、意識は全体を統一的秩序として、ある一つの根源的意義に基づいて捉えない限り、自己自身を実現することはできない。かくして真理への問いとは、すべてのもの、ひいては現実全体が存在することは正当であり、またどのような意義に基づいて正当であるのか、という問題を意味するのである。存在論的真理への問いとは、したがって、意義への問いにほかならない。この意義への問いとは、現実の事実性を正当なものと理解し、現実の存在理由を発見しようとする課題から生じる。全体の正当性を一つの意義によって根拠づけることでのみ、人間自身もまた、自らが意義あるものとしてその存在の正当性を知りうるのである。

偶有的なものとして成り立っている世界、それが意義をもつとすれば、この世界が秩序あるものとして、その意義と存在において本質的に自己成立的で、第一の根源である者に由来するときに限られる。こうして全体の真理への問いは、必然的に、第一の無制約的な原理による全体の意義付与と、それゆえの根拠づけという問いに究極していく。すなわち、この原理こそが宗教で「神」と称されるものなのである。存在の真理や意義への問いと根拠への問い、言い換えれば、存在論的な問いと神についての問いとは、したがって分かちがたく連関し合っている。その際、認識論的には、真理と意義への普遍的で存在論的な問いが先行するが、存在論的には、根拠としての無制約者の問題が第一義的である。

このように、人間の精神にとっての一つの根本問題から、全体の意義への問いと全体の根拠への問いという二つの問いが分化してくる以上、この問いに対する答えも二重の仕方で否定的に、すなわちニヒリスティックになりうるのである。ここで言われる二重の仕方とは、例えば理論的な否定あるいは実践的に生きられた否定、暗黙の否定あるいは露骨な否定といった、さまざまなありうる否定の仕方のことではなく、否定の向かう異なる対象のことを指す。完膚なきまでの否定とは、やはり全体の根拠を否定し、それによって同時に普遍的な真理と全体の意義をも破棄してしまう否定だけである。これに対して、ただ全体の根拠のみを否定して、たとえ自己矛盾していようとも、全体の意義と真理に関しては手放すことなく承認しているとするならば、そのような立場はニヒリズムの予備軍であるけれども、それ自体としてはまだ直接的には、ニヒリズムなのではない。なぜならば、ニヒリズムでは、その全体の真理と意義こそが疑問の標的とされるからである。最後に、次のような立場が考えられるだろう。すなわち、理論的な立場としては、第一の無制約的な原理の存在を認めているが、実践的な生きられた態度としては、現実全体の意義に絶望しているという立場である。こうなった場合、宗教的な信仰は、ニヒリズムに浸食され空洞化されてしまう。

してみるとニヒリズムとは、無制約者もしくは神がその占めるべき場に不在であると感じられるまさにその時から、事実上始まっている。ニヒリズムが完成されるのは、意義や真理、根拠や必然性のような普遍的で秩序をもった構造、いわば神の場が、概念としてはまだ想起されていても、もはや現実を理解する際に見出されない時である。そして、もはや秩序をもたらすどのような中心も、基盤を与えるいかなる根拠も見出せなくなった場合、現実と意義、存在と価値との根源的統一は破壊される。

その結果、あらゆる価値が、現実との連関とともにその正当性をも喪失してしまう。拠りどころを与える根源も、進むべき方向を指し示す究極的なものも欠如して、形而上学的方向づけも無くなり、ついに人間は、生きる意義を見出すことも、定めることも、為しえなくなってしまうのである。

三　ニヒリズムの本質と現代におけるその形態（２）——現代のニヒリズムの根本構造

ここで問題にされている「現代」とは、単なる時代的な区分ではなく、地理的にも文化的にも規定されたものである。同一の時代的な局面には、さまざまな世界観が共存し、浸透し合っており、それらは歴史的あるいは社会学的にきわめて多様な層を包含しうるからである。このためある時代に典型的なもの、根本的なもの、未来を指し示すものを見出そうとする試みは、過度に単純化されざるを得ないし、どれほど慎重に表現されようとも、ほとんど仮説の域を出るものではない。

ニヒリズムの広がりは、伝統的な道徳的規範の退廃などのような、外面的で統計的に把握できる事実によって察知できるものではない。現代の生活様式の世俗化も、ニヒリズムの増大を間接的に示しているに過ぎないとは言え、それでも、超越や宗教についての理解の変遷を指し示す徴《しるし》とも考えられる。反対に、宗教に所属している人が多いことだけが、虚無主義的な世界観の蔓延に抗していることを必ずしも物語っているわけでもない。とどのつまり、ニヒリズムは、決して特別な行動ではなく普遍的な態度であるので、意識下に潜在して広く滞留していることが多い。宗教の拒否とニヒリズムとの間には、事実として何らかの関連性があることは推測されるにしても、殊に現代では、既成の組織化された宗教団体から距離をとることで、宗教の基本的態度を保っていることも稀ではないことを考慮しておく必要があろう。

(1)　現代の諸様相とニヒリズムの関係

全体的に見るならば、多くの宗教団体の活動がいっそう活発になり、宗教の根本的価値が世界中で求められている状況からしても、ニヒリズムが普遍的なものになるというニーチェの予測は、おそらく正しくなかったことが分かるだろう。特に、ニーチェや、また多少趣を変えてサルトルの標榜したような個々人の能動的決断に支えられたニヒリズムは、今日ではわずかに残響を残すのみである。現代の人間は、自己の有限性をあまりにも深く自覚しているので、自ら決断して無制約的なものを勝ち得ようなどと志すことはできない。価値を自分本位に措定する意志は、今日ではあまりに単純な態度としか思われない。そのような人は、依然として価値の無制約性を確信しているが、それこそ現代の人間にとって、もはやほとんど信じられないものだからである。

現代にとってもっと身近なのは、集団的な活動的ニヒリズムのほうである。このようなニヒリズムは、進歩に期待をかける自然科学的な進化論や、同じく未来を信じる歴史的革命思想において現れることがある。そこでは無制約的なものが、時間や歴史の産物と見なされている。けれども、そうした進歩信仰が単に仮説としてではなく、絶対的なものとして主張される場合には、今日ではすでに、それが宗教的範疇の近代的に世俗化されたかたちであることが多くの人から看破され、それゆえ信じられなくなっている。現代人は、もはや成長の限界を自覚しきっており、人生の根本問題が進歩や科学によって解決されうるとは、ますます信じがたく思っているのである。それにもかかわらず、このような進歩への信仰が、さまざまな具体的なかたちをとって人々の一般的な意識のうちに、重要な地位を勝ち得ていることを軽視してはならないであろう。

目的に向かって無制限に前進する情熱は減退しているものの、それでも表立たない仕方で、工作人《ホモ・ファーベル》という近代人の精神性が、現代人のほとんどすべての意識の層に浸透している。思惟されうるすべてのものが、人間にとって制作されうるもののように思われ、しかも制作が可能であるということが、そのものの制作がすでにほぼ倫理的に許容されることの証明であるかのように見なされている。今やカントのコペルニクス的転回は、技術的・実践的な意味で解されるようになり、その意味で、実在しているものは、それが知られうるものである以上、支配されうるものと見なされる。こうして人間以外のすべての所与のものが、人間の目的設定によって左右されるようになるならば、それらはそれ自身としての価値を蔑ろにされ、人間の創造的活動にとっての単なる生《なま》の素材に過ぎなくなってしまう。人間の技術能力そのものではなく、そこから推考され普遍化された世界観が、このようにしてニヒリスティックな傾向を帯びてくる。かかる世界観よりもっと重大なのは、人間が幼いときから学び、現代の科学や技術を可能にしている考え方の中から、いつしか超越や意義への道が開かれなくなったように思われることであろう。現代人は機能本位で、他との比較に基づく数量・統計重視の考え方に傾いている。そこから平均的に与えられ、対象的に距離を置かれた一群の諸事象に関わり、功利主義的に規定された問題設定に基づいて、それらの事象を、できるだけ思考を節約するという原理に従って法則的に把握しようとする。こうした思考スタイルの場合、任意に利用できないものや無制約的なものが顧慮される余地は残らず、このため超越や意義への問いかけが為されることさえない。

人間が自らの思惟によって構築したもの、技術的に実現したものに対して、その形式的な完璧さにもかかわらず、それらに特有な内容の乏しさを感じ取っているのも事実であろう。そこで人間は、技術的に管理された世界という砂漠に、自然や歴史を生きたオアシスとして保つように手を尽くす。しかし、そのような憩いの場も、まさに人為的な計画に基づいて初めて存続する以上、なるほど隠れたかたちではあれ、そこにも人間による全面的な支配力が反映されている。

こうして人は容易に見通せるものに満足せず、非合理的なもの、迷信や似非神秘主義へ逃避することを試みるようになる。ところが、こうした逃避は超越を、自己の超越の欲求を満たすために役立つものとして是認する限り、ニヒリスティックな側面をもっている。というのも、このような超越は結局、何の真理もないその場限りの趣向に過ぎないことが見抜かれているので、自己の生に対する超越からの要求が、そこでは最初から回避されているからである。

(2) 現代におけるニヒリズムの一形態

人間の徹底的な自己根拠づけと自己創造という近代的幻影が潰え去ったのち、現代人は、自己の有限性の中に置き去りにされ、もはや世界の諸事実しか相手にしえないと感じている。無制約的な存在の実在することが疑わしいだけでなく、そもそも無制約性という次元そのものからしてくすんでおり、空虚で疎遠なものと見なされる。超越は、もはや直接要求されたり経験されたりするのではなく、それが不在であることの経験を通して映し出される。それは、意識の行き詰った状態や有限的事実の狭隘さを経験するうちに、間接的に現れるに過ぎない。こうして人は、根本的な問題に対する己れの無力さを、少なくとも萌芽的には自覚するようになったのである。古典古代では自然が、そして近代では人間自身がなお超越の顕現する場でありえたが、今や人間は自分の眼にも、自己自身の有限性のうちに埋没しているように思われるだろう。人間がますます管理されたものとして、例えば、心理学的あるいは医学的に操作可能なものとして経験されるようになるにつれ、人間は自己自身への尊敬も自己の意義への信頼も失っていく。こうして人間にとって、信頼や畏敬や愛といった人間らしい基本的態度を貫くことが、いっそう困難になっている。

このような人生の経験から生じる根本感情は、もはや不安というよりも、むしろ諦めの感情である。

根本的に期待される意義が存在の中へ、経験される現実の中へ宿って来るようにはもはや思えず、そのため幻滅と精神的疲労とが昂じる。人間の生き生きした中心、深く心からの関心をもつ能力は、自分自身の心がもはや全体の意義によって生かされておらず、またその意義を信じることができないために、衰弱し、枯渇せざるをえないようである。日々の多忙と義務とが意義への問いを封じ込め、問題はもはや解決されるのではなく、実用的に処理されるに過ぎない。世の中の人々のために働いていることさえ、そこに希望を見出せず、連帯意識の欠如に苛まれることも稀ではない。

こうした諦めの感情は、不可避的に超越への宗教的問いをも侵食する。しかし、それはまだ氷山の一角に過ぎない。行き着くところ、無益さと無意義さの感情は、むしろ最も日常的な生活の領域に遍く浸透し、人々の意識を無気力状態に陥れる。この倦怠と憂いに満ちたニヒリズムにとって、あらゆる導きの糸――例えば宗教によるような――は、まず何よりもイデオロギーの可能性があるように、つまり現実からの逃避のように思われてくるのである。すなわち、意義と超越とが、まだ何らかの仕方で求められているにもかかわらず、直接的に自然に経験されなくなるに従って、宗教の語ることの中に真理も、しかるべき意義要求も聞かれなくなる。そうなると人間の中には、もはや真理のいかなる響きも聞き取れず、その結果、理論的に信頼できると判断されるような意義の申し出に臨んでさえ、人間には、人格的な応答と決断を惹き起こす力が残されていない。

超越の問題を解く糸口は、こうして今日では、意義への問いのうちにあると言ってよかろう(19)。かつては、個人の罪と救済の問題が宗教的探求の中核を占めていたとすれば、今日では、現実全体の意義が問われているのである。生の意義のレベルで、罪と救済とが互いに対峙しているのと同様に、理論的なレベルでは、否定と肯定とが相対峙している。ところが、現代の論理学研究では、肯定と否定、つまり事実上の真と偽のレベルに先立って、ある命題が真ないし偽でありうるかを知りうるためには、まずその命題が有意味であるかどうかという問題に直面させられる。それと同様に、現代人の実存的意識も意義に従って生きるか、それとも逆らって生きるかを決定しうるためには、そもそも何らかの意義が存しているのかという問いに逢着する。言語哲学で今日論議されている問い、すなわち、超越について語ることはそもそも言語的に有意味と見なされうるのかという問いには、理論と実践の二つのレベルが絡み合っているのである。

無制約的なものの次元がただ意義のうちでしか開示されず、しかしすでに、この意義への問い自体が無意味ではないかと疑念が湧いてくるとすれば、人間にとって事実的で歴史的な世界は、どれほど不十分なものに経験されようが、世界それ自身の中だけに閉ざされ始める。このことは、一例として現代哲学においても反映されている。現代哲学は、現実全体を扱う構想や究極的な問いを回避する。それればかりか、哲学にはこの種の問題を扱う権限がないことを表明し、代わりに方法論や個別的問題の探求に専念する傾向を示している。人間の思惟には、全体の意義とその根源を解明することは不可能なように思える。このため、人間存在にとって決定的に重要な問いに対しては、答えを出さずに開かれた問いのままにしておくことが、唯一の誠実な答えであるようにも感じられる。その際、意義と真理への問いがこのように解答不可能と思われることは、単に人間の認識能力の限界が理由とされているだけでなく、存在論的な意味においてもおよそ理解されるところである。つまり、現実というものがそれ自体では複雑多様であり、本質的に無規定なものと目されている。現実は、意義あるいは無意義という一つの分母で括ることはできなくなっている。なぜなら、現実はひたすら混沌として不条理であるわけではなく、そうかと言って、調和のとれた矛盾なきものと解されるものでもないからである。今や人間が遭遇する個別的で暫定的な意義の断片は、かつて宗教や古典的形而上学が求めていたように、派生的に意義と存在との無限性を垣間見させてくれるものではありえないと判断される。有限的存在は、もはや無と存在という二つの極の間に繋がれたものではなくなり、自己のうちには究極的な意義と根拠をもたず、それでいて自己を超えて指し示すものも欠いたまま、単に事実的に存在しているに過ぎないものと見なされるのである。現実そのものは、いわば――矛盾した形而上学的表現が許されるとしたら――「本質的に暫定的なもの」のように見える。したがって、経験される現実はもはや、現実自身を超え出ることを目指したり、現実のより深い核心に迫っていくことを目指したりするような問いや努力に、確固とした基盤を与えることがない。

以上、現実一般に関して認められることを、人間は自己自身の現存在にとっても妥当するものとして経験する。というのも、人間はもはや、観念論的な形而上学においてそうであるように、自己を他のすべてに卓越した形而上学的な主体とは思っていないからである。苦悩や不条理に満ちた人生の運命に直面すると、意義の問いが無力に思えてくるようである。現実が究極的に善であり、正義であり、美であるということを信じるための根拠を何一つ見出せないで、人間はもはや彼岸での報いを希求することもない。弁神論の問題は実感に乏しく、幸福への希望さえもがロマンティックな願望に思えてくる。

このような生の感情は、ニヒリズムを主義として主張しているのではなく、むしろ雰囲気としてニヒリスティックなのである。もともとニヒリズムの根底にある単なる有限性に対する疑問や、憂いに満ちた抗議さえ、今やほとんど理解されない。ニヒリズムはこうして、ニヒリズムそのものを隠蔽し忘却することによって、ほぼ完成されるに至る。しかしながら同時に、そのような生の感情は、人間の有限的状況がそこで偽りなく受けとめられている限り、ある新しい現実理解の基底を用意することになるとも考えられるだろう。つまり、もはや必然性から演繹されるのではなく、希望のうちに受け入れられるような意義と超越についての理解である。

(3) 現代のニヒリズムに見られる多義性

ニヒリズムのような時代の風潮は、たとえ歴史的に人間の自由な決断によってもたらされたものであったとしても、まずは与えられた事実として認めるほかない。そのうえで、他の多くの精神史的な現象よりも深淵な、ニヒリズムに内在している多義的な意味を慎重に解明していくことが大切である。

ニヒリズムとは第一に、超越が消え失せ、空虚になってしまった世界観のことである。それゆえ、ニヒリズムはある根本的な否認に基づいており、この否認は超越の欠如が意識された経験に由来している。したがって、ニヒリズムは否定および欠落として、人間の意識がきわめて貧弱になり、意義と根拠を失ったことを意味している。現実全体の意義と根拠とが失われるに伴い、目的の設定も行為の可能性もすべてが色褪せていき、人間にとって世界、他者、さらには自己自身でさえも、血の通わない所与の事実に硬化してしまう。人間はこうして、創造的に有意義に生を形成することができなくなってしまうので、ニヒリズムの世界観からは人間の自己実現が根本的に制限されている。

このような厳密な意味でのニヒリズムは、信仰の喪失に起因しているため、信仰に基づいた確信が深いところまで達しているほど、それが失われた時に生じるニヒリズムは、より破壊的な力を及ぼす。世界内的なものは、信仰において超越的根拠に基づいて把握されるが、同時に超越との関係においては、それ自身としては、非神話化され相対化されて理解されるのである。しかしながらその際、超越が恵み深く関わり、惜しみなく自らを与える源泉として信仰のうちに理解される限り、世界内的なものの中に無制約的で超越的な意義が明かされる。ところが、信仰の営みが消え失せたとき、世界と超越とのそうした統一も瓦解する。超越は、まず対象化されて世界から閉め出され、余計なもの、それどころか人間を疎外するものとして放擲されてしまう。しかしその結果、世界内的なものはその生きた意義をも喪失し、中身の乏しい空虚な外面のみが取り残され、唯名論的・実証主義的に確証できる対象と見なされがちになる。

だが、ニヒリズムの明らかな否定性が積極的な衝動から発せられ、それどころか、担われてさえいることも稀ではないのである。というのも、ニヒリズムは、たとえ直接に人間の超越に対する関係を否定するにしても、多くの場合、そうした超越連関の一定の形態だけ――おそらく歴史上の具体的に目立った一つの在り方――を、すなわち、ある特定の宗教的世界像だけを否定しているに過ぎないからである。そのように否定するのは、人間にとって本質的で不可欠なものと認識される諸価値が、その世界像の中では十分に体験されえないということに基づいているのだろう。この場合ニヒリズムは、世界の現実に対して無制約的な責任を課せられていると感じて、狭隘な宗教を、彼岸の仮象世界への逃避に過ぎないと理解することがありうるかもしれない。例えば、宗教がある一定の領域をタブーとして禁じるときには、人はあらゆる現実を先入観にとらわれずに認識する課題を自覚するし、あるいは宗教が精神の内面性を一方的に強調するときには、肉体をもった人間の生の具体性や人間同士の間の正義や愛の深さを、自己が現実と触れ合うべき場として経験する。また、たとえ明確に自覚されていなくても意識の奥底では、対象化された超越が人間の自由を不当に制約し抑圧しているように感じられて、この超越を否定することで身を守らざるをえない場合もある。さらに、人間の自由を抜きにした神の計画を信じることを、自己自身の義務と課題に対する裏切りと見なすこともありうる。このように近代のニヒリズムは、一般に、人間を尊重するがゆえの無神論、つまり一種のヒューマニズムとして理解された。それによって、このニヒリズムは誠実さと人間の自己実現という名のもとに、問いを投げかけ、宗教に対して良心の究明を要求するのである。

宗教は、自らの伝統と存続を守ろうとするあまり、現代人にとっては超越が顕現するのに不可欠な場を塞ぐような、歴史的に古くなった世界像に固執していないかどうか、自問してみる必要がある。実際、宗教が人間に開き示そうとする超越への関係は、それが人間とその世界との、現実と意義への無制約的な開きをうちに含み、その基盤となっているときに限って真正なものである。というのも、超越が世界の真理と意義を自己の外に有し、それゆえ超越がそれらと競い合い、それらを否認せざるを得ないとしたら、そのような超越は、ヘーゲル的な意味での悪しき無限だからである。それゆえ宗教は、真理の歴史上の要求に対して開かれているかどうか、あるいは、そうした要求を避け、固定化されたドグマを安全な隠れ場にして、宗教感情や単なる儀式や社会的活動の中に逃避しているのではないかと自問してみなければならない。むろん、それ自体としてはそうしたものは正当であり、要求されているかもしれないが、超越を遮る防壁として誤用されるようになると、宗教を装ったニヒリズムに等しい。というのも、宗教がもっぱら人間の欲求を満足させることに利用されている場合には、根本的にニヒリズムにつながるからである。それは、人間が自分自身の欲求の充足のみに目を奪われ、人間の根拠であり安らぎをもたらす超越を否認していることになるためである。同様に、宗教が自らを真なるものとして——排他的なものとしてではなく——理解しようとしないときも、ニヒリスティックになってしまう。ニーチェが示したように、無制約的な真理への希望を失うことこそ、ニヒリズムの核心を成すものだからである。

したがって、宗教は超越の真理のため、また人間の救済のため、自分とは異質の現代におけるさまざまな世界観とも対話しようとしているか否か、言い換えれば、究極的に妥当する存在の経験と生の経験とに人間が到達するのにいっそうふさわしいものであるために、自分自身を改革させ深化させる覚悟があるかどうかを省みてみなければならない。そして最後に、いかなる宗教もその組織と実践のうちに、虚無的な要素が潜んでいないかどうかを自問する必要があろう。例えば、宗教が完全に組織化し体系化を企てようとするときや、絶対的な自己保存をもくろんでいるときや、新しいもの、あらゆるカリスマ的なものを最初から疑わしく思うとき、そこにニヒリスティックな要素が隠れていないか自問しなければならない。そのような態度には、超越ならびに人間の歴史のうちにこの超越が働きかけてくれることに対して、根本的な不信感が潜んでいる。こうした態度は、超越を自分の意のままに用いようとする試みであるが、それに対して、宗教本来の最も深く唯一の肝要なことは、超越の神秘に信頼しつつ、その具体的要求に絶えず新たにつき従っていくことである。

以上のようにニヒリズムには、意義をめぐる問題と人間の願望が含まれているが、それ以上に、たとえ後で誤った方向に解釈したとしても、ニヒリズムの表現のうちには、超越の本来の経験の要素が含まれている可能性が確かにある。というのも、ニヒリズムが自覚されている限り、そこでは超越への問いに悩んでいるからである。したがって、自らを虚無的だと理解している意識の底には、超越ないし究極的なものの次元が開かれようとしているのであり、たとえ否定的なかたちに過ぎないにしても、そこに現前しているのである。それにもかかわらず、なぜ無制約的なものの次元が空虚で無価値と見なされるのかと言えば、超越経験についての誤った期待、例えば、超越を対象的に理解しようとすることにあるのかもしれない。あるいは、超越が見かけは不在で抽象的であるかのような仕方をとりながら、どんな形象や感情にも取り込まれないものとして、自らを特別な近しさのうちに知らせようとしていることが見抜かれていないのかもしれない。さらに、自分自身の冷徹で醒めた超越経験からは、それを宗教的な内実をもった、例えば人格的な神経験として解釈しようとすることを許さないのであろう。こうして宗教的概念の拒絶の陰には、絶対的に不可解なものと直接、対峙しようとする偽りのない意志が潜んでいることがありうる。あるいはまた、人間の意識において超越は、近寄りがたい遠大さとして、いわば宇宙的に主題化されるのではなく、むしろ最も人間らしいもの、最も内なるもの、最もひそやかなものとして、つまり自分自身の心の奥や他人の表情に静かに輝いている光のようなものとして、主題化されることもありうるのである。おそらく人間が、そのような内なる超越と生き生きと触れ合うほど、その人にとっては、そうした経験を従来どおりの意味で「超越」と称することが、できないように思われるかもしれない。彼は、自らをニヒリストと称してはいるものの、それでいて根本では、ニヒリズムの否定的な自己理解から解放され、覆われのない意識のもとで、自己の超越経験にふさわしい人生の宗教的な解釈にまで達したいと願っているかもしれないだろう。

ニヒリズムは根本的に多義的である。それは、有限的なものに心を奪われようとする意識の、他には無関心な空虚さを意味することもあれば、どのような要求に対しても自己自身の自律性に固執する頑なな態度を指すこともあるし、また、より純粋な超越経験を求めての満たされることのない憂いを表すこともある。したがって宗教は、ニヒリズムを決着のついたテーゼとして制圧すべきなのではない。むしろ、その批判的、否定的な主張のうちに、どのようにして今日の世界で超越に基づく真実の実存が考えられ、実現されうるのかという問いかけに気づくべきなのである。

四　ニヒリズムに臨む宗教の課題

(1)　宗教の内的刷新

ニヒリズムが宗教の核心まで疑問視している以上、ニヒリズムを克服しうるために宗教に求められていることは、外的な形態を現代化することではなく、まさに宗教の真髄に自覚的になることであろう。宗教の根源的本質に立ち返るために前提となるのは、自身の宗教団体の現状を批判的に明らかにし、浅薄化に立ち向かう覚悟をもつことである。具体的には、宗教の草創期もしくは、それが規範的と見なされない場合にはその全盛期が、宗教の根源的意義とカリスマとを典型的に表しており、それが宗教を刷新する道を指し示してくれることがある。

宗教において草創期の息吹きと古典的な伝統は、その中心にまで深まっていく出発点となる。しかし、超越との出会いは保存されうるようなものではないので、どのような宗教的刷新も、宗教団体がその都度、どれほど新たに直接、超越の呼びかけに答えることができるかという点にかかっている。いかに豊かな宗教的伝統であっても、それに甘んじようとするだけなら、単なる文化財に堕してしまうであろう。生きた伝統は、むしろ超越との常に予測されない出会いに導き入れる意義をもつ。それゆえ、超越の沈黙した言葉を聴き取ろうとする能力と意志こそ、真の宗教の生命線を成すものである。

宗教は、常に新たに語られる超越からの招きに対して目覚め、そこで自分自身の歴史的使命によって自らを形成していこうとする覚悟をもつとき、転変してやまない時代の只中に入り込み、その都度、新たな仕方で時代に語りかける力をもっている。というのも、宗教は超越へと直接に向かう開かれた態度に基づいて、新しい意義の地平を切り開き、生命を与える力を授かるからである。ただし、そのような預言者的な新しい衝迫が長く活力を保つためには、それだけにとどまらず、思索によってその意味が展開され、組織において体現される必要があるだろう。

したがって、宗教の内的刷新は、典礼と祈りのかたちに至るまでその具体的制度のあらゆる次元において、活力をもたらし、より適切に是正されるものにならなければならない。たとえそれが、信徒の宗教的慣習に先行するものであったとしても、である。なぜならば、宗教の具体的形態は、まさに宗教的意識の制度化された姿にほかならず、この宗教的意識が純粋で適切であるかどうかは、絶えず新たに吟味されうるからである。

(2) 世界への開き

現代のニヒリズムの根の一つは、世俗的な世界経験と宗教的意識との歪んだ関係にある。そこで宗教にとって課題となるのは、現代世界から安易に規定されるのではなく、宗教の核心に照らして現代世界を識別し、内的に受けとめることである。

現代において宗教が、宗教のみに基づいてある完結した新しい世界像を構想しようとするなら、それは時代錯誤であろう。むしろ、宗教のなすべきことは、まず世俗的な世界観があるということ、そしてそれは、宗教的な世界理解よりも先行していることを改めて認めることである。それによって、宗教自身の自己理解を自覚的に限定し、宗教的解釈の妥当性の範囲を明らかにするのである。宗教が原則としてまず、人間の相対的な自律と、科学や文化や社会のように、それ自体で宗教に依存しない領域に固有な原理を承認するとき、この承認は便宜的な妥協ではありえず、宗教自体の原理に基づくものでなければならない。世界を宗教的に理解する際には、単に世界が本来もっている自律性や限界だけに目を向けるのではなく、まさに救済の問題に対する世界の両義的な関係をも、すなわち世界の堕落と最終的な目的設定ということも考慮されねばならないだろう。そのように、宗教をこの世の諸領域から慎重に区別しながら両者を相互に連関する考察を通じて、宗教はそれらに対して原理的であると同時に具体的な意義を顕わにすることによって、世俗的意識と宗教的意識との間の隔たりを埋めることに寄与できるであろう。

こうして宗教が世界と人間の根本的意義を告げ知らせることができ、また自分たち宗教団体の組織を社会の中のただの一勢力として理解するならば、宗教は世俗の他の諸勢力とともに、節度をもって協力し合えるようになる。宗教はさらに、宗教団体の組織に属しながら一般社会の諸領域の担い手である一般信徒が、世界内的でありながら決して世俗的なものに尽きるのではない課題を携えて、その範囲で自律していることを認め、そうであるよう促進すべきである。それによって、宗教の指導者たちは自らの権限を自発的に制限し、一般信徒と手を取り合って歩むことができるようになるのである。

(3) 人間性の擁護

世界に対して宗教のとりうる姿勢は、人間への関わりを中心としている。人間自身によって産み出されたさまざまな状況が本来の人間性を脅かしたり、あるいは正しい意義づけを明らかにすることを必要としている場合に、宗教の果たすべき課題とは、人間にふさわしいものを、その自然的な次元もすべて含めて発見することに協力し、そしてそれを擁護することである。事実、現代において宗教は、ますます「時代の良心」と見なされる傾向にある。現代のこうした期待はまさに宗教の基本的課題に合致しているので、宗教は、人間をやむなく対象化し機能化してしまう傾向に対して、人間の固有の尊厳を、人間の意義と自由とその究極的使命を、はっきりと掲げ、説得力をもって示すべきなのである。この意味で宗教は、例えば社会的生産のかなわない、自分の身を守れない人々のために、また老人や、回復の望めない病気の人や胎児の生命を守るために力を尽くそうとするとき、それによって同時に、社会的機構の成員である健常者に対しても、人間が単なる有用性の機能からのみ評価されることのないよう防ぐのである。同様に、社会的正義を求める宗教の理論的かつ実践的な努力や、恵まれない立場にある人たちに向けられる献身は、誤解された経済的原理による圧迫から人間を解放し、支配される者にも支配する者にも人間の尊厳と平等、万人の相互的責任に対する理解を改めて促すのである。

人間の実存の意義と究極的実現への理解に向けて、社会の中で関心を持ち続けさせようとするそうした努力は、宗教そのものに固有の動機に由来している。というのも、人間の存在の完成という問いに対し、どんな宗教にも根本的に、きわめて明確な一定の答えがほぼ共通して見出されるからである。それによれば、人間というものは、およそ有限的なものによっては決して満たされえず、それゆえ、社会的な承認や自分自身で成し遂げた業績によっても、究極的に充満するには至らない存在なのである。むしろ人間とは本質的に、超越そのものから受け入れられ、癒され、満たされることを願ってやまない存在である。ここから宗教は、自分では意のままにできない超越に対し、それを信頼し希望する人間の開きの擁護者となる。宗教は、究極的には人間が世界内的な目的に縛られることなく、開かれたところ、超越から生かされていることを示し、したがって自分の意図するどんな計画や製作的行為にも先立って、自己を開いて聴こうとする態度や、感謝をもって受けとめようとする姿勢を持つべきであることを明らかにする。その結果、人間は最終的に、世界内のさまざまな支配力の桎梏《しっこく》から自由になり、無制約的な意義を自主的に受け入れることができるようになる。

ところで人間の超越に対する態度は、人間の他人に対する態度、いやそれどころか自己自身に対する態度の基盤となっており、本質的にそれらに類似したものであるので、宗教は、人間に超越への真の関係を結ばせることによって、単に宗教的なものの領域に限定されない、有意義な実存の土壌となる根本的態度を養い、深化させるのである。こうして人間は、超越への自らの開きを土台にして、自己自身と同時に他人をも受け入れることができるようになる。そして、能動的に責任を果たすとともに信頼をもって自己を委ね、ついには、安らぎに満ちた喜びに達することが可能なのである。

ただしそこでも、宗教は単に理想を説くばかりでなく、今日の社会において超越と他人への開きがどのように考えられ、生きられるのかという具体的なヴィジョンとモデルを展開する必要がある。その際、宗教的精神に基づいて、人間らしさと隣人愛を徹底して生き抜こうとする集団こそが、周囲のいっそう広い世界に潤いをもたらし、影響を与えることができるだろう。

(4) 宗教的実践への道

今日、信仰が以前にもまして、制度や社会的組織によって支えられていない以上、ニヒリズムの風潮の中で、信仰は、ただ超越と直接出会うことによってのみ活力を保つことができる。そこで結局、すべては、宗教が人間を、経験によって確証された超越の本来的体得へと導くことができるかどうかにかかっている。そのような個人的な宗教体験は、黙想や祈り、霊的生活の師となる人との交わりから生じてくる。宗教は、客観的な救済の教理を説いて事足りることはありえず、歩むべき霊的な道として展開されなければならない。今や人々は、これまで以上に宗教に対して、個人的であって共同的でもある宗教的実践に向け、経験豊かな助言を期待していると言えよう。現代人は、典礼的儀式に心の中で馴染めないでいるが、逆に、そういう人ほど、超越との人格的な触れ合いに導き入れられることを希求しているのである。だが、こうした願いに宗教が答えることができるのは、その宗教集団の中に、自らの人格的実存をひたすら超越との関わりに専心させ、単に自分の言葉でだけではなく、自身の全存在をもって超越の自己告知の場になる人々が、存在していることによる。自己の人格において超越への道を指し示すような、宗教的人物の出現は、超越自身の一つの恩寵によるものであり、ゆえに、それは人間の側からは、ただ待望する以外にないのである。

注

（1）“Nihilismus”, “Willen, der Nichts will”: *Fr. H. Jacobis Werke*, Bd. 3, Leipzig 1816, S. 44, S. 17.　この公開書簡全体は ibid., S. 1–57.　なお参考文献としては以下のものを参照。F. Leist, *Existenz im Nichts: Versuch einer Analyse des Nihilismus*, München 1961; D. Arendt, *Nihilismus: Die Anfänge von Jacobi bis Nietzsche*, Köln 1970; D. Arendt (Hg.), *Der Nihilismus als Phänomen der Geistesgeschichte in der wissenschaftlichen Diskussion unseres Jahrhunderts* (Wege der Forschung, Bd. 360), Darmstadt 1974; A. Schwann (Hg.), *Denken im Schatten des Nihilismus, Festgabe für Wilhelm Weischedel*, Darmstadt 1975; K. Wellner, *Der offenbare und der versteckte Nihilismus*, Stuttgart 1978; W. Weier, *Nihilismus: Geschichte, System, Kritik*, Paderborn 1980.

（2）“alles außer ihr in Nichts verwandelt wird und sie allein übrig läßt”: *Fr. H. Jacobis Werke*, Bd. 3, loc. cit., S. 20.

（3）“nur ein Gedanke des Endlichen”; ibid., S. 49.

（4）“in sich allein”: ibid.

（5）“alles löst sich ihm dann allmählig auf in sein eigenes Nichts”: ibid.

（6）“Nichts, das, wie ein Abgrund, um uns her uns angähnt”: Fr. Hölderlin, *Sämtliche Werke* (Fr. Beissner, Hg.), Bd. 6/1, Stuttgart 1954, Nr. 147, S. 253.

（7）“rührend kurze Freude, die aus dem Nichts entsteht und ins Nichts vergeht—die anhebt und versinkt, man weiß nicht warum: eine kleine fröhliche Insel, mit Sang und Klang—die auf dem dunkeln, unergründlichen Ozean schwimmt”: W. H. Wackenroder, *Werke und Briefe* (Fr. v. d. Leyen, Hg.), Bd. 1, Jena 1910, S. 163.

(8) "Was mir nicht Alles und ewig Alles ist, ist mir Nichts.": Fr. Hölderlin, op. cit., Bd. 3, Stuttgart 1957, S. 45f.

(9) "daß kein Gott sei": Jean Paul, Rede des toten Christus vom Weltgebäude herab, dass kein Gott sei, in: ders., *Werke*, Bd. 2, München 1959, S. 266.

(10) "Konsequenz der bisherigen Wert-Interpretation des Daseins": Fr. Nietzsche, *Der Wille zur Macht*, Stuttgart 1952, 1. Buch. I. Nihilismus, Nr. 1, S. 10.

(11) "daß es keine Wahrheit gibt": ibid., Nr. 13, S. 16.

(12) "Hypothese": ibid.

(13) "daß sie nur ein Symptom von Kraft auf seiten der Wert-Ansetzer sind, eine Simplifikation zum Zweck des Lebens": ibid.

(14) "Die extremste Form des Nihilismus wäre die Einsicht: daß jeder Glaube, jedes Für-wahr-halten notwendig falsch ist: weil es eine wahre Welt gar nicht gibt. Also: ein perspektivischer Schein, dessen Herkunft in uns liegt": ibid., Nr. 15, S. 17.

(15) "Sofern wir an die Moral glauben, verurteilen wir das Dasein": ibid., Nr. 6, S. 11; cf. ibid., Nr. 11, S. 13.

(16) "Daß die obersten Werte sich entwerten. Es fehlt das Ziel; es fehlt die Antwort auf das 'Warum'": ibid., Nr. 2, S. 10.

(17) "Das Wesen des Nihilismus ist die Geschichte, in der es mit dem Sein selbst nichts ist": M. Heidegger, Die seinsgeschichtliche Bestimmung des Nihilismus, in: id., *Nietzsche*, Bd. 2, Pfullingen 1961, S. 338.

(18) K. Riesenhuber, Nichts, in: H. Krings u. a. (Hg.), *Handbuch philosophischer Grundbegriffe*, Bd. 2, München 1973, S. 991-1008. K・リーゼンフーバー著『近代哲学の根本問題』（知泉書館、二〇一四年）に所収（第八章　無の概念と現象）。

(19)　K. Riesenhuber, *Existenzerfahrung und Religion*, Mainz 1968, S. 40–47.

第三章　作製的理性と意義の肯定
――科学・技術時代における宗教の未来に向けて

自然科学・技術に影響された現代の生活世界では、世俗的な世界把握と生の宗教的理解との関係が、ある新しい段階に入ったように思われる。すなわち、宗教と科学とのイデオロギー的な諸対立が緩和される一方で、両者の乖離が増大している。近代初頭の地球を中心とした世界像をめぐる論争の中で、人間の空間的位置づけが新しくされ、また十九世紀には進化論をめぐる危機の中で、人間の時間的位置づけが新たに定められた。他方、自然科学・技術による世界像の変革は、表立ってないがより深刻な仕方で、宗教的な了解をも可能にする人間の思考形態を根底から変えようとしている。科学的認識の急速な進歩に伴い、その世界観の重要性を評価するのは今なお困難であるが、科学・技術的な思考形態そのものは、現実を了解する他のどんな方法に対しても説得力を失わせるほどの優位性をもっている。こうした精神史的状況を正しく評価するためには、まず、自然科学的・技術的な思考形態の構造と傾向を分析することが必要であろう。

一　自然科学的・技術的な思考形態の問題

(1) 歴史的概観

古代ギリシアにおいてプラトン(Platon 前四二七―三四七年)は、世界の起源と秩序を神的デーミウールゴス(世界製作者)の知と技に帰することで、技術による創造の構造と尊厳を見出している。それをさらに進めてアリストテレス(Aristoteles 前三八四―三二二年)――および、近代の哲学諸派に至るまで彼の影響のもとにあった中世スコラ学――は、技術を人間理性の一つ、本来的に固有な、産出(制作 poiesis《ポイエーシス》〔アリストテレス『ニコマコス倫理学』第六巻第四章 1140 4a4ff.〕)の自然本性的習慣(habitus)と見なす。それによれば、理性は目的を把握することから出発して、想像力を駆使しながら、法則に従って合理的に構想され、目的に向けて組み合わされる手段へと進んでいく。近代の技術的思考の数学的構造は、古代の「自由学芸(artes liberales)」の枠内でボエティウス(Boethius 四八〇頃―五二四年頃)が「四科(quadrivium)」に要約した学問、すなわち算術、幾何学、天文学、音楽理論を通じて準備されることになる。十一世紀以降には、風車や水車のような技術的方法が、特にシトー会修道士の修道院生活(十二世紀)で組織的に使用されている。十一世紀に技術者《エンジニア》(ラテン語で「有能な・天才」に由来する ingeniator:「独創的な精神の持ち主」を意味)という語と概念が登場した後、学問を理論づけたサン゠ヴィクトルのフーゴー（Hugo 一〇九六頃―一一四一年）は、現世的・身体的福祉の面から幸福に関わる「機械的技芸（artes mechanicae）」――農学から医学まで――を学問体系に組み入れた。盛期スコラ学においてボナヴェントゥラ（Bonaventura 一二一七／二一―七四年）は、人間とその活動によって生み出される産物との間の関係をいわば間人格的なかたちで構想し、技術を産物を通しての人間の自己発見の試みと理解し、神の創造的働きに類比させている。トマス・アクィナス（Thomas Aquinas 一二二四／二五―七四年）は、アリストテレスの思想を用いて技術による作製の精神的構造とその倫理的規範を展開している。十四世紀から十七世紀まで、唯名論、経験論、合理論を背景に、世界像の機械化と数量化が生じて、それらが近代の自然科学と技術を可能にする。すなわち、数学的四科が自然認識と技術的発明とに結びつく。例えば、色の相違など質的属性が量的に把握される。アリストテレスの言う目的因は、その第一原因としての役割を作用因に譲る（十四世紀）。存在者の本質形相は、まず認識不可能なものとして、次には不必要なものとして排除され（デカルト René Descartes 一五九六―一六五〇年）、存在者の根本規定が量的なものに取って替えられる（オッカム〔William Ockham 一二八五頃―一三四七年〕）。形而上学は、数学的-幾何学的モデルに沿うものと理解され（クザーヌス〔Nicolaus Cusanus 一四〇一―六四年〕）、機械工学が最高の学問に昇り詰める（十六世紀、レオナルド・ダ・ヴィンチ〔Leonardo da Vinci 一四五二―一五一九年〕）。実験と帰納法は、認識の源泉として非体系的経験の代わりになる。物体は、精神も霊魂もない延長実体として対象化され（デカルト）、ついに人間自体、機械として構想されるに至る（ラ・メトリ〔Julien Offroy de La Mettrie 一七〇九―五一年〕）。

蒸気機関の開発（十八世紀）から、機械・技術を特色とする工業時代が始まる。それとともに、経済的利用を伴う技術と自然科学との結合が、現代に至るまで強まっていく。十九世紀の半ば以降、人間も一段と自然科学的に方向づけられた医学と技術的操作の対象になる。新しい技術のおかげで、人口の増加と需要を満たす大量生産が可能になった。二十世紀には、特に医学、流通、通信、情報、ついには人工知能の分野での成果が達成された。自然科学と技術が社会的に受け入れられる限り、「近代的精神」が歴史的にも地理的にも広く及ぶようになる。今日ではこの近代的な技術文明が、社会的、文化的、政治的相違をも超えて、絶えずその数を増しゆく利益集団の生活と福祉のための普遍的可能性の条件である。

こうした基本的動向を通じて、自然科学と技術は、社会と同じく個々人の生活において、ほぼ支配的な地位を獲得する。自然科学と技術は、人間自身を研究と適用の対象領域によりいっそう取り込むため、ただ環境と人間の外的な生活様式だけが変化するわけではない。むしろ、あらゆる自然科学的・技術的進歩の根底にある思考形態が、人間の生の全領域において標準的な認識と行動の規範となる傾向を示している。人間にとって何が現実であり真であり意義があると認められるのかは、この思考形態の規範に従って測られる。ほかならぬ思考形態――と同時に、査定と決定の基準――のこうした変革が、外的な生活様式の技術的変革よりも、人間の自己理解および世界理解の実質により深く入り込んでいる。以下では、科学的・技術的な思考形態の若干の要素を素描してみたい。

（2）自然科学的・技術的な思考形態の基本的特徴

自然科学的な認識は、対象を生の文脈から引き離すことで、それを同時に存在者の全体における位置づけと包括的な意義連関から切り離し、個別化し、客体化することによって規定する。そこでは対象は理論化され、主観によらない純粋に量的な観点から合理的に主題化されていく。こうして対象は没価値的で計測可能な、つまり数学的・計量的に把握可能なものとして現れ、個性を失い普遍的な法則のもとに包摂されるようになる。このような方法で構想された対象は、実験において操作されることで主体の知的関心に応えるものとなる。実験結果の確実性が担保されるためには、実験は任意に反復可能でなければならないので、対象は代替可能なものと見なされる。そこでは、対象はそれ自体に意味があるのではなく、実験者と実験を依頼した者の関心によって随時に変わりうるもので、機能的に用いられるに過ぎない。したがって、主体である人間から意のままに操作される存在者には、それらの意義がその出現の反復可能性と人間に対しての尊敬の要請を含んでいる以上、いかなる尊厳も歴史的な意義も見出されなくなる。ヴィーコ（Giambattista Vico 一六六八—一七四四年）の「真なるものと創り出されたものとは同義である」という言葉にあるように、真理と意義は実験者によって計画され、あらかじめ考案されている限りにおいてのみ認知され、認識過程へと受け入れられる。この方法は実験する主体のために、対象を統制可能なものとして保証し、また実験成果を作製可能なものとして確保するので、技術的な観点のもとでは将来が計画可能で予知しうるものであるように思える。ゆえに、時の経過は本来的な歴史の意義にあるように、人間の意図を超える新しい意義をもたらしたり、人生を支える意義理解を覆い隠すものではなくなる。むしろ時間の直線的流れの中では、発見・発明の時点、すなわちその都度の新しいもの、人間がこの先ずっと自由に処理できるものだけが強調されている。こうして歴史は、人間がより高度な自律と自己充足に向かっていく永続的な進歩と見なされる。

さらに、科学的な研究は専門性の高度化を目指して細分化が要求されるため、個々の研究者は現実世界の全体像を放棄し、研究結果を人間の世界理解・自己理解という全体的見地から切り離し、責任をもって適応することを断念してしまう。こうして研究者は、研究成果の評価と適用という課題を上位の審級に任せる。それに伴って不特定の機関、例えば経済組織などが、技術的知見を通じて広範囲に世界規模での威力さえもつようになる。かくして自然科学的・技術的認識は、経済的利益と結びつくことで産業生産と全世界的な市場化を推し進めていく。それは、経済的な利潤優先のもとでグローバリゼーションを促進することにほかならない。技術的・経済的に作製しうるものが進歩的で、より善いものと見なされるならば、作製されるものに意義と価値があるかは、もっぱらその斬新さと技術的完全さを基準として判断される。そのような思考形式が開く地平は、人間に関わるあらゆる自然の経過を制御することを目指し、それによって、世界内のすべての存在者を道具的に利用することで、安全な現代と近未来を形成しようとするのである。

この思考形態がもたらす成果は、われわれの日常生活の特質を成しているほど明白である。技術的進歩は、健康の増進と平均寿命の上昇、環境保護、財産の増大と自由の利得、より自由な人格的開化、情報と通信の普及とそれに伴う社会的相違の均一化、さらには民主化、国際協力、平和確保に寄与している。思考形態の面では、合理性と客観性が促進され、管理された思考、責任ある立案、公正さが推進される。地球規模での情報の拡大により視野が人類全体に広がることから、自己の経験世界の狭い範囲を超えて責任と支援を目覚めさせることになる。

しかしながら、自然科学的・技術的思考のみに基づく思考方法では看過できない負の傾向もまた、まず自然の面で、次いで社会的な面でもたらされている。自然環境は危機にさらされており、代替不可能な資源は枯渇しかねず、また戦争とテロのためにあらゆる手段が用意され、経済的利害関係の中での発展は近視眼的で歯止めがきかない。こうして次世代の生活と成長の可能性は制限される。より高次の発展段階では進歩の速度が加速しているので、発展から取り残された地域との隔たりが世界中で広がり、健康、平均寿命、裕福さに格差が生じるとともに、社会的・政治的軋轢が高まる。閉ざされた社会の場合、その中で技術的進歩についていく力のない者は、進歩から取り残される。技術的発展がもたらす自然的、社会的、精神的な結果を確実に予測することはほぼ不可能であるから、このこと自体もまた新たな発展の原動力になる。

技術の進歩が新しい倫理的諸問題を投げかけているのは、明らかだろう。技術的可能性のための倫理的境界があるかどうか、どのような規範と基準に照らして決定されうるのか、ということが問われるべきである。一人ひとりの失われることのない尊厳に基づく倫理的帰結、期待される効果に向けて限定的な手段方法を適用することについての責任、個々人ならびに全世界的な見地からの限りある資源の公正な分配、次世代の人たちの生活基盤と環境のための責任、技術がもたらす負荷に対する社会的合意、以上を考える必要があるだろう。ここでのわれわれの研究は、こうした倫理的な諸問題を脇に置いておく。それらは宗教的問いの中心を成していないからである。

誰もが入手可能な情報の世界規模での伝達が、文化的・宗教的に均質な空間をこじ開けるので、社会的次元において、近代の科学技術の影響のもとで完結した宗教的領域は打撃を受ける。それに伴い、個々人にとってただ一つに統一することが不可能な、多様な意義を選択する可能性に直面させられるため、旧来の価値体系はその一元的な妥当性を失う。どんな宗教にも本質的な何らかのかたちで具わっている無条件性の主張が相対化され、それによって宗教が矮小化された私的なものとなる。そこから懐疑、無関心、世俗化、宗教的な理念と実践の折衷主義的混交といった傾向が生じる。伝統的宗教心はこうした趨勢ゆえに脅威を感じて、開かれた議論を排除し対外的に組織を硬化させ、原理主義の中に撤退することで対抗し、自分たちの立場を守ろうとする傾向が起きやすくなる。

(3) 科学的・技術的な思考形態が及ぼす一般的影響

現代の科学・技術のように特定の思考形態が現実に支配的となるとき、その思考形態が一般的な考え方に影響を及ぼすことが予想される。

自然科学・技術的方法は物質的対象に高度に適合しているがゆえに、それは人間の理解を決定的にもっぱら物質的領域に限定しうる。だが、何が本当の現実であり真であり善であるかという根本問題、つまり現実全体の根拠と目標の探究は、自分自身の存在の意義への探究と同様に人間にとって自然本性的なものである。したがって、自然科学的・技術的方法で規定された思考の地平に置かれる場合、これらの問題が矮小化されて不十分なかたちをとり、偏った方向へ進みかねない。そこでは存在者が「現実的・実在的」と見なされるのは、対象化でき経験的に立証可能で、数量化・測定可能で、さらに定式化・計画可能である限りにおいてである。換言すれば、人間の合理的・技術的な力によって存在者を統御する限りにおいてなのである。しかし、そのように構想された存在者は代替可能であり、それ自体における意義を持たず、ゆえにそれ自体においては価値を有さない。そのためこのような存在理解のもとでは、存在者自体の本質と意義へ向かう視野が未発展であるのと同じように、主体が単なる合理的・技術的能力の持ち主として考察される限り、主体の独自性の意味も未発展のままに留まる。このようにして、人間に先立って存在し、その意のままにならず、人間へと関わると同時に、企図する人間の我意から逃れるような現実に対する了解が隠蔽されてしまう。一回限りの尊厳と全体の秩序、歴史的な出来事、相対化不可能な超越、義務を負わせる意義による呼びかけ、また畏敬を呼び起こす人格の問題は、この了解地平において考察が不可能となる。これらのものは、単なる偶然、美的情感ないし個人的嗜好の対象に過ぎないものとして貶められ、標準的な現実理解からは除外されるのである。

存在あるいは現実それ自体のこのような理解に応じて、真と承認されるものの理解は制限される。「真」とは、もはや存在者に具わる隠れた本質、あるいは人間の責任を呼び起こす出来事の意義ではなく、悟性によって構成されるものとなる。その際に、この構成が事後的に認識されたものか、あるいは計画的に構想されたものかを識別することは、ほとんど不可能である。しかし、合理的に作製しうるもののみが理解可能なもの、すなわち真として認められる場合には、真理はもはや人間の思考の産物に過ぎない。そのような真理はそれ自身から人間の心に訴えかけるもの、つまり、人間をその責任に直面させるものではなくなるから、理性は真理によって刻み込まれる代わりに、それ自身を構成的で形式的な能力に引き下げ、人間の思考力は支配可能な客体への関わり、つまり対象化して分析可能な意味内容に制限されてしまう。

このような思考は、いかなる意義をも受け入れることはできないので、結局は「善」についての志向を、有益なものおよび享受可能なものに制限する。「善」はそれゆえ、人間の期待と要求に応じて機能するもの、要するに、あらゆる存在者を人間の望みに適合させる技術の進歩そのものとなる。それに伴って、いかなる規範も任意に定められたものとして主題化され、あるいは社会的な取り決めとして相対化されていく。こうして思考、意志、行為に意義と方向性を与えることのできる無制約的なものが抜け落ちてしまうと、無意義さばかりが漂うようになるが、この無意義さは不安を生じさせ、その結果、常に新しい技術的可能性へと逃避することで隠蔽されるのである。それとともに、世界内のあらゆる同一性の根拠となる永続する一なるものに身をさらし、世界内の多様な諸可能性に対して開かれながら、人間を凌駕する意義を受け入れ実現するような生き方を貫徹する力が消え失せる。

だが、人間が自らの尊厳と自己目的性を伸展させる姿勢は、現実全体を、それを統一する根拠と最終的な意義において考慮することから発揮される。そのような根拠と意義についての問いと探究が、初めから非現実的なものとして排除される場合には、人間の中心的な自己実現と意義の実現に通じる経路が閉ざされてしまう。その結果、文化的・宗教的教養は職業関係の養成に取って代わられ、人格形成は資格の獲得に替えられる。芸術が、人生の指標となる意味をもちえずに周縁的な現象へと成り下がり、倫理が、社会的な決まり事の問題へと低次の解釈に変えられるように、宗教も主観的な欲求を充足させるもの、ないし人生の容赦ない現実からの逃避と見なされる。しかしそれによって、例えば信頼や愛、また、幸福のような人生の根本的な経験と態度が無反省のままに留まり、別離や苦悩、罪責や死といった不可避の限界状況が排除されてしまう。そして人間は、重要な成熟の機会を失うことになり、唯一の現実として承認された世界内の対象を鏡にして、それに基づいて自らを把握しようとするのである。かくして対象へと方向づけられた科学・技術的思考が、今や無防備にさらされている人間自身に向かって跳ね返ってくる。人間は——正当な仕方で——部分的に個別科学的な研究の対象にされるだけでなく、その全体的な見地からも経験的・合理的に分析され、技術的に計画もしくは作製可能かどうかの対象にされるのである。それによって人間は、その一回限りで責任ある主体性の尊厳を失い、自らの生に、あらゆる機能的性質をも凌駕する意義を与える可能性をなくしてしまう。永続する存在理解と包括的な意義理解から切り離された場合、人生の浮沈に身を任せるだけで、生を気晴らしの戯れと見なすことになりかねない。

技術的思考が絶対化される場合に生じるこのような結果が、傾向性の問題に過ぎず、不可避の存在の歴史ではないとしても、現代においてどのような自己実現が可能なのかという問いは、宗教的な意義づけの地平で考察されるべきであろう。

二　宗教的次元の解明としての意義了解

（1）科学的・技術的な合理性の受容

科学的・技術的な合理性と人間全体の自己実現、宗教的に言うならば、救済の問題との隔たりを架橋するために何よりもまず必要なのは、理性的な説明と納得いく根拠づけを求める現代人からの要求を、宗教の側が真剣に受けとめることだと思われる。それゆえ宗教的発言に当然期待されることは、宗教固有の内容を放棄したり隠蔽したりすることなく、聞き手の了解地平に結びついていることであり、宗教的メッセージが可能な限り概念的に明瞭に伝えられることである。加えて、逆に、科学・技術的な思考形態は、その人間的で宗教的な意義に向けて解明される必要がある。その際、科学・技術的な思考形態を単にその所産のためだけに評価して、それ自体としては一時的な時代現象として片づけようとするのでは、不十分だろう。むしろ、そのような思考を、人間全体と関わる精神的な活動としてその意義のうちに認め、人間の自己形成に積極的に統合していくことが課題となる。そのとき科学・技術的な思考は、人間の自己理解および意義の実現の中で重要な位置を占める人間の根本能力の一つとして――アリストテレスとトマス・アクィナスが言うところの自然本性的な習慣（habitus）として――肯定されるであろう。西欧における教養の歴史は、古代ギリシアからルネサンスを経て十九世紀に至るまで、古典語と修辞学を規範に形成されてきたのに対し、自然科学的合理性と技術的な創意工夫をも考慮に入れた人間像は、いまだに萌芽的に散見されるに過ぎない。科学技術と自然科学が物質的世界を対象としている限り、ここで構想中の人間像は、現実世界を積極的に評価するという課題に直面していよう。ロマン主義的な自然賛美も人間中心的な自然搾取も、同じように世界の積極的評価から遠ざかっているのである。

(2) 意義への問い

科学的認識と技術的能力は、確かにそれ自体は肯定されるに値するが、人間の自己発展の原理としては十分なものではない。というのも人間は、何をいかなる目的のためにどのような手段でもって研究し、作成しようとするかを決定するが、この決定そのものが、意義を先取りすることによって導かれているからである。この意義とは、科学・技術的研究の構造の内部自体からは明らかになるものではなく、科学・技術的研究が結果的に規定しながらも、それに先行するものである。それゆえ、自然科学・技術が人間存在の意義を成すことができない以上、その諸可能性そのものからは、技術的に可能なものを具体的に実現するような無条件な要求がまったく生じない。自然科学・技術の発展は、したがって、自律的でも自己目的的でもなく、重大な責任をもって、人間全体の意義の実現との関わりにおいて規定されなければならない。とはいえ、人間の意義と自己実現に関して、技術的合理性と人間存在の宗教的解釈との間で対話を行うことは可能である。なぜならば、宗教のテーマは人間の「救済」であるので、宗教的発言は哲学的・人間学的に媒介されなければならないからである。そのために、いくつかの基本的特質を以下に示したい。

人間は、第一に、本能の欠乏ゆえに技術的手段を必要とするが、これは人間に理性が具わっているためである。というのも、包括的な目標と多様な行動の可能性を認識することによって、理性は本能による諸行動の必然的な結合を圏外に置くからである。理性は、目標へ向かう技術的行動と、技術の制約の根拠である因果関係を認識することによって、本能の欠如を補完し、克服するのであるが、この同じ理性が、人間が世界への関わりと自己自身を規定する意義と目標とを認識することによって、その行為能力を獲得する。理性が具わっているがゆえに、人間はそこから自己自身――自分の意義と行動の可能性――を認識し、規定する目標を追求し、自己自身を主体として実現できるのである。この自己規定の力は、それ自体のため、また、それ自体において善いと肯定される目標から得られる。このように人間は、自己のうちに、また自己のために、意義ないし善それ自体を実現しうる存在であり、したがって、それ自体によって成り立つ意義と無条件的な善を受け入れることができる主体なのである。人間、しかも個々人の無制約的な尊厳は、この理性の所有に基礎づけられている。なぜなら、意義への洞察とその自由な実現とは、自然のままの人間一般において行われるのではなく、ただその都度の一人ひとり、つまり人格ないし個人にとってしか可能ではないからである。すべての倫理と人権は、個人のこの無制約的な尊厳に基づく。それゆえ、人間を単なる客体、あるいは手段としてのみ取り扱おうとするいかなる試みも、人間がその精神的特質において本質的に関わっている無制約的な善ないし意義そのものに反している。そのうえ、他人は行為者と同じ本質を有している以上、他人を目的に向かうための手段としたり、客体のように意のままに操作したりすることは、根本的には、行為者が有意義な目的連関から自己自身を遮断することにほかならず、自らの有意義性を破壊することになる。

意義の実現が人間の自由意志によるにもかかわらず、有意義性それ自体は人間の恣意的力のうちにあるのではない。それは人間によって構成されるのではなく、認識において受け入れられるものであるから、有意義性それ自体は人間の自由な行いを可能にするものとして、それに先行している。ゆえに意義そのものは、人間から生み出されるものではなく、それ自体から自らを意義および善として顕わにする。この自立した無制約性においてこそ、意義そのものが、有意義な自己規定の能力をもった存在としての人間の尊厳を構成するのである。したがって人間は、善への参与によってのみ、つまりそれ自体において善いと認める善を通してのみ、あるいはそれと関わることでのみ、自己自身を実現する。宗教的に「救済」と呼ばれるものはさしあたり、善それ自体によって人間存在を保持し、完成させるものとして理解されうる。だが、善ないし意義の自由な肯定とは、善がその無制約的な有意義性において、それ自身から自らを顕わにする認識を含意しているので、この善への関わりは、人間の悟性による構成には基づかない真理の承認を含んでいる。

超越的な真理と善に対して行為的に関わることは、確かに自由に任されているが、本来的に人間に属している。というのも、人間は自己を離れて世界内で生きているわけではなく、主体としての自己であろうとしている以上、主体の完全な統一を求めているからである。しかし人間は、真理への関わりにおいて認識する者、善への関わりにおいて意志する者としてしか、自らの完成を見出すことができないことを知っているので、真なる自己、善なる自己——あるいは救済——への問いとは、無制約的な善と真に対する問いへと通じていく。この根本的な意義への問いの中では、単なる事実的なもの、思いのままに処理できるもの、機能的なものの次元は無制約的に超えられ、単なる部分的な契機に過ぎないものとして根本的な意義への問いの中へと止揚される。どんな自由な行為においても前提とされる避けられない自己の意義についての問いが、単なる事実性、機能性、客体化の可能性、また恣意性に異を唱え、そこから人間を救い出すのである。なぜなら、意義そのものが恣意的に定立しえないように、意義の自由な実現もまた同じく、外部から他者によって為されうるものではないからである。このように代替不可能で無制約的な、つまり無条件的な善に基礎づけられた個々人の自己自身における有意義性が、初めて人間存在に具わる諸々の次元に、また科学的・技術的能力にも、その課題と有意義な人間存在そのものに対する可能な貢献として意味を付与するのである。

(3)　救済の探究

人間の理解は本来、現実と意義を無制約的に肯定するように促すので、理性は無制約的な肯定に値し、またその肯定を担うことのできるあの現実と意義を、すなわち無制約的な現実と意義を探し求める。それによって理性は、宗教の領域へと突き進む。人間の自己実現に対する問いは、こうして無制約的な意義と偶然的でない存在に関わることで、つまり超越に向かうことで、救済への問いという紛れもない宗教的意味を獲得するのである。というのも、無制約者に直面することで人間は、最高度の努力が要求されるとともに、その限界を悟らざるをえないからである。つまり、無制約的な、それゆえ無限な意義をふさわしく実現することと能動的にこれに対応することは、人間の能動的行為能力を凌駕しているので、人間はより深い受容性において自発性を転換させることを通してのみ、無制約者に与ることができるのである。そこから人間は、無制約的な意義と存在に向かって受容への開き、聞き知る傾聴、自己自身を相対化する謙遜、願いつつの心備え、期待に満ちた希望へと歩み入る。

人間が、自身の根源的な精神状態に対して注意深く誠実であるならば、そして苦悩や罪責、死という不変の状況において露わにされる人間存在の限界を受け入れ、それでもなお、人間としての自身の尊厳と責務を放棄しないならば、宗教的な諸態度は、狭義における救済の探究へと深まる。なぜなら人間は、この限界から自身を解放することはできず、本質的に――個人的な弱さのゆえではなく――無制約者による救済の手助けを必要とするからである。この超越からの助けを前提として、あるいはそのような助力への希望によってのみ、人間は絶望のうちに挫折することなく、自身の限界を受け入れることができる。だが、そのような救済に対する待望から、憐れみ深い善さとして認められる無制約者に向けての、より明確な自己超越の可能性が人間に開けてくる。そのとき、無制約者によって把握され完成されるものとして、自己自身をより深く把握し実現する可能性が開かれるのである。

救済への問いは、単なる科学的・技術的な思考形態だけには閉ざされている、人間存在の本質的な可能性へと入る道を指し示す。というのも、意義とは単なる法則どおりの事実ではなく要求しえない賜物である以上、意義理解は、救済への問いの優位性のもとで上位の認識方法として明確になるからである。それゆえ、非必然的出来事と歴史性の意味、超越関係における人格同士の相互関係、観想的傾聴と祈り、象徴と伝統に対する理解が鋭くなっていく。それとともに信頼と希望、憐れみ深さ、責任と赦し、連帯性と自己相対化といった人間的態度が根拠づけられるのである。

三　宗教的行為の理解に向けて

(1)　宗教的な根本的行為の内的構造

科学的・技術的思考は、完成度の高いかたちの中でこそ、人間存在の意義と実現への最も重要な問いを未決定のままに残さざるを得ないことを明確に示している。それによって逆に、無制約的な意義と存在を求め、差し出された救済を受け入れようとする人間存在の可能性へと向かって、自由に達することのできる視野が開かれる。この視野の中で、人間の自己実現が知識によるよりも、信頼における自己超越のうちに成り立っていることが理解されれば、それは宗教的行為の基盤を成すことになる。こうした超越との関わりの多様な形態にもかかわらず、超越関係にはある全体的な構造が具わっていると推測されるので、宗教的な根本的行為をその個々の部分に関して人間学的に理解する課題が生じる。

人間は、経験的・理性的に探究可能な出来事の範囲を超えた超越において、無制約者をそれらしく証明したり、学問的知識の対象として客体化したりすることなく、その意義と存在において肯定する。その際、この根本的肯定は人間の恣意によらずに、理解可能な理由に基づいて自由に行われるが、これが信仰の性格を成している。言葉で定められた信仰表現に先立って、人間の精神の力動性はすでに、現実の根本を人間の生の意義の根源として肯定的に関係づける。信仰の自由な遂行は、意義と存在において無制約的な者をそれ自体において成り立つことを肯定し、そうすることで全人間的な努力において、人間の認識と意志は統一される。人間にとって自然本性的なこの根本的努力を、目標に向かって実行するのである。人間が自らの生を遂行する中でそのような現実を受け入れるならば、人間は単なる「私」を超えて、自らの実存の中心を自分自身よりも大きな根源的現実に移すようになる。この自己超越が可能になるのは、存在、現実、善ないし意義がそれ自体として人間に負うものではなく、人間の意のままにならずに前もって与えられており、人間の生と思惟を支えるものである、ということを認識することによってである。無制約者の現存を確信して実存的に受け入れることを通して、この根本的な肯定が、与えられた世界内の事実の閉ざされた空間を穿つのである。

だが、無制約的な意義と存在の承認とは、人間が意のままにできないものとの関わりにおいて開示されている限り、人間が自らを無制約者に委ねるような信頼を含んでいる。人間が自己超越の行為において支えられていることを知り、そこに自分の存在の完成を希望するようになって初めて、無制約的な意義と存在に信頼して自らを任せることができるようになる。この希望は、無制約者の善さに対する信頼に基づくと同時に、人間の全存在がその意義の源である無制約者への開かれた関係に立つことで、無制約者に対する保留のない同意を促す。人間は、善それ自体に向かう脱自的関わりにおいて、先取り的に自らが同意した善の充満さを経験する。そこから自分自身の有限な状況の受容と克服への力を汲み取り、自分自身を善そのものによって肯定された存在として受容することを通して、自己自身をも肯定できるようになるのである。

こうして希望は、無制約的な善に対して人間が心底から肯定する力を解き放つ。というのも人間は、この超越との関係の中で、まず最高度の可能性のうちにいる自己自身を発見するからである。したがって、信仰は希望を貫いてもう一度、無制約者へ向かって自らを乗り越える。しかもそれは、無制約的善がただ現実それ自体の中に存する限りではなく、その善さを通して人間の完成と至福とを保証する限りにおいてなのである。こうして人間は、自己中心性や利己心から自らを解放し、善自体を、まさにその自立性において人間にとって最高に望ましいものとして目指し、単なる自分を突破する。自己の存在を賭して成し遂げられる他者自身の、また他者それ自身のための肯定と理解されるならば、信仰と希望の中で少なくとも萌芽的に目指されているこの自己超克を、愛と呼ぶことができよう。

そのような愛において、人間は自らを保留なしに開き、自己の中心である超越的な根源に向かって超越し、受動的であると同時に能動的でもある善そのものとの関わりにおいて、自己を実現するのである。

信仰、希望、愛という根本的行為の三つの契機は、常に深まりながら一致するが、無制約的意義の現実に対する関わりにおいて、差異化された根本的行為の構造を成している。そのような意義肯定が生の根本的態度になっていく限り、それは消極的で辛い経験をも信頼を通して積極的に受け入れ、自らと統合することができる。それによって、具体的世界との関わりのために、科学・技術による製作をも含む有意義性の地平を切り開いていくことができるのである。この地平において人間の志向性に目指すべき超越的意義が肯定可能になるとともに、人間は自らの真の自由を獲得するようになる。方向性を与え基準となるのは、自由で意義のある人間の発展なのである。

技術的な文明には、精神的伝統を断絶させ、価値意識を貧しくする傾向があるので、人間的価値と意義の経験へと導く方法が求められなければならない。

(2) 意義肯定の修練のために

現代の人間は、科学・技術的合理性のもとで現実を理解する限り、人間にとって根本的で宗教的な問いに接近できる道、あるいは少なくとも、理性的な洞察を通じて信仰に反省的な確証を与える根拠を探し求めている。それゆえ、科学的合理性と非合理的な信仰との間に起こりうる意識の断絶に抗して、人生の意義と個々人の尊厳、人間の自由と人権、責任と人倫的義務、無制約性と超越といった信念を納得いくように根拠づけることが、優先的な課題なのである。人間存在の意義への信頼をこのように基礎づけることは、哲学的理性をそのすべての理論的・実践的な広がりと深さにおいて刷新することを必要とする。哲学教育は、単なる歴史的知識を伝達するのではなく、学ぶ者において理論的、実践的、そして宗教的な、存在の根本問題に関して自分自身で判断できる能力を育むものでなければならない。

哲学的認識に加えて人間は、そうした非対象的な現実に向かって自らを開くために、価値や意義、超越の近さの経験を含んだ接触を求めている。精神統一、黙想、宗教的祝祭には人間存在の深い次元を教示し、希望に目覚めさせる力が潜んでいる。静かに沈思してみて、人間が善によって呼びかけられていることが分かるならば、宗教的な言葉に耳を傾けることで自己の見失っていた中核を再発見し、信頼のうちに人生を意義あるものとして受け入れることができるようになる。黙想を通して真なる自己の発見、存在の経験、超越との出会いへの手ほどきを与えることで、宗教的伝統は、現代における人間性の回復にかけがえのない寄与をもたらすことができる。

最後に、能動的な自己超越は、日常的で隠された仕方で、他者への信頼に満ちた愛の中で実現される。というのも、他人ほどに具体的でありながら、理解を絶する計り知れない深みをもつものは他にないからである。信頼と愛に満ちた出会いが、表面的で頑なな対立関係をも克服するならば、他者のうちにこそ人間存在の尊厳、意義とその貴重さを本来的に経験しうるだろう。正真正銘の愛は、理論的洞察や黙想的理解をも超えて、人間存在のこうした本質の核心へと迫るものである。他人――社会の進歩によって見過ごされてきた者、苦しむ者、障碍のある者――に対する自発的な奉仕は、私心のない愛を目覚めさせ、無私となって助けることで、限界のない無償の献身の義しさと充満さが経験され、無制約的な善の現存が確証されうるのである。人間的成熟をもたらすそのような機会が多様なかたちで提供されるならば、技術的進歩の中で表層的になり貧困になった人間像を有効に補完することになるであろう。

第四章　意義の発見から神との出会いへ

一　現代の精神性

私たちの日常生活は、刻々に進歩する科学技術によって完全に支配されつつある。現代人は、科学技術のめざましい進歩の中に、世界に向けられた近代の合理的な精神性の確実な証拠と象徴を見出している。こうした進歩によって科学の発展とともに、人間に関わる諸問題が、自然科学的・技術的方法によって解決されていくだろうという考えが生じてきた。啓蒙主義の嫡子である進歩への信仰は、科学技術を重視する点で十九世紀の世界観であるが、それはいまだに人々の意識を広く規定している。しかし、この信仰の根は徐々に枯れつつある。というのも、人生の根本問題は実験的・数学的な対象向きの思考では十分に把握し理解することができないし、ましてや自然科学一辺倒の方法には、人間存在の根本的な在り方を適切に表現する余地さえないことが、一般に認められるようになったからである。[1]

科学信仰の後退につれて人間の意識の中には、人生の中心的問いが再び根源的なかたちをとって現れ、その考察が可能となった。すなわち、人間存在の意義と使命という人間自身への問いであり、その中には自然と技術の本質への問いが含まれている。そして、これらの問いの根幹にあって意味を与えているのが、全体の基盤であり、人間の目標である起源ないし「神」と呼ばれる存在への問いなのである。[2]

神に対する理解可能性いかんによって、人間とは何かという問題の解決も方向づけられる。この点は、十九世紀以降の宗教批判が正当にも指摘している。神が人間とは異質の外的規範として人間に命令するのであれば、人間性そのものは疎外されることになる。近代の宗教批判は、このような神信仰を否定することによって人間解放のために戦ってきた。人間の人格、自由、尊厳を犠牲にしなければその存在を認められないような神は、人間をして人間たらしめるものではなく、したがって神ではありえない。偶然発見された遠方の星のように世界の彼方に存在する神ならば、本質的には世界とその諸問題とは無縁であり、人間の苦悩や幸福に関与することもなく、世界観的に見れば無用の長物に過ぎない。このような特定の神像に向けられている現代的な批判は、実は本章の背景でもあり、陰の対話の相手でもある。ここでは問題設定と方法論において、神の問題をこの世界に生きる人間の実存から展開することを試みたい。[3]

神の問題解明の方法論的手がかりは、現代人の意識の中に見られる。物理的世界とそれに関する精密科学的な知識は、確かにある種、神問題の制御機能を有しているが、今日ではもはや神と出会う第一の場となるものではない。なぜなら、世界は諸々の学問の対象とされ、その成果は膨大な量となり実用性も増してはいるが、その急速な変化を考えても、世界観を形成する決定的要素としては後退しているように思われるからである。今日では広大な専門的知識と、それに比してごく僅かになった個人的洞察や確信との間には——流動的に移行と相互作用することがあるにせよ——明らかな開きがある。専門的知識は、方法論的には確実だが、考える人間にとって人生の決断を導く力とはならない。他方、個人的洞察は、人間が自らの生を形成するための基盤であるが、厳密な科学的証拠には基づいてはいない。実存的に重要な核心の真理は、科学的知識のように専門家の手から受け取られるものではない。その根拠づけは、各自が自分自身の生に対して代替不可能な責任を負わねばならない以上、各自に課されるものである。

さて、そうした全人的な人生に関わる洞察に至るための道として、現代——そしてカント(Immanuel Kant 一七二四—一八〇四年)以来——の意識では、形而上学的証明はもはや第一のものではない。哲学的証明は、哲学者以外の者には概要がつかみがたく扱いづらいため、拘束力のない単なる思考上の構築物に成り下がっているように思えるからである。加えて、人生が何らかの証明によって一つのイデオロギーに従属され、それゆえその本来の真理が覆い隠されてしまうという危惧から、形而上学的推論に対する不信感が生じている。もし、ある真理が人生にとって本当に重要な意味をもつものであるならば、それは外部から、つまり証明によって初めて導き入れられるべきものではなく、日々の生活の中でおのずと感じ取れるものではないかと思われるのである。こうして現代人は、人間の根本的問題を自らの生の経験を通して解決しようとしている。なるほど、その際に人が納得するのは、忍耐強くひたむきに真理を求め続ける者のみに、その個人的経験の深みが内奥から開かれるということであろう。個人的な経験の深みのうちに、人間が真の自己理解と存在の意義を求める場がある。けれども、実存的経験は反省的な洞察にとって、それだけでは全貌をはっきり示すに至らないので、再び哲学的思索が必要となってくる。そこで、単なる純粋な概念によるのではなく、概念化に先立って実存的経験によって意識されたものを慎重に解釈しながら、その本質的な一般的構造に向かって解明し、つまり経験されている真理が人間の明瞭な理解と確信にまで高まることを通して、経験から分かった真理に人生を形成する力を付与する必要がある。この意味で、人間実存の根本的経験の一つである意義というものの発見の経験を、そこに確認される神の現存に触れるところまで掘り下げていきたいと思う(4)。

二　意義の発見

現代の生活は、昔ほど因習、伝統、社会共通の価値観によって規定されていない。このため人は、自分の行いと経験の目標を問い、苦しみと喜びの意味を思いめぐらし、そしてそれらすべてにおいて人生全体の意義を探し求めている。このような意義の追求とその経験は、常に行われている。例えば、後々まで影響を及ぼすことになる生き方の選択――職業や配偶者などの選択――においても、また日常生活の瑣末な事柄においても遂行されている。一定の目標到達のためにただ適切な手段を探している場合ではなく、むしろ生涯またはその一時期の内的な方向性が問われるときに、意義の問題が不可避的に登場する。意義を見出して受け入れるとき、それは自分の道の正しさを悟っている安心感、課題に対する喜びと熱中、苦しみに挫けることなく明るく耐える態度、自分を忘れ進んで与えようとする寛大さ、単調な毎日を辛抱強く生き抜く心構え、希望に溢れた積極的な活力として現れる。ここにこれらすべてに共通する根底となるものを探り、ここで言われる意義とは何かを詳細に検討してみよう(5)。

まず意義は、すべての人に当てはまるような普遍的道徳の掟と混同されてはならない。たとえ道徳の要求に従っても、なお自分の人生での意義を見出せずにいることもありうる。意義は、個性を具えた人間が一回限りの生の中で、その都度の与えられた具体的状況において個々に実現されるものである。[6] それゆえ、今ここにおいてこの瞬間——数秒または数年続くかも知れない——に結びつけられており、したがって、それを逃すと取り返しがつかなくなることもありうる。[7] 意義は、所与の状況において一定の原理からは導き出せないか、あるいは、意義が善の枠内にあって、個々の状況で一般的に帰結された結論を通して認識されうるときでさえも、それは原理から導き出されるものではない。それは導き出されえないからといって、決して不合理で暗黒なものではなく、まして個人の思いつきや勝手な決定に任されているものではない。それは自らの内にその光を宿し、真理であり信頼すべきものであることをそれ自身から示す。人間は、全人的な、情感を帯びた認識によって意義のもつ魅力を経験するのである。それは喜びを与え、魅するものであり、そして希望を約束するものであって、これ以上の証明は必要でもなく、可能でもない。善いと思われる行為に対する衝動において、個々人はこの道が自分にとって正しいことを直観する。[8] それゆえに、個人的な意義は証明不可能なのであって、経験の真実性のみが間接的な外的規準による吟味の対象となる。

意義が主として普遍性を強調する道徳の掟に対して区別されるのは、意義がその具体的状況へと関わることによるだけではない。掟はもともと禁令、ないしは禁令に書き換えられうるものであるが、それに比べて意義は純粋に積極的であり、より善いものへの誘いであって、それをしなければ罰を受けるというような性質のものではない。意義は禁じたり命令したりするのではなく、招くのであり、これこそ意義のもつ魅力の最たるものである。意義は「しなければならない」という、われわれを余儀なくさせるものでもなければ、「すべきだ」と命令するものでもなく、「してよい」という恩典を与えるものである。「すべきだ」が除去されているわけではないが、われわれを満たしてくれる「してよい」という贈り物のほうが重大であり、「すべきだ」をいわば吸収してしまうのである。

意義が招くものであって、命令するものでも禁止するものでもないならば、義務すなわち服従か罪かという図式でのみ自分の行動を律している者にとっては、意義とは、本来掟によってのみ規制される道徳的行為に後から施された外装のように思えるかもしれない。そうだとすれば、意義とはそもそも拘束力のない――したがってほとんど意義のない――余剰物のように思われるかもしれない[9]。

しかし実際には、意義は自分の人生を認めて有意義にするものとして経験される。意義の追求は人間の最も深い欲求の一つである。このため自分の意義を見出すことのできない者は、空虚で余計者のように感じられ、孤独で意気消沈し、不幸で悩み煩い、神経症に至ることさえある[10]。人間が享楽に溺れたり功名心が強く成功を追い求めたりするのは、往々にして、自分の存在意義を見失った痛みを覆い隠そうとする絶望的な試みに過ぎない。人生の意義を見出したという自覚なしには、人間は、自分が顧みられず利用されず放置されたままの物品のように思われるのである。なぜなら、人間が一定の課題のために自分を尽くすことができないとしたら、その人は最善の可能性を奪われた状態にあるかのように感じられるからである。したがって、受け入れられ肯定された意義を見出してこそ、人間は自己自身となり、充溢するのである。意義は、人間が自力だけでは達することのできない自己の中心と深みを明かしてくれる。より正確に言えば、意義が人間に初めて中心を与える。それは、意義が受け入れられて、自らを人間の中心とするからである。人間がそこから生きようとし、しかし自身では自分に与えることのできない基盤と一貫性は、生の意義を見出し受け入れることによって確立されるのである。

三　意義経験の記述

では、意義がもつ充足的な活きた力とは一体何であろうか。意義において、人間に積極的な生への可能性が開かれる。何のために生きる価値があるのか、何のために生きてよいのか――この根本的な問いに対する答えは、意義を把握して初めて得られる。意義ある善の実現が焦点となるような課題を与えることによって、意義は未来の次元を自由に対して開き、それに向かって人間は個人の能力を伸展させることができるのである。それによって人間は、自分自身にかかずらうことや目の前の一時的な束縛から解放されて、全人的献身に値するような奉仕へと誘い出される。意義は、これまで人間が重荷と感じていた既成の事実を乗り越え、同時にこの事実の積極的、創造的変革に向かい、より大きな可能性を実現できるようにする。したがって、意義は根本的に創造的契機を孕んでおり、具体的な場合には革命的衝動にまで高まることもありうる(11)。

意義は人間にとって同意しうる、可能でふさわしい溢れんばかりの善い目的を置くことで、人間に自己を超越する道を開き、それによって人間が、自分自身になることを可能にする。人間が自らの目標である意義を受け入れ、意義によって拘束されるとき、重要なのは有意義な目的であって――少なくとも第一義的には――自分自身ではない。それにもかかわらず、人間は自分自身を手放すことによって自己が失われるわけではなく、至高の状態にある者となることを――自らの目標肯定に先立ってある条件として――知り、かつ肯定するのである。意義において与えられる課題は、なるほど各自の可能性と人格とに適ったものでなければならないだろう。しかし、ひとたびそれが分かって、この課題が真に自分の人生の意義であることが明らかになるならば、人間の眼差しは全力を挙げて目標へと向けられ、それに自分を捧げようとする。目標が人間を捕らえるのである。それは何か重大な課題に直面したり、大きな仕事を成し遂げなければならないとき、誰しも経験するところである。そこで人間は自己の中心に向かわされ、より大きな全体の中に導かれていき、もはや自分自身でも自分の精神的所有物でもない何ものかによって、自らの行動が鼓舞され促されていることを知るのである(12)。

意義への献身によって、人間が最高度の自己になることは、人間論的に次のように説明されるだろう。すなわち、人間は自己を超越し、自己にふさわしい善へと近づいて行くことによって自己自身を実現するのである、と。人間は本質的に脱《エク》‐自的《システント》もしくは忘《エク》‐我的《スタティッシュ》であり、自らを超え出て立つものである。人間は根本的決断や行為において、自らを超えて他なるものへと向かうその本性の傾きと方向づけに従う限り、その限りにおいて自ら立つものである。人間固有の内的法（自律）は、人間に与えられた他、つまり根源的な他による法に依存していると言えよう。その際、人間が自己自身に与えることのできないこの掟、すなわち意義は、決して異質的で外面的なものではなく、自らの本質が望みつつ欲求しているものに最も内的な部分で合致するものであることを実証している。かくして自己超越の目標は、人間の領域以外のところからあらかじめ与えられており、それが人間に受け取られ後天的に認識される必要がある。もっとも、この目標の一般的な輪郭が先天的に認識されることが除外されるわけではない。善そのもの、さらに人間にとっての善の一般的性格は、人間性の中にその輪郭が読み取られうることから、明らかな意義体験に先立って認識される。創造的な構想力を駆使して意義実現の可能なさまざまな姿を描き出し、意義経験がその中からどれかを選ぶわけだが、それでも認識行為は意義そのものを構成することはできない。

意義の起源と方向を探究する前にもう一度、意義に多くを読み込み過ぎていないかを確認しておこう。意義とは、具体的状況の中からおのずと生まれ、さしてより深い解釈を必要としない課題以上の何かなのだろうか。事実、意義とは差し当たり一定の課題、あるいは自分の一生を充実させる可能性以外の何物でもない。それにもかかわらず、それ自体として可能なものが私の人生を満たす課題となるには、何が必要とされるのか。課題の具体的内容――人を助けるとか特定の職業を選ぶとか――は、それ自体としては、多くの他の行為と並んで私の行為の一つの可能性に過ぎない。このような行為は、とりたてて意義の要素が認められなくても、確かにある程度の一般的価値をもつものだろう。しかし、それは多くの場合、他の行為と置き換えることが可能である。それは、私というものに私の個性を成すものとして関わってはいない。その一般的価値は、唯一無二の無条件的なものではなく、それゆえ一人の人間を完全に充実させる意義にはなれない。こうしてみると人間がある一つの可能な意義を選択するとき、他にも価値ある行為があってそれらの中から、せいぜい段階的に優位性をもっているものを選択するに過ぎないことを誰もが認めうるのである。それにもかかわらず、その人はこの一つの可能性が今の自分には無条件に正しくて、単に比較的によりよい価値というのではないこともまた経験しうるのである。一つの典型的例は結婚相手の選択であろう。こうして、意義の実質的内容すなわち普遍的・客観的に見られた場合の課題の内容、および、そうした内容が私にとっての具体的課題となる場合の意義の呼びかけとの間に存在する相違が明らかになる。意義の要請は行為の具体的可能性を意図しており、この意味で不断に自らそれと同一化されうるが、だからと言ってこの具体的可能性と区別なく一致しているわけではない。意義の要請は、具体的状況から浮かび上がるものであり、その限りで経験されるものであるが、しかし具体的状況によって意義の要請が生み出されるのではないのである。(13)

四　意義の諸要素

それでは、人間を招くこの意義とはそれ自体、何であろうか。それは、特定の人間を特定の課題に向かわせる善そのものの魅力である。善のもつ人間を引きつける力が人間を完成させるのだが、それは人間に新しい属性を付与する外的な作用によるものではない。なぜなら人間が成長するのは、具体的な良いものが与えられることによってではなく、自らの力を発揮することによってだからである。意義が人間の自発性、熱意、愛、行動力を目覚めさせ、一つの目標に集中させて、自己の内部から成長させるのである。このように、人間を目覚めさせる力こそ善の本質の特徴である。善は物理的に強制することなく、ひとえにその善さと好ましさによって他を自らに引きつける。そうすることで、その者をその固有な存在の姿に向かって開花させるのである。ゆえに意義の要請する力とは、人間を引きつけ、自らを人間に対して約束するような善そのものの牽引力にある。(14)

意義の招きは、とりわけ人生の意義が問題となるときに、まさに満足を与えるものとして追求され、予感され、経験される。意義の招きを前にして、この程度でよいというあきらめは無用である。人間は、本質的にこれ以上のものを望みえないからである。しかしながら、意義が意義として魅力的なのは、それが絶対的かつ無制約的な善として現れることによる。無限の善に対面するときにのみ、人間はもはや後ずさりして距離をとり、自分を守ろうとはしない。その人の中に自発性が目覚め、全人格を投入して何のためらいもなく善に身を任せることができるようになる。善そのものは、欠けるところがなく無条件的に善いものであり、意義の要請において理解される無条件性とは、そこに輝いている善の無条件性に基づく[15]。

かくして、意義の具体的内容と意義の中心的要因との相違が改めて浮き彫りになる。具体的課題は限られた価値しかもたないが、それは意義経験によって人間に与えられた場である。ここにおいて人間は、無条件的善と出会うのである。すなわち意義は、意義によって規定を受けた現実世界の領域全般において、各自にある特定の場を割り当てることによって、絶対的善に参与する機会を人間に提供してくれる。意義経験において人間は、自分がふさわしい場にいること、現実全体の中で他ならぬ自分に委ねられた代替不可能な課題を果たしていることを知るのである。それゆえ、意義には引き寄せ上昇させる力があると同時に、下降する「受肉的」ダイナミズムがあり、これを肯定する人間をその中へと誘い入れる。意義の魅力を成している無条件的で無限な意義の充満とは、内的限界を伴う時間・空間に規定された使命に結びついているので、人間は具体的課題に自分のすべてを捧げることによってのみ、こうした意義の充満に到達することができるのである。

それとともに第二の相違がおのずと明らかになる。すなわち、意義の要請と無条件的な意義の充満そのものとの相違である。前者が、具体的な課題に関して無条件的意義の充満と意義の受け取り手である人間とを結びつける一方で、後者は、善の魅力ゆえに意義経験のすべてが生じることを根拠づける。意義の要請そのものは、何ら実質のない単なる媒介作用であるが、この媒介を通して無条件的意義の充満すなわち意義の根源が現れる。意義や意義の要請とは単なる関係であり、具体的課題にも人間にも還元されえず、またそれらによって十分に根拠づけられることができないという点で、意義や意義の要請が第三のもの、すなわち、無条件的な意義の充満からその源泉を汲んでいるということが、ここで再び間接的に証明されるのである[16]。具体的な課題が意義の要求の十全な根拠でありえないことは、すでに示したとおりである。それはまた、外的な理由で具体的な課題の実現が挫折したときでも、意義を選んだ決意は相変わらず正当で、有意義であるということからも裏づけられる。同様に、人間も意義の源泉ではない。人間は、意義を自分勝手に設定したり創造したりすることはできず、受け入れるほかないのである。人間の側が意義を随意に設定しても、空虚であることはたちまち明らかになる。さらに、人間は意義を把握することによって自己を超越するので、意義の根拠にはなりえない。それが最も明瞭になるのは、人間が意義の受け入れを拒むときであろう。拒絶されても意義は一応そのまま存在し続けており、それも人間から屹立して存在している。ここまでの再検証により、意義経験が直接に示していることが立証される。すなわち、意義は究極的には人間や状況の中に根拠を有するのではなく、無条件的で人間を招き、約束に満ちた意義の充満、つまり善として自らを現す第三者の中に根ざしているのである。

意義の中に現存するこの意義の根源とは、一体何であるのか。それは以上の分析から容易に読み取れるであろう。第一に、それは人間の単なる主観的な表象でも単なる可能性でもなく、一つの現実そのものである。意義において与えられる魅力は、人間とは異なる現実からのみ生じる。人間は現実を通してのみ、意義を受け入れたときに経験する充実感と喜びを味わうことができる。とりわけ、何ものにも依存しない自立的な現実によってのみ、人間が意義に自己を引き渡したときに遂行される自己超越と献身が受けとめられるのである[17]。人間が意義を受け入れて自己自身を手放し、与えられた課題を果たすために自分の利益をもはや顧みないとき、自分が底知れぬ空虚さに落ちるのではなく、自分を脱して目指すところのものが自分を待ち受けていることを知るのである。

それとともに、意義の根源が自然的または物質的なものではありえず、人格的なものでなければならないことがここで明らかになる。というのも、全人的献身は人格《ペルソナ》によってのみ受けとめられるからである。ゆえに、意義の成り立ちは根本的に歴史的であり、双方とも自由な、それゆえ人格と人格の間に行われる出来事として立ち現れる。意義は強制されるものでもなければ、自然的必然性や法則性を伴って現れるものではなく、前もって算定できないものである。しかし、決して偶然的で無意味なのではない。意義は、一個の人間の核心を衝くものであり、他の人格の自由な意志の要請からのみ可能となるようなものである。要するに、意義の根源にある人格性とは、人間を招きながら可能性を提供し、人間の自由を尊重すると同時に応答を期待するという意義の性格においてさらに浮き彫りにされている。そこでは、人間が意義を受け入れるときに初めて、意義の中に含まれている人間に対する約束と受諾がはっきりと感得されるだろう(18)。

意義の要請と、その中で語りかけている者の本質は純粋な有意義性そのものであり、この有意義性は自らを守って人間を退けるようなものではなく、その善さによって自らを人間に与え、その固有の本性を十全に開花できるようにする。このような有意義性および善さは――意義経験において外的基準によって初めて証明すべきものではなく、また証明しうるものでもなく――、それ自身によって自明であるので、意義の根源は無条件的な真と善の同一性として認識される。その妥当性、真理性、有意義性を根拠づけるこれ以上の根拠は皆無であり、それ自身の内に根拠と基盤を有しているがゆえに、意義の根拠は絶対的である。

このように、意義の経験と受け入れにおいて出会うのが、信じる者が「神」と呼ぶ存在である。神は歴史的に関わり、一人ひとりの人間に親しく語りかけ、応答と協力と献身を待ち望む者として顕わになる。この関わりにおいて、神は人間が自律的に開花できるようにし、その目標として無限の善と愛である神自身を約束するのである。人間自らが築き上げることのできる有意義な未来を、人間のために開くのは神である。神は、世界内的課題に携わるすべての人間の希望の中心であり、起源であり、目標であるから、未来の深淵の中にまず見出されるべきものとして現存している。したがって、全人格を賭けることのできる人生の意義を見出した者は誰でも、そこで神と出会っている。というのも、人生の意義とは究極的に神以外にはありえないので、人生が有意義なものであるならば、そこに神が存在しているからである。

以上の分析では、意義経験の中にある種々の要素をはっきりと意識化し、その正体を明らかにしようと試みた。これらの諸要素は、かなり強固な意義経験であっても、同じような明瞭さでは現れないだろう。そもそも、個々の要素を厳密に明るみに照らし出すことが分析の本質であるのだが、これらの諸要素に関して言われうることは、一見ささやかな日常の意義経験のすべてにもすでに萌芽的に含まれている。つまり、そこにもすでに具体的状況と無条件に満足させる意義内容との間の緊張が存在しているのである。

ひるがえって、意義の経験がまったくない場合はどうであろうか。おそらく意義の経験は、進んで自我の殻を打ち破ったときにのみ受容することができるのだろう。だがいずれにせよ、意義追求と充足的意義への欲求そのものの中には、求めているものについての知識が予備的に与えられているのである。というのも、まったく知られていないものは探し求めることもできないからである。それゆえここにも、非常に漠然としていて具体的なかたちではないにしても、意義経験が根底に存在している。意義経験というものは、おそらくは根本的に人間にとって不可欠である。なぜなら、人間が日常的に自らの行為の意義と適切な方向を問うとき、そのすべての行為を常にすでに絶対的意義という基準に照らして判断しているからである。

五　神との出会いと宗教的行為の源泉

意義経験を分析することで、神の現実性に導かれるだけでなく、いわば人間存在の基礎研究として、同じ思考過程で人間を人間たらしめる神への関わりの見取り図が描かれたと言えよう。人間の自由な自己決定と人生の方向づけの基盤にある神とのこうした関係が、宗教の本質的で規範的な在り方の輪郭を示している。

意義経験の基本構造として特に、人間の人格的自己実現と人間の神へと向かう自己超越との連関が明らかになった。人間が意義とその中にひそむ神に自己自身を委ねるとき、まさに自らの存在の根底と中核において、自己本来の姿に達していくことを朧《おぼろ》げながら知るのである。ここにおいて、人間が人間として本来もっているはずであるが、多くの場合は閉ざされている自分自身の深みへと開かれていくことを経験するだろう。自分が受け入れられ承認されたことが分かるので、どんなに傷つき危険にさらされても、癒されることを確かに実感するのである。こうしてみると人間の自己発見は、自己超越の働きとそれに伴う結果として現れるのであって、その逆ではない(19)。

神がどのような仕方で現れるかによって、自己超越がそれぞれ違ったかたちで達成される。例えば、無条件に要求するものに対して素直に従うこと、絶対的な善を心から肯定すること、包括的で究極的な根源を全幅の信頼をもって認めること、人生が限りなく有意義なものであるという希望に自らを委ねることといった具合にである。それは自我を捨て去るという苦悩に満ちた過程として経験されることもあるし、あるいは自由と幸いをもたらす神との一致、また絶対的神秘に対し己れを空しくして心を開く経験として体験される場合もある。それは往々にして、暗闇の中を手探りしながら不確かであっても歩みを進めることであり、あるいは空虚に見える超越からの沈黙を前にしても耐えつつ、自己を捧げて待ち望むことでもありうる。(20) 神の呼びかけは多くの場合、無媒介にやって来るのではない。一見、自然に起きたような実生活での出来事や状況を通じて、人間は神に語りかけられるのである。それに対する人間の応答も、各々の状況に応じて異なる。

人間が、世界と遭遇することでこの無条件的な呼びかけを受け取り、自分に与えられた課題を遂行しながら自由にかつ保留なしにこの呼びかけに自らを委ねるとき、人間はそこで神を肯定しているのであり、歴史の中でその人に差し出された仕方で人間に固有な神への本質的関係を受け入れているのである。人間が世界から来る呼びかけを善いもの、正しいものとして認識し、これに積極的に保留なく応答するとき、その肯定は最初から、その先端にある人間の究極目的である神そのものに向けられている。かくしてこの世に生きる最も深い喜びは、常にすでに神自身に触れ、世を神の寛大な贈物として受けとめることにある。どんな困難にもかかわらず、人生には意義があるという無条件の肯定は、神がそれ自身で絶対的に意義をもつものであることをすでに肯定している。これによって実生活は、それが神と共にある人生であるがゆえに、神から意義を与えられたものとなる。義務の呼びかけに応じることを決意した意志は、呼びかける根源的な意志がそれ自体で善く正しいものであると認めて、主である神に結びついている。愛の絶対的充満は善において見出されることを確信しているので、自発的で無制限にほとばしる愛の起源におけるように、そのような者として無制限に善い神を肯定しているのである。謙遜な信頼と希望のうちに人間は、その生がどんな脅威に圧迫されようとも、そして最終的には死によって無に帰することを知っていようとも、自らの生を意義あるものとして受け入れ、人生に、願望の限りのない成就が約束されていることを信じ、その約束を必ず果たす神の善さと誠実さに自らを委ねる。人生に対するこうした諸々の態度が、意識の表面での言葉による反省対象にされてしまうと、最終的な真剣さを欠き有限的な世界のうちに留まってしまうかもしれない。しかし、人間が経験の絶対的核心に到達し無条件に決断し始めるとき、その生き方は神そのものに真っ直ぐにつながるものとなる。

したがって世界、なかんずく他の人間との人格的で根底にまで達する出会いとは、すでに神との出会いであり、神の呼びかけに傾聴し応答することである。それでは、これに加えて、世界との関係を通しての日常生活における間接的接触ではなく、神との関係を特に表現するような神との直接的接触に基づく関わりがさらに必要だろうか。換言すれば、他になお宗教を必要とするだろうか。

宗教的行為である祈りと礼拝、またそれに伴う宗教上の教義と制度――その課題と教えは宗教的行為が可能になることで実現される――は、もし神がすでに日々の生活の中で発見されているとしたら、もはや意味を持たないように思われる。神との関係を直接的に表明する宗教は、少なくとも余計であるという結論を呼び起こさないだろうか。宗教とは、神なるものを世界の内在的部分と見なして、世間的・世俗的な神なき領域に対して区別し、それゆえ世俗的活動とは別個の活動によってのみ到達されるものだ、という哲学的に不十分な見解の帰結ではないだろうか。しかし、それに対してキリスト教は、真に哲学的な神理解とともに、神をまさに世界と人生の包括的根底かつ創造者とし、世界と人間を肯定し、すべてにおいて現存している者と理解するのである。つまり、世界の只中に生きる人間は神聖なものによって疎外されることなく、あるがままの世界内性において神を見出すのである。ゆえに、世界は神との出会いの場にふさわしいと考えられよう。

宗教の意義を問うとき、神との関係は外的に表現された宗教によらなければやがて見失われてしまうからという指摘は、答えにはならない。仮に神との関係は、宗教的に表明されたものとして伝えられなくなるとしても、世界との接触の中で神との出会いが行われないという証拠にはならない。世界における神経験は、第一に宗教から発するのではなく――確かに宗教によって深められうるが――、人間とこの世において自らを現す神の現存そのものから生じるのである。したがって、宗教は世界、特に他者との出会いを超えた神との固有な出会いとして有意義であるかどうかという問いに対しては、世界における神経験の本質から答えなければならない。

世界における神経験という言葉が意味をもつためには、具体的な世界や他者との関係を超えて、神自体が――朦げな仕方でも――経験されなければならない。神は、世界内において無条件的な有意義性、絶対的な現実性、そして――測り知れないほどの意義を与える約束として――根源的な未来性によって有限的世界を本質的に超越するものとして、すなわち世界にとって超越者として理解されるのである。[21]その際、超越とはいわば空間的な距離のような神の遠さではなく、世界内に現存している被造物を存在論的に凌駕することを意味する。さもなければ、神はその絶対性と無限性において現れず、したがって有限的なものになってしまう。しかしながら、人間が世界からの呼びかけに応えるべく、この呼びかけに同意しそれを受け入れるとき、その人は、経験されるものの構造を肯定しつつ再遂行している。つまりその肯定は、呼びかけに応じることで、現実が要求しているままにそれを受け入れているのである。ゆえに、経験において神そのものは世界と区別されるように、世界における根源的な神肯定は、具体的な世界肯定とは格段の相違をもたなければならない。神が、世界と峻別されながらも世界を根拠づける中心であるように、自発的な神肯定もまた、具体的な世界肯定と区別されながらもこの世界肯定を根拠づける中心である。かかる区別は、思惟による反省を通じて明確に表現されうるが、根本的にはすでに自発的な世界肯定において実現されている。ということは、人間は世界肯定において常にすでに神そのものと関わっているのであり、だからと言って、神を世界そのものと取り違えたり混同したりはしていないのである。

人間が神を肯定し、自分の人生と存在理解の中に受け入れたとき、神に対する人間の関わりは、不完全な萌芽から両者の関係性の本質にふさわしい形式へと発展していく傾向をもつ。すべての有限的なものに対して圧倒的な力をもつ神の超越は、ただその都度の具体的状況の程度と限界に応じて現れ、その範囲内での神に対する肯定を促すだけにとどまらない。人間の側も、精神のダイナミズムに基づき自らの生を究極的に根拠づける存在により深く出会って、それにいっそう強くつながるよう希求する。世界肯定において人間が神の呼びかけに応える神肯定は、すでに人格的ではあるけれどもまだ漠然としており、人間のすべての能力がそこに傾注されているわけではない。そこではまだ、反省的意識の明るみに照らして直接に神を認識することはできておらず、したがって絶対的で人格的な相手にふさわしい、断固たる愛をもって肯定することができないのである。それゆえ具体的状況において、あるいはただ随伴的、萌芽的に遂行された神肯定はいっそう明確で密接なものとなり、神との出会いが一瞬の経験から可能な限り存続する神との人格的交流にまで高められることを求める。かくして世界における神経験は、自然の有限性による限界から神の超越と人間の人格性に基づいて、明白な宗教的行為を発展させるのである。

このことは、人間経験においてどのように現れているだろうか。重大な危険が過ぎ去った後や、人との幸いな出会いがあった後では、自然に感謝の気持ちが湧くことがある。困難に直面したとき、人間はおのずと加護を求めずにはいられない。利益を求めないで、ただそれが正当であるという動機によって倫理的要求を果たす者は、心の奥底では自らの行為を何ものかへの恭順のように理解している。これらの現象には、世界肯定との相違がまだ意識的に明確ではなかった神肯定が、自覚的にも明らかな神関係へと変わったことが示されている。

ここで感謝、懇願、恭順は経験された状況から全面的に生じたものであるが、状況に関連づけながらも、世界とは区別された仕方で、直接的で明確な人格的神――たとえ神概念には不可欠ではないにしても――を目指しているのである。ここで人間は具体的な意識的行為においても、まず第一にただ世界を目指すのではなく、宗教的行為にとって本質的な方向転換を成し遂げる。つまり、世界が神からの賜物であることを理解し、また神から授けられた課題として果たそうとする。どんな精神的行為であっても確かに漸次、神へと接近し、認識と志向とによって世界と出会う能力を神から授かっているのである。しかしながら、はっきりと意識的に神との関係を究極目標として追求するのは、宗教的行為においてのみである。人間はいわば神からの招きによって導かれ、支えられ、そして神の直接的相手であることに基づいて世界と自己自身を判断し、肯定するのである。神はあらゆる有限的なものの中心であり、起源であり、目的であるが、宗教的行為はこのような現実の存在論的構造を明確に表現された人的行為において、また同時に人間の実存の意義づけという点において、現実化しようとしている。現実の只中に根ざして生きながら現実全体と合致した状態にあるという、宗教現象学的にも指摘される宗教的人間の意識は、ここから生まれるのである。(22)

世界との出会いの中に秘められている神との暗黙の出会いに並んで、外的に表現された神との宗教的関係が意義あるものかどうかという問いに対して、今や根本的な答えが与えられたことになる。宗教的行為は、その本質的内容と意義を世界から受け取るのではなく——それなら、世界が宗教的行為の目的になってしまうだろうから——、世界における暗黙の神肯定と同様に、ひとえに神そのものに由来し、神それ自体の中にその固有の意義をもつ。もし明示的な宗教的行為が可能でないならば、世界における暗黙の神肯定もありえず、それゆえ神経験も与えられていないだろう。したがって、神が肯定されるあらゆる行為には意義があり、しかもそこに神が現存していて、神に人間が到達する程度に応じて有意義なのである。しかしその際、宗教的行為において表現される理論的神認識は、実際の神との親密さの尺度にはなりえない。神との交わりは、概念を超えた領域で行われるからである。同様に、これとは逆に、宗教的行為の中で感じる虚しさや見捨てられた思いが、必ずしも神との隔たりを示すわけではない。神との出会いの深さは、必ずしも意識の表面に明瞭に出て来るものではないからである。しかしながら、神との明確な関わりを目指す宗教的行為とは、それが直接的でそれゆえ神との人格的交わりがそこに実現されており、神自身とのより直接的でより深い一致が可能となっている限り、単なる暗黙の神肯定に比べて顕著な優位性をもつものである。

それでは宗教的行為は不可欠なのだろうか。その必要性を問うには、宗教的行為が何のために必要とされるべきなのか、あるいは不必要とされるべきなのかを示さなければならないだろう。しかし必要性に関するいかなる外的基準も――個人の救済の必要性さえ――、宗教的行為が本質上、神の肯定として自らのうちに宿している無条件的かつ充溢的な意義に比べれば二義的である[23]。宗教的行為は、あたかも宗教とは異なる目的のために行われるかのように、外的必要性から人間の生に導入されるのではない。そうではなく、少なくとも萌芽的な仕方であっても、それは根源的に意義で満ちた人間の自己および世界との関係の只中から生じるのである。

われわれは、世界経験と信仰に基づいた神との出会いの関係という問題を解決しただろうか。おそらく、本章での試みもほんのわずかな前進でしかなく、解明すべきさらに多くの課題を新たに浮上させるだろう。例えば、宗教的行為の様式、本質、目的、直接的な世界への関係と神への関係との相互の関わり、そして最終的に神と呼ばれ、同時にどんな名称をも不十分なものとして斥ける存在について[24]、さらに経験的に知られることが何であるかという問いである。だが、いかなる思想も完結された成果ではない。それは、先陣を切って勇敢に進むことでのみ拓かれる道程の最初の一歩に過ぎないのである。

注

(1)「科学上のありとあらゆる問題に解決が与えられたとしてもなお、人生の問題はいささかも片付かないことをわれわれは感じている」。L. Wittgenstein, Tractatus logico-philosophicus, nr. 6. 52, [1]1921, [6]London

1955.（L・ヴィトゲンシュタイン『論理哲学論考』藤本隆志・坂井秀寿訳、法政大学出版局、一九六八年、六・五二）

（2）このような人間の根本問題の分類に関しては、I・カント『純粋理性批判』A三三―三五参照。

（3）神の問題の認識形而上学的側面に関しては、以下を参照。J. B. Lotz, Metaphysische und religiöse Erfahrung, *Der Mensch im Sein*, Freiburg 1967, S. 404-452; K. Riesenhuber, Natürliche Theologie, *Sacramentum Mundi*, Bd. 3, Freiburg 1969, S. 691-700. K・リーゼンフーバー「神認識」『新カトリック大事典』第一巻、研究社、一九六六年、一二一六―一二二二頁、同「神の存在証明」『新カトリック大事典』第一巻、一二三九―一二四一頁。本小著作集の第四巻に所収。

（4）以下の項における意義体験に関しての分析は、拙著『実存経験と宗教』（*Existenzerfahrung und Religion*, Mainz 1968）四〇―四七頁による。神との関係を暗黙のうちに含む他の分析に関しては、J. Delanglade, *Das Problem Gott*, Salzburg 1966, S. 74-110; W. Pannenberg, Die Frage nach Gott, *Evangelische Theologie* 25 (1965), S. 238-262 を参照。

（5）意義の問題に関しては、以下を参照。R. Lauth, *Die Frage nach dem Sinn des Daseins*, München 1953; H. Wisser (Hg.) *Sinn und Sein*, Tübingen 1960; H. Reiner, *Der Sinn unseres Daseins*, Tübingen 1960, ²1964; A. Paus (Hg.), *Suche nach Sinn — Suche nach Gott*, Graz/Wien/Köln 1978; G. Sauter, *Was heißt: nach Sinn fragen?*, München 1982; P. L. Berger, *Sehnsucht nach Sinn*, Freiburg 1994.

（6）状況倫理学はこの問題を取り上げるが、十分な哲学的解決は与えていない。もっとバランスのとれた見解は、K. Rahner, Über die Frage einer formalen Existentialethik, *Schriften zur Theologie*, Bd. 2, Einsiedeln 1955, S. 227-246; Der Anspruch Gottes und der Einzelne, *Schriften zur Theologie*, Bd. 6, Einsiedeln 1965, S. 521-536; B. Schüller, *Die Begründung sittlicher Urteile*, Düsseldorf 1973, ²1980.

（7）キルケゴールの影響のもとに、このような「瞬間」の出来事として意義を捉えようとし、形而上学を自由と歴史性の形而上学として理解する見解に関しては以下を参照。M. Müller, *Existenzphilosophie im geistigen Leben der Gegenwart*, [3]Heidelberg 1964, 特にS. 48, 177, 187f.

（8）トマス・アクィナスは、意義が実存的に捉えられることをすでに「親和性による認識（cognitio per connaturalitatem）」で指摘している。親和性（自然本性的な適合）（connaturalitas）による認識とは、トマス・アクィナス（Thomas Aquinas〔一二二四／二五―七四年〕S. theol. II/II, 45, 2 c.; I/II, 58, 5 c.）による価値（目的、道徳的〔a. a. O. II/II, 51, 3, 1; In Ep. ad Philipp. c. 1, II, nr. 17〕）認識の方法（S. theol. I, 1, 6, 3; II/II, 97, 2, 2）で、その真理が純理論的・合理的思惟によってではなく（II/II, 51, 3, 1）、認識されるものが属する価値領域と、認識する者の情感的・道徳的な素質との間の合致、および親和性（connaturalitas）によって保証される（a. a. O. II/II, 51, 3, 1）ような認識の方法を言う。およそ正しい人間は、抽象的・一般的推論によらなくても、例えば正しさの道徳的重大さと個々の場合（I/II, 58, 5 c.）におけるその具体的形態（II/II, 60, 1, 1）について、自然発生的に知っている。習性的な（I/II, 58, 5 c.）傾向に従ってなされる判断（iudicare ... per modum inclinationis）（I, 1, 6, 3; II/II, 60, 1, 1と2）は、対象から呼び覚まされる、認識する者における現に行われる対象に適合した好感、または反感によるものであるので、それは対象の価値的特質を十分に浮き彫りにする。こうして親和性による認識は、純理論的・合理的認識に対して閉ざされたままであるさまざまな特徴を把握できるものとする（In Ps. 33. nr. 9）。親和性による認識は、実際にある個別的対象の善さに心をとらえられ動かされて、それと一致すること（S. theol. II/II, 9, 2, 1）によって、精神的経験の性質を得る（a. a. O. II/II, 97, 2, 2; In Ep. ad Rom. c. 12, I, nr. 967）。愛こそ、愛されるものとの完全な親和性、感情的な一致であり（S. theol. I/II, 23, 4 c.; I/II, 32, 3, 3; In II Eth. V, nr. 293）、神の愛のうちに全うされるものであるから、親和性による認識の最高形態とは、愛によって導かれる神の、また知恵の賜（S. theol.

II/II, 45, 2 c.）として神に由来するすべてのものの認識である。

　親和性による認識に関するトマスの説に着想を与えたのは、聖書（(In) Ps. 33, nr. 9）、そして内容としては、認識する者の性格に対する目的認識の従属に関するアリストテレスの説（Eth. Nic. III, 7, 1114a32-b1; cf. Thomas, S. theol. I/II, 58, 5 c.; In Ep. ad Hebr. c. 5, II, nr. 273）、また特に、神的なものの感情的な経験に関する偽ディオニュシオスの説（Dionysios Areopagites〔五〇〇年頃活動〕De div. nom. c. 2. MPG 3, 648b; cf. Thomas, S. theol. I, 1, 6, 3; II/II, 45, 2, c.）――その淵源と先駆けは大バシレイオス（Basileios〔三三〇頃―三七九年〕Hom. in Ps. 33, 6. MPG 29, 364d-365a）とおそらくはアリストテレス（cf. V. Rose: Aristotelis qui ferebantur Librorum Fragmenta (1866) Frg. 15）のうちにある――によっている。その特別な意味における「親和性」という表現も、トマス・アクィナスの場合おそらく偽ディオニュシオスに由来しているが、偽ディオニュシオスにおいて（De div. nom. c. 11. MPG 3, 948d. 949d. 952a: homophyê）この言葉は、分有に基づく親近性、および存在するすべてのもの同士の友愛ある結合ないし一致を意味している。

　トマス解釈者のうち、カエタヌス（Caietanus〔一四六九頃―一五三四年〕Comm. in S. theol. I/II, 58, 5 c.; II/II, 45, 1. 2）とスアレス（Francisco de Suárez〔一五四八―一六一七年〕De gratia II, 18）は、トマス的な親和性による認識を単なる付随的なものとして本質的に深化させることなく解釈している。他方、聖トマスのヨハネス（Johannes a Sancto Thoma〔一五八九―一六四四年〕Cursus theol. In I/II D. Thomae, q. 68-70, disp. 18, a. 4）は、親和性による認識における愛の影響、つまり精神的経験を強調し、それにおいて愛の影響による精神形而上学的構造を明らかにしようとしている。彼によれば、愛は、愛されるものとの感情的な一体化のうちに経験されるものを、知的に認識された愛の対象自身の内的な規定とすることによって、対象の側から適合性による認識を根拠づける。

　親和性による認識は、しばらく忘却された後、現代のトミズムにおいて注目されるようになり、教会による承認（M. Blondel 宛ての Montini 大司教〔後の Paulus VI.〕in: La vie intellectuelle 17 (1947) p. 40; Pius XII. 回勅 ‹Humani Generis› (12. 8. 1950). Denzinger (^{31}1957) 2324）、さらには多様な解釈までへと至っている。すなわち、ルスロー（Pierre Rousselot〔一八七八―一九一五年〕L'intellectualisme de Saint Thomas〔Paris ^{2}1924〕pp. 70-72）は親和性による認識を、知的ではあるけれども理論的ではなく、現実と関わる個人的な直観とみなしている。ジャック・マリタン（Jacques Maritain〔一八八二―一九七三年〕Raison et raisons〔Paris 1947〕pp. 34-38）は、道徳的、また神秘的な認識を超えて芸術的創造のためにもそれを要求している。フィナンス（Joseph de Finance〔一九〇四―二〇〇〇年〕Etre et agir〔Roma ^{2}1960〕pp. 335-338.）は、親和性による認識を現実態としての存在を目指す知的欲求のダイナミズムに基づいて理解している。

スコラ学以外の分野では、ブロンデル（Maurice Blondel〔一八六一―一九四九年〕Procès de l'intelligence〔Paris 1921〕passim）がルスローから触発され、概念的・抽象的な認識に対して、現実と関わる直観的に統一しようとする認識の構造を、トマス的な親和性による認識に言及しながら分析しようとしている。リクール（Paul Ricœur〔一九一三―二〇〇五年〕Finitude et culpabilité I: L'homme faillible〔Paris 1963〕pp. 101-105）は、対象化させるような認識に対して、スコラ学の親和性を指摘しつつ感情を対置させている。感情は、世界と共に客体化以前の、および客体化を超え出るような主体の遂行に感情的な強調を置き、そうすることで、主体と客体とが価値的に合致することを顕わにするのである。

（9）「すべきだ」を義務として一方的に強調することによって、カントおよびフィヒテの倫理学は、倫理的現象を正当に評価しえなかった。意義を受け入れること、愛、信頼などには確かに義務の要素があるけれども、それがすべてではないのである。

（10）神経症の原因を意義喪失の体験に求めるV・E・フランクル（Viktor Emil Frankl 一九〇五―九七年）

の精神療法の理論を想起されたい。V. E. Frankl, *Man's Search for Meaning*, Boston 1962; id., *The Will to Meaning*, Boston 1969.

(11) 意義によって未来が開かれるとき、人間の中に希望が生まれる。創造的に、与えられたものをその都度自由に超越する力としての希望については、以下の分析を参照。G. Marcel, Esquisse d'une phénoménologie et d'une métaphysique de l'espérance, *Homo Viator*, Paris 1947, pp. 39-91. 他に、J. Moltmann, Die Zukunft als neues Paradigma der Transzendenz, *Internationale Dialog-Zeitschrift* 2 (1969), S. 2-13; *Das Prinzip Hoffnung*（エルンスト・ブロッホ『希望の原理』）und die *Theologie der Hoffnung*（ユルゲン・モルトマン『希望の神学』), Ein Gespräch mit Ernst Bloch, *Theologie der Hoffnung*, München ^{8}1969, Anhang, S. 313-334.

(12) K. Rahner, Die Ignatianische Logik der existentiellen Erkenntnis, F. Wulf (Hg.), *Ignatius von Loyola*, Würzburg 1956, S. 343-405. を参照。

(13)「というのは、瞬間はまさしく、状況の中に存在しないもの、新しいもの、永遠が突入したものだからである。――しかし、それは同じ瞬間に、人を欺いて（世俗的な知恵と凡庸さとを愚弄することを見込んで）あたかも状況から瞬間が生まれるかのように見える程度に、状況を支配するのである」。S. Kierkegaard, *Der Augenblick* (Gesammelte Werke, Bd. 34), Düsseldorf 1959, S. 327.（『キェルケゴール著作全集』一五巻「瞬間」、創言社、二〇〇〇年、三〇九頁。ただし訳文を一部改めた。）

(14) 善の形而上学的な目的因が明らかになる根源的な場は、意義に関する人格的な経験である。K. Riesenhuber, *Die Transzendenz der Freiheit zum Guten*, München 1971, S. 89-118 を参照。したがって形而上学における真理は、その根底において人格的なものであり、逆に、実存的真理は形而上学において初めてはっきりした自己の姿を現すのである。

(15)　無限の善は、プラトンによれば、この世界での自己発展（特にここでは人格的）の最高の制約、根源、目的である。さらにアリストテレスによれば、根本的に言って、すべての行為は無限であるがゆえに、魅力のある善なるものを愛によって肯定することである。『形而上学』Λ（第十二巻）第七章 1072b3 および 1072a26–27.

(16)　この世界の存在事物において現成する存在はいまだ究極的根源ではなく、無限の意義の要請を媒介するものであり、この意義の要請は現に存在し、絶対的存在にのみ由来しうる。M. Heidegger, *Was ist Metaphysik?*, 第五版以後の後書き S. 41: "... daß das Sein nie west ohne das Seiende"「存在は存在事物を外にしては現成しない」（M・ハイデッガー『形而上学とは何か』理想社、一九六一年、七二頁）。J. B. Lotz, Heidegger und das Sein, *Sein und Existenz*, Freiburg 1965, S. 97–119, 特に S. 110 参照。

(17)　人間が自己を委ねる意義のある課題の可能性は、創造的意義の力である無条件的な善の現実にその源泉をもち、さらにそこに戻って働くのである。この意味において無条件的な現実は、アリストテレスの表現によれば、有限の可能性よりも先行し、より根本的である。

(18)　W・カスパー（W. Kasper, Möglichkeiten der Gotteserfahrung heute, *Geist und Leben* 42 (1969), S. 329-349）は、形而上学的および先験的な問題提起の在り方に比べて、意義の歴史性は現代における哲学および神学の構造上の要素であることを強調している。意義は、人間の自由そのものに対する歴史的な呼びかけとして、ある一定の意志から出て来る呼びかけなのである。ある一定の意志に対する呼びかけとは、その根源に人格的な意志を含んでいる。これが人格と人格との関係を結ぶことを欲するのである。このように人間と絶対者との関係は、根本的に人格の間に働く関係であるから、この関係ならびに意義そのものは、ブーバー（Martin Buber 一八七八―一九六五年）やエーブナー（Ferdinand Ebner 一八八二―一九三一年）、ローゼンツヴァイク（Franz Rosenzweig 一八八六―一九二九年）の対話の哲学が示すように、特に人間と人間との関係において、つまり有限な人格と人格との間の関係において経験され、実現されるのである。以下を参照。B. Casper, *Das dialogische Denken*, Freiburg 1967; H. Duesberg, *Person und Gemeinschaft*, Bonn 1970; J. Böckenhoff, *Die Begegnungsphilosophie*, München 1970.

(19)「もし私たちが自由に決定し、私たちの生命を意義深いものと捉えるならば、私たちの存在が私たち自身に負うているのではないということを自覚するだろう。……自由の絶頂では、私たちは自分が自由であるということにおいて、超越者から私たちに贈与されているという意識をもつのである」。K. Jaspers, *Einführung in die Philosophie*, Zürich ^{2}1950, S. 62.

(20) 自己超越は、直線的な仕方で神を対象として行われるのではない。根底から人間の心を満たす無条件的な善とは、未知で客観化できないものとして現れる。トマス・アクィナスのような古典的形而上学と神学においても、神認識における否定的要素は根本的なものである。以下を参照。J. Pieper, *Philosophia negativa*, München 1953, S. 30–37.

(21)「被造物を超え、かつ被造物の中に」存在する神としての類比（アナロジー）については、以下を参照。E. Przywara, *Analogia Entis*, ^{2}Einsiedeln 1962, S. 62–66.

(22) 以下を参照。M. Eliade, *Ewige Bilder und Sinnbilder*, Olten 1958, S. 46–56.

(23)「共同体的祭儀としての宗教は、実際的機能をなんら果たさなくてもいい。それはただ存在していさえすればよいのである。宗教の意義は、共同体的祭儀そのものが生活の一部であり、有限なる人間と無限なる神とが出会う共演であることによって果たされている。この共演はそれ自体、どんな実際的目的も持たないものでありながら、絶対的意義によって満たされている」。M. Müller, Über Sinn und Sinngefährdung menschlichen Daseins, loc. cit., S. 17–18.

(24) ヘラクレイトス（Herakleitos 前五四〇頃―前四八〇年頃）はすでに、神に関して言われる言葉の弁証法的性格を知っていた。神に関する言明の真理性は、根底までその意味を考え抜くことを迫るが、同時に、超越の神秘を垣間見せるためにはその言葉が限られているので、常に新たにその言葉自体を解消しなければならない。「唯一のもの、それのみが賢いものは、自分がゼウスの名前で呼ばれることを欲しないが、それでもなおそう呼び続けられることを欲している」。Heraklit, Fragment 52（H. Diels, *Die Fragmente der Vorsokratiker*, Bd. I, [4]Berlin 1922, S. 85 による引用。）

第五章　超越理解と神経験

本章では、多面的な日常経験をその根本的構造に光を当てることにより、人間の自己実現と、無制約者ないし神への問いとの関係性を跡づけてみたい。そこで、まず人間存在の本質的・根本的在り方、次に自己発展の途上での世界経験、最後にその究極的使命という三つの段階において、人間がどのように無制約者との関わりを深め、それに達するのかを考察していこう。

一　人間存在の基礎づけである無制約者

(1)　神の問題と自己に対する問い

無制約者とは、無限ですべてを包括する存在でなければならない以上、無制約者への問いは、原則的にいかなる問題や事物や出来事の場合にも生じる。それにもかかわらず、無制約者が任意の対象物のように客体的に知られることは、無制約性そのものと矛盾する。なぜなら、対象そのものは認識主体にとって他の多くの可能性の中から、その都度、偶然に与えられるものに過ぎないので、単なる対象と見なされている限り、主体にとって無制約的なものとして確証されえないからである。それゆえ、無制約者の認識が可能であるとしたら、認識する者自身が場合によっては無制約者からとらえられ、方向づけられていくことを覚悟しなければならない。

このように、無制約者を問題にするときには、人間が、そしてまず自分自身が問われてくる。それは、本質的に問う存在であり、あらゆる探究と問いかけを繰り返しながら常に自分自身への途上にある人間の本質にまさしく適っている。したがって、無制約者の探究は――問い自体の内的構造と同様に現代人の意識にとっても――、優先的に人間の自分自身への問いを出発点とする。つまり、人間は、問うものであると同時に問われるものなのである。自分自身を求めて真剣に熟考するとき、人は自己の内面へと入り、この自己を通して自分自身を超え出て、無制約者の次元へと迫っていく。逆に、問う者自身が最初から除外され、関与していない問いにおいては、無制約者の現実に接近する道は閉ざされ、真の洞察が覆い隠されたままなのである。

(2)　自由な存在としての人間

人間が、「神」と呼ばれる無制約者との関係を目指しながら自分自身について問うとき、この問いは、人間の本性を成す自由を出発点とするのが適切であろう。自分を自由な存在として経験することにおいて、人間のさまざまな次元——その精神と身体、個人性と社会性、状況への依存と究極的使命など——が一点に集約されるので、無制約者がそのものとして人間に現れうるとしたら、それは人間の自由の根源として、またその中心において探らなければならないはずだからである。

自由であるということは、まず第一に多くの可能性の間から決定すること、つまり、この可能性かあの可能性かのどちらかを優先して選ぶ能力をもつということを意味する。ところで、経験科学はその方法に基づいて、可能性そのものをではなく常に事実だけを認識し、それらの事実をつなぐ必然的で合法則的な関係を立てるので、そこでは原理上、自由を経験的に検証することができない。それにもかかわらず、動物行動学は、動物の本能的行動と人間の理性的で自由な行為との間に、構造的な相違を明確に提示することができた。

動物は、一定の限られた環境の中で順応しており、環境からの刺激に対してその「種」に典型的な決まった反応をする。このように、動物の行動が本能によって本質的に規定されているのに対して、人間は本能によって決定された行動様式をもっていないので、本来的に未規定で未完成の存在である。環境からの刺激と人間の行為との間には、思慮と決断という深い溝があり、人間には、動物におけるような刺激と反応との明白なつながりは見られない。人間は、生物学的な必然性とそれに見合った環境に直接とらわれることなく、世界全体に向けて、つまりすべてのものに向けて開かれているがゆえに、人間の行動は算定できないのである。

人間の関心をひくのは、単に経験的に把握可能なものの範囲に限らない。人間は創造的に構想することで、所与の現実をさらなる可能性へと超え出て、可能的なものとの関わりを通して、経験的に与えられたものを自由に形づくることができる。人間による世界の形成ならびに文化の豊饒さは、克己と節制の厳しさと同様、どんな具体的な状況や危険をも超えて、自由のこの限界のない開きに根ざしている。世界全体と自己自身に向かって開かれたこの自由において、人間の尊厳と使命が成り立つのである。

(3) 自由と目的設定

では、この自由とはどこに基盤を置いているのであろうか。内的な衝動が余っていながら、本能による規定を欠いているという生物学的事実は、自由を可能にするにせよ、自由がもつ積極的な開放性や形成力、また人間の自己規定としての自由の反省的構造を、説明しうるものではない。自由な決断そのものは、何らかの外的理由で決定されるのではなく、自分自身のうちにその起源を有している。さらにまた、決断には責任が伴っているうえに、人間は決断の理由を自覚しているはずである。したがって、決断の構造を反省的に解明することによって自由の起源が明らかにされよう。

選択の決定に際しては、決断によって実現されるべき目的という視点に向けて、さまざまな可能性が考慮される。目的は、本来それ自体のために望まれるものである。一方、具体的な行為の可能性は、目的を実現するための手段に過ぎず、ゆえにそれ自体のために達成されるものではない。それは目的への欲求に基づき、また目的のために目指される。目的こそが、行為の全体にその意義を与えるのである。この意義は認識によって内面化され、行為が目的に導くものとなるとき、決断の動機となってその行為に力を与える。

すべての熟慮された行為というものは、多くの場合には漠然と潜在的にしか意識されていないとしても、例外なくある目的を志向することによって支えられている。外的な目的を持たない遊び半分の行為ですら、少なくともそれに内在する意義――束縛のない行動がもたらす何かしらの喜びなど――を肯定することに基礎づけられており、またそこにその目的をもつ。

総じて人間は、ある目的を達成することに自分の行為の意義を感じることによってのみ、決断し、行為することができる。決断力の欠如は、目的が生き生きとしたものとして把握されていないことに起因する。その目的自体があまりに漠然としていたり、またはその人にとって、重要なものとして把握されていない場合がそれであろう。このため人間は、互いに矛盾する幾つかの可能性を前にして逡巡しているとき、自分が心底から何を欲しているかということ、つまり、その人にとっての目的が何なのかをよく考えようとする。そして、決断するための洞察と力を得るために、目的をさらに明確にしようと努めたり、より深く自分を目的に一致させようとするのである。

以上のことから、目的は、単に手段を選択するために前提とされているだけではなく、それ自体が、熟慮と決断の対象になりうることがすでに分かる。人間は、ただ前もって設定された目的に必要なことを実行するだけではなく、自分が何を意義と目的として承認するかについても、決断を下すのである。その際、例えば職業生活や余暇利用といった限られた範囲における意義と目的が、人生の包括的な意義の見通しのもとに組み込まれ、位置づけられてくる。ちょうど手段の選択が目的の志向によってなされるように、目的そのものについての肯定も、やみくもになされるのではない。むしろこの肯定の決定は、いったい何が本当に善いものであるのか、という不可避の問いから光を受けて遂行される。この決断への道は、言うなれば「何をしたらよいのか」、「これでよいのか」、「今何が一番よいのだろうか」といった日常的な問いかけで表現される。どんなに曖昧で空虚に見えようとも、善が投げかける光明は、どのような実践的熟慮と決断の中にもあらかじめ含まれていて、それらを基礎づけている。ほんの些細な日常的決心から、人生の方向を根底から変える決断に至るまで、人間は常に、善そのものに正しく関わることを求めているのである。

(4)　自由の基礎づけとしての善の解明

1　善そのもの

こうした善がそれ自身でいったい何であるのかは、人間の自由な行為に対して善が果たす役割から理解されねばならない。どのような欲求や行為のうちにも前提とされ、志向されている「善」ないし「善いもの」とは、それ自体で一定の形態をとって現象するわけではない。しかしながら、あらゆる目的はその「善いもの」のために、すなわちそれがまさに「善い」という理由によって、意義あるものないし目的として肯定可能になる。ただ善を目指して、そして善に基づいてのみ、意義と目的は成立するのである。とはいえ、こうした善は、行為する人にとっての功利と単純に同一視されうるものではない。つまり善そのものは、あらゆる有限的な形態、対象、主体との関係以前に存立するのに対して、善と功利性の同一視は、一種の自由な決断に基づいて、「善」の意味をある限られた形態に固定し、限定してしまうことになるからである。

行為する人は、自分の行為の諸規範を常に無規定で包括的な善に照らして考量しており、そうすることによって、自分にとってだけの善を求めているのではないことを認めている。すなわち、自分の個人的完成を善自体の特別な在り方として、つまり、善そのものへの関わりにおいて理解していることが分かるのである。それ自体で普遍的に善いものに向かうことのうちに初めて、人間は自らを内面的に満足させる意義を発見する。それとは逆に、単に主観的に過ぎず上辺だけの善と見抜かれたものは、その魅力を失い、行為を導く力が消滅してしまう。

善いものはそれ自体として、またそれ自体のゆえに、つまり、それがまさしく善であることのために、自発的に肯定される。人間の必要性に条件づけられていないからこそ、善いものは、人間に同意を促し、行動する力を呼び覚ます。確かに多くの場合、具体的な善いものに出会うとき、例えば何か美しいものを見たり、素晴らしい計画を考えたり、優れた人と出会ったりするときに初めて、関心や内的な活力が湧いてくる。だが、こうした具体的な形態において関心、活力、欲求、喜び、愛などを生じさせ、自己のほうに引きつけるものとは、究極的には意義と美の充満である善いものそれ自体なのである。精神的な活動性を燃え立たせることが善いものに固有な特徴であるとしたら、人間自身が、自らに本質的に固有な自発性において、善自体によって根拠づけられていることになる。

2 無限の善

このような善そのものを、人間との生きた関係を度外視して考えるならば、つまり、対象化して具体的に把握できる諸々の善いものと比較して見るならば、おそらくそれは遠く離れた抽象的な説明原理のようにしか思われないかもしれない。しかし、あらゆるものがこの善を顧慮することでのみ、またその善さゆえに肯定されるのだから、この善とはとりもなおさず、端的に包括的なものであることが明らかになる。かかる善を基盤にしてこそ、あらゆる個々のものがさまざまな限界をもちつつも、現実に善さを現し、それを人間が肯定できるような地平が開かれる。したがって、あらゆる善の背景をなす善そのものとは、すべての具体的に善いものに具わる善さの根拠であると同時に、人間の志向性の源泉と目標なのである。

しかしながら、あらゆる具体的な存在が、その善さをそれ自身で善いものの地平の中でのみ、また善そのものの限定された実現として有しているならば、それ自身で善いもの、善さそのもの自体は、すべての善いものを根拠づけて包括するものである。したがって、それは善の充満さであるということになる。われわれの経験においては、善そのものはいつも具体的なものの強い魅力のために背後に退いてしまい、抽象的で概念的にしか把握されないように見えるが、すべてのものを基礎づけるその役割から考えるならば、それ自体として最も現実的で、内容豊かなものであることが明らかになる。こうして無規定ではあるが普遍的に善いものは、あらゆる個別的善性を余すことなく包み込むとともに、それを凌駕しているので、意義の実現の可能性という地平は、そこから個別的善へと、さらにはそれを超えて広がっていく。

3　基準としての善

この地平のうちに、またそれを背景にして、初めてさまざまな個々の善いものが比較可能になる。比較することは、共通の基準を前提とするからである。この基準は、それぞれ異なる善いものの固有な質を自己のうちに含まねばならないが、そうした個別的質の一つに限定されることはない。善いもの一般という地平において、多様な善がその善さに関して比較されるので、ここに自由に活動できる場が開かれてくる。したがって人間の自由の支柱は、精神的な自発性を呼び覚まし、自分の方へと方向づける無制約的な善との関わりのうちにある。善それ自体に直接、関わることによって、自由意志は、深さにおいても活動範囲に関しても善そのものの無限定性に与る。このようにして善そのものに参与することで、人間にすべての具体的な善いものに至る道が開かれ、いかなる具体的な善いものによっても拘束されない余裕がもたらされる。無制約者との、こうした人間にとって根本的な生きた関係に基づいて、人間はあらゆる個々のものを問題にし、包括的な意義の地平のうちに秩序づけ、さらに個々のものが、善そのものに参与する仕方と程度を評価することができる。その際、無制約的な善そのものに向かう自発的な動きは、あるものは絶対に必要であり、他のものはまったく不要で無価値なものである、といった感覚的印象や習慣による表面的見方を善それ自体のほうへと突き破っていく。善そのものの光に照らされて、あらゆる個々のものの善さはそのあるがままの姿を、つまりその善さの実際の固有性と一回性、そして同時にその暫定性と有限性とを顕示するのである。

4　自由を与える善

こうして、人間が自分の主観的な欲求の領域を超え出て、無制約的な意義を問う地平の中であらゆる個物の内的善さを発見するとき、どのような具体的な物や事柄をも積極的に受け入れ肯定することができるようになる。しかし、同じ無制約的な意義との結びつきがまた、人間が個々の物や状態に対する自然的ないしは習慣上の執着から離れることを可能にするのである。なぜなら、個物は無制約的に善であるものの光に照らされるとき、それが有限であり、不可欠のものではないということが分かるからである。すなわち、無限に善いものは、有限的に善いものと単に量的にではなく根本的に異なっている——換言すれば、有限的に善いものをいくら継ぎ合せても、無限に善いものに達することはできない——のであり、根源的に無限に善いものに頼らざるをえず、またそれによって動かされる人間の意志は、いかなる有限的善にも拘束されることはないのである。

かくして、善そのものに具わる引きつける力は、人間の自発性のうちに愛をもって自分を超え出てすべての善いものに接近する能力とともに、存在する個々のものの善さを否定することなしに、各々の善いものに対して距離をおく可能性をも生み出している。何ものによっても拘束されないが、意義を受容し認めるときにあらゆるものと一致できるという、この独立性と肯定力という二重性の統合が、人間の自由の本質を成しているのである。このように、人間の卓越した自律性と世界に向けての開放性は、ともに人間が善そのものと関わることによって、基礎づけられるのである。

5 人間を超える善

善そのものは、さまざまな善い対象を凌駕するだけではなく、人間自身に対しても無限に卓越したものとして現れる。確かに人間には、周囲の事物と異なって、無制約的な尊厳と自己目的性が具わっている。しかしながら、人間の偶有性と有限性は、人間がそれ自身で無制約的に善いものではないことを示している。人間の真の尊厳は、自己に満足するという人間の孤立した在り方にではなく、人間的存在を超越している善そのものを受容する能力と、直接に善そのものへ向けて自己が開かれているという、人間にとって根本的な在り方に基づいている。要するに人間の尊厳というものは、善そのものを志向しそれに参与できるという、人間にとって最も重要な構造のうちに見出されるのである。無制約的な善は、まさに人間に対する本質的差異と超越において、人間にとって身近なもの、内なるものともなる。

なるほど日常生活では、「何をしたらいいのか」というような問いが、人間の善のみを指し示しているのか、それとも人間を通して、それ自身で無制約的な善を主題にしているのかということは、往々にして反省的に決められないまま残るかもしれない。この一見、無規定性と思われるものは、人間が決断しなければならない状況で、自分を超越する者によって測られ、かつ要求されているのだと気づくとき、明確に克服される。つまり無規定性が、善の無制約性の隠れた顕現であることが識別されるようになる。人間が、限りある人生を超えて残りうるようなものを創造したいと望み、また、ある仕事に献身的に奉献したり、愛する人のために尽力したりするのは、無制約的な善そのものが、人間を凌駕しながら人間のうちに働いて、人間に自分自身を超えさせるということに基づいているのである。こうした事柄すべてにおいて、人間は自分を超越する善そのものに、より深く与るように促されているのである。

無制約的な善との没我的な結びつきから、今や人間が、自ら個別的存在者としての自分自身について決断を下す能力が生じる。自分自身をとらえ意義づけることは、まず自分自身に距離を置くことを前提にしているが、そうした隔たりは人間において、無制約的な善に向けて自己を乗り越えて行くことによって開かれる。善ないし無制約的な善そのものは、人間に対して、この隔たりに基づいて自己を、すなわち、それ自体では有限的であるが、究極的な意義を担う可能性を孕んでいる自己を自由に受け入れ、そうして、究極的な意義を自分のうちに受けとめるという課題を与えるのである。人間の自由は、このような自己還帰において初めて、対象を中心とする選択の自由を超え出て、自己本来の可能性と使命を獲得する。

善そのものは人間を超越しており、そこで自分に固執することから人間を解放することによって、人間を本来的自己へと自由のうちに導き入れる。このようにして無制約的な善は、人間存在とあらゆる具体的な善いものとを包括する地平として、主観と客観の区別を超えて、双方を共通の意義に向けて一致させるのである。

(5) 無制約的善の現実性

とはいえ無制約的な善とは、有限的に善いものの単なる極限、その最高のものとして解釈することはできない。というのも、有限的な善とは、それ自らにおいて端的に善いものとの関係によって「善い」のであり、また、端的に善いものという基準に従って有限的なものとして構成されるのであるから、端的に善いものは、有限的に善いものの存在にとって前提となっているからである。

同様に、端的に善いものを、人間の自発的能力が生んだ理想の投影として説明することもできない。というのも、先述したように人間の自発性は、それ自体で端的に善いものへと自己自身において超越することを通して定められ、それに引きつけられることによって初めて胎動するからである。このように、人間が善に対して根本的にまず第一に受容的な関係を有していることから、善そのものは、人間存在の根源として人間に先立っており、したがって、人間によって基礎づけられるものではない。このことは、善自身がただ現実そのものによって働いていて、人を引きつけながら内から生かすことができるのに対して、理想の投影のようなものは、「善い」ということによって思念される現実を創り出すことができない、ということからも明らかである。それゆえに、善いもののある一定の実現形式が産出的に企てられるにしても、その形式や可能性は常にすでに意義そのものを、つまり端的に善いものを前提にしている。だが、この意義そのものは、対象化された死せる客体ではありえないので、人間によって考案されたり設定されたりするものではない。善さそのものは、その性格からして自らにおいて成り立っていて、自分から他のすべてを引きつけつつその力を発揮しなければならず、言うなれば、自立した支柱となる主体だからである。

なるほど端的に善いものは、もっぱら有限的に善いものを通して認識される。それはしかし、前提とされる根拠として認識されるがゆえに、この端的に善いものとは、それ自体、人間や他の有限的に善いものからは独立していることが分かるのである。この本質的な自存性に基づいてのみ、端的に善いものが人間的自由の基準と目標になりうる。また、端的に善いものはそれ自体、決してそれより高次の規範に従属することはない。というのも、善さそのものは、自らとは異なる他の何ものによっても基礎づけられないし、測られえないからである。かくして端的に善いものとは、それ自身によってのみ妥当し、他を引きつけるものであることが判明する。したがって、端的に善いものは、その善さを自らによってのみ有しているので、その自存性と包括的な善性ゆえに、絶対的なものと理解されるのである。

二　経験に現れる神

(1)　経験における無制約者への問い

以上述べた思考の道程から、「神」と呼ばれる絶対者が人間を超越しながらも、人間にとって、つまるところ、真の人間性を可能にする人間の自由にとって、根本的であるという理解に至った。だが、この絶対者は人間の自由な決断を可能にする前提である以上、退色した図式のように、いわば、絶対者に基づいて選択された具体的な善きものの背後に隠されている。人間にとって本質的な絶対者との関係は、直接的な意識のうちにはほとんど感じ取れず、推論によって媒介された概念としてようやく明白になり、客観的に把握されうるようになる。推論による絶対者の認識は、人間にとって説得力のある生きた力、動機づけとなる力が欠けているだけでない。そのうえ、たとえ絶対者がどれほど確実で、また避けて通れないものとして解明されたとしても、拠りどころを与える無制約者を探求する人間の問いに対して、第一の根源的な答えになるかどうかは疑わしい。

最終的には、無制約者への問いが一体どこから由来するのか、その問いは果たして、それ自身では遠ざかる地平の働きでしかない絶対者を通じて呼び起こされたものであるのか、あるいはむしろ、絶対者自身に直接対面する経験から生じたものではないか、ということも問われるであろう。というのも、無制約者を問うということにおいて、無制約者は実際にはすでに、たとえ問題にするというだけであっても、無制約者として把握されているからである。

これまでの考察から、絶対者は単に機能的に、つまり自由な選択を可能にする根拠として、またそれゆえ形式的な、つまり人間存在の形式ないし構造に属する不可欠な要素として実証された。だとすれば、絶対者が絶対者自身として、自らに固有な存在によって人間に与えられうるのかという問いが生じてくる。ここから絶対者は、人間の行為の前提としてだけではなく、行為の内容ならびに対象として求められることになる。この場合「行為」「内容」「対象」といった用語は、ここでは広義の類比的な意味で使われ、周囲の世界に志向的・能動的に働きかける行為に限定されることなく、受け取られなければならない。

こうした問いの設定では、絶対者は人間に与えられたものとして、またその限りでは人間とは異なった者として主題的に理解されるため、絶対者が、第一の「超越論的」な段階でのように、人間の側から人間存在の前提として必然的に証明されるということはありえない。厳密に概念的な証明に代わって、その都度の経験において自らを現出させるものを見出しつつ、指し示すような認識の仕方が必要とされてくる。こうした第二の段階においては、経験を解釈することによって、絶対者に近づいていく道が見出されるかどうかを問うことにしたい。

(2) 経験によって生きる人間

最初に、第一の問いからどのようにしてこの第二の問いが生じるか、ということを人間論的に明確にしておこう。すなわち、人間存在にとって本質的構造の分析が、この分析の範囲を超え出て、経験において与えられるものの解釈を要請するかどうかということである。ただの衝動を基準にして環境を受け取るしかない動物とは異なって、人間には世界が全体として開かれている。それは人間が、存在するものすべてをその都度、在るがままに認め、評価できるからである。人間は、存在者全般に対して精神が開かれていることによって、自分の主観的欲求を乗り越え、在るがままの他なるものとの関わりによって自己を形成していく。例えば食への欲求の場合、食料となるものの特性をあらかじめ期待して、先取りしている。そこでは、食料をそれ自体として評価するのではなく、主観的欲求を満足させるための材料として必要としているに過ぎない。それに対して、精神的な期待は、内容的に、ア・プリオリに限定されたり固定されたりはしない。

人間は、自らの本性から導き出すことも、内容的に先取りすることもできないものに対して、その自らの本性ゆえに期待をもつ。こうして人間は、ア・プリオリな図式の中には包含されえず、したがって自分にとって質的に一回限りで、その意味で本質的に新しい、他なるものとの出会いに身をさらすことによって、自分に固有な在り方を実現していく。つまり人間は、本性的にすでに完成した動物とは異なり、本質的に依然と未定で未完の、要するに最終的な完成が自分自身に委ねられ、それを課せられているからこそ、経験的存在なのである。

しかしながら、人間に対して完全な意味で自立した他なるものは、それ自身では一般的な形式の個別的実現に還元されえないもので、その都度、一回限りの特性をもつ他の人格である。人間は他に対して開かれており、経験によって生きる存在者であるからこそ、汝との出会いにおいて自己が完成されるのである。人間の経験は、それ自体のうちに閉鎖した独白的なものではなく、程度はさまざまであれ、根本的に常に対話的であり、間人格的構造を帯びている。

こうして第一段階で示されたように、人間は本質的に絶対者との関係によって成り立ち、そしてさらに、予期しえない他者を経験することによってのみ、つまり他者の固有な存在を望み、求めることにおいてのみ自己を見出すがゆえに、人間は心の奥底では、絶対的なものがそれ自身として顕現することを待望していると言えよう。かくして人間の本質についての考察は、絶対者を意識しながら、人間の具体的な経験を解釈することを要求する。そしてまた、もし絶対者が経験される場合、それは第一に人格と人格の関わりの経験に類似したものとして、とりわけ人間と人間との間の出会いにおいて、同様に啓示されるだろうことが示唆されるのである。

（3） 神経験

ここで人間的経験の限りのない多様性を踏まえ、人間の自己発見のために特に重要と思われる幾つかの経験について、経験において絶対者の現れが自身を告げ知らせているのかという観点から慎重に解釈してみよう。経験はその都度、個別的で多様であり、またその具体的内容によって意義あるものとなるので、一般的で抽象的な概念は、そうした解釈にとって最も不都合な手段である。この解釈の本来の形式はむしろ、各自の観想や理解し合える語らい、あるいは権威ある預言的な言葉を聴くことにあるだろう。ここでは、ほんの数例の経験が示されるだけであり、ごくわずかな概略しか与えられないので、理解されないか誤解を招くおそれがある。そこで、特別な宗教経験からではなく、日常的な世界内の経験から出発することにしよう。

1　当為

人間は、自分が無制約的な「なすべし」という要求に直面していることを知っている。例えば、自分のついた嘘——それが外面的に些細なものであっても——のせいで自分が悪かったと知るときや、束の間の短い人生であっても、何か意味あるもの、永続するものを残そうとする責務を感じるとき、あるいは、自分に助けを求めた隣人に対して責任を免れないと思うときなどである。無制約的で正当な要求の前に自分が立たされているという、このような経験において、一見、閉ざされた見慣れた日常の世界が突き破られる。そして人間は、自分の力を凌駕し自らが手を下せない規範を承認せざるをえないことを、このうえなく切実に思い知るのである。そのとき人間は、外的に制約されているのではなく、まさしく人間の自由そのものにおいて抗うことのできない当為、つまり「なすべし」によって拘束されていることを経験する。この当為を正しいものとして受け入れ、その当為に従うとき、人間は自分の存在が肯定され、どんな制約があろうとも、最終的に人生の意義が保障されたことを知るようになる。

このような当為において、人間は自分が無制約者と直面し、無制約者の前に立たされていることを経験する。それ自身で端的に無制約的なものだけが、人間がここで経験する要求の無制約性と真理とを基礎づけることができるのである。人間は、自分の中の最高の段階である自由そのものにおいて呼びかけられるから、人間自身を呼びかけの起源である無制約者と見なすわけにはいかない。またその際、人間の自由な人格性の核心が、そのような呼びかけによって関わられている以上、その要求の無制約的根源も、自由を欠いた非人格的なものではありえないだろう。

２　存在に対する無限定の肯定

それほど明白ではないが、他に絶対者を暗示するものが、自然に開けてくる限界のない肯定のさまざまな姿のうちに見出されるかもしれない。例えば自然科学の立場に見られるような具体的現実に対する忠実さ、主観的に過ぎない好みや思い込みに抗して公平で誠実であろうとする意志などには、無制約的な肯定がすでに響いているのではないだろうか。人間は、こうした真理を目指す強固でたゆみない意志によって、自分の単なる主観的地平をその都度、新たに乗り越えて行こうとする。あるがままの現実を承認し、それを無条件に「然り」と肯定するとき、世界は、経験的に確認しうる事実と偶然の事実をもっては基礎づけられない、それ以上のものであることを暗示している。むしろ、この肯定のうちには根源的な承認が、それどころか、純粋で根源的な現実性そのものをあるがままに喜びとする態度が生きている。というのも、有限な事実のうちに現れ出る無制約的な現実性だけが、有限な事実に埋没することなく、無制約的で根本的に限界のない肯定を呼び覚ますことができるからである。

3 芸術作品に対する喜び

いくぶん力点が異なるが、すべての有限的なものの根源である無限の存在に対するこの肯定は、芸術作品などに接して得られる喜びの中にも窺われる。こうした喜びは、個物としての作品を超え出て、世界内のあらゆる有用性の領域を突破するものである。作品においては、世界や人生全体が凝縮されて象徴的に表現されるので、この種の喜びは、弱点を持ちながらも、根本的にはなお意義深い世界の美を、限りのない感謝と賛嘆をもって承認しているのではないだろうか。純粋な喜びの中に響いているこの感謝と賛嘆は、世界をその美において流出させる、根源的な善なる存在についての洞察に由来しており、この根源的な存在に作品を捧げる意味を含んでいる。たとえ、そうした意味は、多くの場合ほとんど意識されないにしても。

4　信頼と希望

さらにまた、人間が自分の限界に突き当たり、どんなに努力をしても人生が思いどおりには行かず、深い失意を味わうことがある。そうであっても、絶望することよりも、自分本位の望みを相対化して、信頼と希望をもちながら、見きわめられない未来に向かって自分を賭けていくことのほうが正しいと悟るときがあるだろう。この脱自的な信頼を支えているのは、人生を親しく導く究極的なものの近さと善さに対する潜在的な経験にほかならない。信頼は、自己本位的には成しえず、他なるものから与えられる親切な手を基盤とするからである。こうした場合、人生が自分の労苦の結果によってではなく、見えない超越者から与えられる約束のようなものによって成り立つという理解が可能になる。思いがけないものであってもそれ自体としては確かなものが人間を包み、人生を支え導いてくれる者が経験されて初めて、人間はその中に信頼の根を下ろし、自らが守られてあることを知るに至るのである。

5　愛

無制約者の肯定は、愛において、おそらくその最も純粋な形態をとると言えるだろう。なぜなら人間は、愛するという仕方で肯定しつつ愛のうちに相手と一つになるからである。愛において、人間のあらゆる力が最高度に自発的なものへと発展するのだが、それはひとえに、愛している相手に自分を捧げ、与えるためである。愛をもっている人は、愛している汝に向けて奉仕をしつつ、自分を乗り越えていくことによって自分固有の完成を見出すのである。このような愛の源泉は、愛する人の自分勝手な決断にではなく、まず愛している相手の善さと魅力のうちに根ざしている。

しかし、愛をもっている人が自発的にかつ無条件に、惜しみなく相手に自分を分かち与えることができるのは、その人が根本において、自分が無限で無制約的な美と愛によって引きつけられていることを経験するからである。その場合に、愛されている相手は自らの有限性のゆえに、計らいのない無条件の愛を基礎づけることもできないし、またこの愛を、自分が当然受ける権利をもっているかのように、自己のうちに十全に受けとめることもできない。ここから、汝である相手の中に輝き出ている無制約的な善さと美しさが、愛されているその相手と同一のものではなく、相手に先行し無限に凌駕することが示唆されるのである。

(4) 意義の経験と神との出会い

以上の諸経験がたとえ証明不可能なものであろうとも、そうした経験は、程度と強度に相違こそあれ、決して稀にしか見られないものではない。かかる経験のうちには、確かに非対象な仕方で、世界内の所与の複雑な構造を通じてではあるが、ただそれ自身で、しかもあらゆる概念分析に先立って、世界と人間との無制約的な根拠と究極的な意義の中心が告知されてくる。

その際、このことは基本的に、特別に選定された経験においてのみ起こるわけではない。むしろすべての真正な経験は、純粋に自覚されればされるほど、存在と善さにおいてより明らかに自己を啓示する無制約者の現存に基づいて生きてくる。なぜなら、経験は単純に事実と関わりを持つことによってではなく、むしろ意義の伝達によって生かされるからである。ただし、意義は決して有限的で相対的だけではありえず、無制約者を有限な形態において現存させている。この無制約者が日常的にほとんど意識されないとしたら、それは、無制約者が経験のうちに現れていないからではなく、もともと真の意味での経験がなされていないということだろう。つまり、人間がもっぱら事物との関わりに没頭していて、ただ自分の習慣的な思考と機能的な行動様式の殻の中だけで、生活しているからである。

無制約的で無限のものを経験する仕方は多様であるが、そうした多様な経験のうちにも、信じうる「神」と呼ばれる存在が、それ自身において主題化されてくるという共通点が見出される。ここで無制約者は、人間が世界と関わる可能根拠として単に機能的で形式的な役割を果たすのみではなく、たとえ世界内の諸状況を媒介にしているとは言え、人間を本来の自己に目覚めさせたり、引き戻したり、あるいは自らを人間に譲与するといったさまざまな関係のうちに、それ自身として現れるのである。人間がそれに応える態度は、経験そのものと分かちがたく結びついているが、そこにおいても、無制約者は背景にあって目指されているだけでなく、それ自身においても、またそれ自身のために、肯定されるのである。

(5) 神経験と人間の自己発見

神を経験するこうした生起において、人間は自分自身に固有の在り方を初めて、よりいっそう深く発見するであろう。それまで自立的な主体性と思われていた自己が、絶対的な意義との触れ合いを通じて、無制約者による充実を待ち望み、また希求するものとして意識されてくる。ゆえに、世界内の具体的に善いものの地平を成す無制約的な善との関わり——それは人間にとって不可欠で、この意味では自然なものである——とは、何ものによっても導出されない、歴史における無制約者のその都度の新しい呼びかけと出会うための前提ないし萌芽であるに過ぎない。

かかる呼びかけを受けて、人間存在の無規定で分散した可能態性は、その形態と中心とを獲得する。人間はこうした経験の瞬間に、空虚な時間の単調さから呼び覚まされ、永遠なるものに触れる。移ろうことなく永続するもの、汲み尽くしえぬ充満を経験することは、人間をその真の自己と現実の深みから引き離すあきらめをも打破して、神への探求という見通しえない道を歩む人間に力づけと方向づけを与える。人が思っている以上に広大な現実性に向けて心を開く勇気と、この現実との出会いによって心の奥底まで満たされるであろう希望は、それゆえ、まず人間に自らを与えると同時に約束してくれる無制約者の引きつける力に基づいている。

(6)　神経験の究極的なかたち

人間は、本質的に神によって充足されることに憧れている以上、神を経験することが可能になる。神が人間へと関わる限りにおいて、人間は神によって満たされるので、神経験の根本的で最も深く人間の憧れに応えるかたちとは、神が自らを人間に伝えるということであろう。それゆえ神は、人間的精神の地平の深みとしての機能を超え、愛をもって自らを与える者として人間に希求されるのである。ところが、経験を通して与えられるものは、常に他なるものそれ自身、その存在においてあり、しかも身体をもつ人間にとっては、世界内の具体的な他者である。かくしてあらゆる存在者は、命のない単なる客体と見なされるのでなければ、つまり、その固有な存在において受け入れられる限り、何らかの程度で、無制約的な善いもの、すなわち神の現れや約束の場になりうるのである。しかしながら、神の自己伝達を自らのうちに受容し、自分自身を与えながらそれを分かち合うことのできる具体的な他者は、汝である人間のみである。それゆえ無制約者による充満を希求する人は、自己贈与のうちに神の愛が現存し純粋に輝いているような他者を、待望しつつ探し求めていると言いうるだろう。

三　神の暗闇における人間

(1)　自己譲渡の存在者としての人間

人間は、神によって動かされていることを直接経験するとともに、自己の実存の根源的在り方において態度を決定していく存在者である。人間の世界への自由な関わりは、地平であり究極の目的でもある神との根本的関係から生じるように、人生の歩みにおける人間の自己発見と自己超越は、神との出会いへの希望とその成就に基づく。しかしながら、人間存在の動きは、この神経験という第二段階に至っても落ち着くわけではない。人間は根本において、ただ愛され、そして充足されることのみを希求しているのではない。そのような充足に基づいて自己を使い果たすまでに自己を他に分かち与え、愛することを望むようになる。人間は、単に求めたり享受したりすることにおいてだけでなく、さらに自分自身の働きや自己遂行においても、他者と関わりをもつ。そして、他者を没我的に肯定することで自己の意義を実現しようと努めるのである。人間の心には、いかなる自己中心性よりもいっそう深いところで、愛ゆえに我を棄て、他者のために自己自身を無にして献身しようとする動きが見られる。人間は、まさに自分が満たされていて幸福なときに、謙遜になって自我の狭い限界から脱け出て、自分の心や時間や能力を、自分を超越したもののために——それは家庭や、より重大な仕事、苦しんでいる仲間のために具現化されるかもしれない――尽くしたいという衝動を感じるのである。このように内的充足というものが、自分から進んで貧しさに赴き、奉仕するときに初めて実現されるのだとしたら、苦悩や死もまた、人間存在の本質的可能性を開示するものと考えられるだろう。

(2) 神に対する自己贈与

自分自身を無化していくこの動きは、人間にとって本質的なものである以上、それはまた第一に、神との関わりにおいて実現されるべきであり、そこに由来するべきものである。だとすれば人間は、神の近さによって満たされる具体的な経験をどれほど絶え間なく求めようとも、その中に留まってはいられないだろう。人間は、自らの神経験を世界内的に媒介するものが神の純粋な顕現ではない限り、この媒介物を貫いて、何ものにも覆われていない神の存在そのものに向かっていこうとするだけではない。むしろ、人間が本質的に神によって贈与された存在であることに立ち返るならば、この贈与された存在が神の似姿となり心からの響鳴に化していく範囲で、自分を捨てることも厭わなくなる。その結果、享受することで神に満たされるのではなく、神自身のために、より純粋に神を目指すという意志が起きるのである。人間の自己充足した状態と意識は、充満した神自身の現実性よりも劣っているので、人間は自己の充足感を絶ち、それによって、慣れ親しんだ神のイメージや神経験のパターンから脱け出すことができる。すなわち、可能な限り、自分自身の過去に拘泥することなく、また自己固有の存在と意識に縛られることなく、ひたすら神の存在そのものに沈潜するために、そうした神経験への憧れさえも絶つことができるのである。

このように、反省的に意識され求められた自我を徹底的に放棄することは、自己の存在と意識の中に包み込めない、それ以上に広大な神の現実性ゆえに生じる。それはまた、具体的な神経験において、この神の現実性があらゆる尺度を凌駕するものであることが顕わになったことによる。この段階においては、神の現存を感覚的に享受することは取り去られていき、代わりに、それだけいっそう深く神と結びつくことが可能となる。自己の反省的意識や理解の限界を超え出ることによって、人間は、神に対して自己を保持したり、自分を神経験の基準に据えたりすることをやめるのである。つまり、神についての感覚的表象や合理的概念のみならず、自己と神との出会いにおける固有の実感という響鳴さえも、取り除かれていくのである。

（3）　とらえがたい神による自己の変容

こうして人間は、まさに神自身によって開示された充満する暗闇、言うなれば無、虚空のうちに身を委ねることになる。自分の中にある感覚的なものの光は退けられ、理性に照らした認識は蔭りを見せ、本質的な静謐さと内的な無所有の状態へと入り込む。そして、何も携えずに空の手で、ありのままの無防備な心となって、神の現存にさらされるのである。こうした神の現存は、人間によって把握しきれないというまさにそのことにおいて、人間が捨て去ったいかなる形式や光よりも、いっそう力強いものとして明らかになる。あらゆる理性的把握や感覚的享受にとっては、暗闇や空虚にしか思われないものも、方向性のない虚しい内容なのではなく、この把握しがたいものへの肉迫であり、そうした存在の隠された現存が醸し出す繊細な善さなのである。この場合、なるほど、多くの神経験に伴うような、善きものの輝きで喜びが満ちることはないかもしれない。しかし、それにもかかわらず、ある名づけがたいものによって最も強力に規定され、これに向かって根底から整えられていく。この言表しがたいものを純粋に受け入れるように作り変えられながら、人間は、それによって限りなく満たされていくのである。

かくして、人間のあらゆる意識に先立ってそれを凌駕するものは、人間の程よく整えられた閉鎖的な形式を打破し、自らは形態を持たないものとして、かえって人間を規定する形相になる。自己の内的中心を突破して、存在そのものの中心に迫ることによって、自分だけであるという空しさは和らいでいき、究極の充足と歓喜が生じる。なぜならここで、神の無限性が人間自身のものとなると同時に、人間が神に向かって真正に方向づけられるようになるからである。こうして人間のうちには、内的な落ち着きと静かな力強さが満ちていく。このような状態は、人間が神の不変の把握不可能性に対して、たゆみなく新たに自分を尽くしながら、自己を譲渡していくとともに、神から贈られた愛のうちに自己を手放し、自己に死ぬよう変貌させられることでのみ、その真正さを維持できるのである。

(4) 信仰と愛による神との接触

人間がその固有の把握能力を乗り越えて、神の把握不可能性へと向かって行く動きは、それが神自身の把握しがたい現実に導かれている限り、信仰の根本的動態なのである。というのも、人間は信仰において、自らの本質ゆえの限界である有限な諸基準を超えて、神自身の現実に自分を委ねるからである。このため信仰においては、否定神学――神についてあらゆる有限的言辞を否定することで、神の概念的理解から有限性を遠ざけていく――が積極的に目指そうとしていることが、実地にも生かされることになる。とはいえ、信仰が人間の理解力を超えているのは、第一に、信仰内容が理性的思考を超えているためというよりも、むしろ信仰というものが、徹底して神自身によって直接規定されることでのみ、発展するものだからである。したがって、信仰は人間存在の一つの根本的動態であるとは言え、この動態は、自らを伝達する神の何らかの顕示に基づいて初めて可能となるものである。しかしながら、この根本的動態は、本質的に反省も所有もされえないものを目指しているため、それには暗闇が、最終的に死において完成されるような、人間存在に固有な自己完結的な姿の消滅が付随している。

さて、信仰は本来その始原的原動力としても、目指された究極的形態としても、神それ自身のために自己を神に贈与する愛をもっている。人間は、自分なりの充実では、それが愛による自己贈与によって得られたものでない限り、安らぎに至ることができない。このため進んで信仰の暗闇に立ち入り、そこでこそ他なるものそれ自体の現実性に出会って、満たされうるのである。それゆえ、人間が自分を完成させると同時に、その完成が自分に贈与されていることを知るこの純粋な愛は、ただ信仰から、また信仰においてのみ可能となる。つまり、そのような純粋な愛は、自らは何も所有せず、また自己自身をもはや所有しない、他なるものに対する全き受容性において可能となるのである。この愛は、信仰の暗闇をくぐり抜けるものなので、決まった形態を目指さず、したがって自らある一定の形式へと制限されないまま、純粋に神自身によって規定されている。かくして愛はまた、それが神への無制約的な愛であるがゆえに、またそのような愛である限り、もはや一つの特別な行為だけではなく、実体的で限界のない愛そのものになる。

この愛においてこそ、自己を委ねた人間は神の存在によって限りなく満たされる。つまり、人間が自ら持ちうる何らかの具体的な希望の充溢に比べれば、それを無限に凌駕している神それ自身の光の中で、神との合一が成就される。愛の相互の自己贈与は、存在における統一の最高の段階であるがゆえに、神を愛していることと、神それ自身の存在によって生かされていることとが、ここにおいて初めて一致する。ここで初めて、人間は、自分自身が誰であるか、誰であってよいのかを知るであろう。なぜならば、人間の本質は神の神秘に基づいたその響きや似姿だからである。

第六章　祈りの人間論的構造

一　問題設定

本章では祈りをテーマとするが、ここで言う祈りとは広い意味において、しかしながら、祈りという語が従来もっている一定の慣用的用法に応じた意味で理解する。すなわち、祈願のような特定の祈る行為に限定するのではなく、一般に宗教的意味で「祈り」と呼ばれるすべての行為に共通する意味とその根幹を探求していく。したがって、キリスト教の祈りもキリスト教以外の祈りも、典礼的祈りも公でない祈りも、共同体の祈りも個人の祈りも、定式化された祈りも自由なかたちでの祈りも、言葉による祈りも宗教的黙想のような非言語的祈りも、そのすべてを主題に含んでいる。これらの祈りの諸形態に共通するものとは何か、それらの共通点から祈りの本質はどのように定義されうるのか、前述の祈りの諸種類は祈りの中心とどのような関係にあるのか――これらの問題は論述の過程を通してしか答えられないであろう。そうは言っても、その出発点と問題設定から明確性と厳密性が失われないようにするために、われわれは最初から宗教に固有な意味での祈りに絞って問うことにしよう。自分の良心に対する道徳的反省、芸術家の作品との内なる格闘、わが子のための母親の一途な願いなども、確かに宗教的契機がその背景を成している深い人間的行為であるが、祈りという言葉がまさに宗教的文脈でどう理解されるかという場合には、これらは最初に来ることも中心的に位置づけられることもない。それゆえこうした行為は、本章における考察の出発点にも中心点にもならない。

本章では、祈りが人間論的観点のもとで考察されることになる。その際、われわれは課題を二つの方向に対して限定しよう。第一に、ここでは神学的研究は問題にせず、信仰や啓示も前提にされない。とはいえ、信仰をもって祈りを経験したことのある者のほうが、そのような経験を経ることなく祈りという現象に向かう人よりも、それ自体一般に認識可能な現象の多くを自らの経験に基づいて、より明確に、おそらくはより深く理解できる可能性があるということを否定するわけではない。さらにまた、問いを神学的に設定しないからと言って、恩寵とは無関係な単なる自然的な祈りのみが考察されることを必ずしも意味しない。むしろわれわれは、祈りを一定のしかるべき人間的行為と捉える。そして、祈る人自身には意識されないかもしれないが、祈りの中で神の救済的恵みと聖なる愛がどれほど働いているかを問わないことにする。

したがって、祈りを神学的に考察しないことになるが、だからと言って、経験科学的あるいは宗教学的観点のみに論考を限定するものではない。われわれは祈りを宗教史的、宗教社会学的、宗教現象学的、宗教心理学的、宗教教育学的な仕方では探求しない。これらの考察はいずれも、正しく意義深いものであるが、祈りの本質に達することはできない。確かにそれらは祈る人の自己理解を記述してはいるものの、それを積極的に跡づけ、根拠づけ、場合によっては、規範を与えながら深化させるということができないからである。われわれはむしろ、哲学的人間論に立った問題設定と方法で祈りを追究しよう。祈りというテーマでは、哲学的人間論と宗教哲学とが密接な関係にあるが、それは哲学的人間論がまさに人間自身を糸口にして探求するからである。そこでわれわれの問いは、以下のように表現できるだろう。すなわち、祈りは人間にとって単なる事実的、経験的なものだけではなく、人間の本質に基づきそれに属する行為であるのか。いかなる意味で人間存在の構造に由来しているのか。人間の自己が成長するにあたり、どのような位置と機能を占めているのか。人間存在の根本的実現において、祈りのどのような本質的構造が要求されており、また基礎づけられているのか。さらに、祈りのこの本質的構造は、人間存在の多様な局面に応じてどのように分化するのか。最後に、祈りという行為は、いかにして人間と世界との具体的な出会いに関わるのか。

以上の意味で、祈りを人間論的基礎づけに基づいて考察するとき、祈りとは——単にある特殊な心理学的、社会学的、世界観的、文化的状況ではなく——人間それ自体の本質に根拠づけられた行為であるということを、われわれは前提にはしないにしても、そのように推察したうえで考察を進める。

この推察は、経験的に確かめることのできる次のような事実に裏づけられている。すなわち、およそ知りうる限り、現代も含めてすべての時代のあらゆる民族が、個々に相違はあるものの祈りを行ってきたのであり、しかも自発的に自分たちに固有の祈りの形態を発展させてきた。そして今日でも多くの人間が、たとえいずれの既成宗教を信仰していなくても、根本的には祈る経験を――少なくとも萌芽的な仕方で――もっているという事実である。さらに、祈りは有限な精神に固有な行為である限りでは、つまり動物にも絶対者にも具わっていない限りでは、人間に典型的な行為と言えるだろう。このように、祈りが優れて人間的な行為であるということを推察するならば、人間論的な問題設定は正当であると考えられる。

ところが、祈りというテーマは、人間存在に属する最古で最も広範囲で行われる、そして少なくとも祈る人から見れば人間存在の中心的な行為であるにもかかわらず、古典的人間論でも近代的人間論においても、驚くべきことにほとんど論じられないも同然であった。確かに、例えば祈りの宗教史学的考察がなされてはいるが、その場合でも哲学的・人間論的な背景は省みられないままである。祈りを論じた神学的・霊的著作はおびただしくあるが、たいていの場合、祈りというものがもつ普遍的で人間論的な基盤を看過してしまい、直ちに祈りの歴史的、修徳的、聖書的、超自然的な側面を論じている。それによって根源的に人間的な次元が祈りから排除され、その結果、人間は祈りの中でもはや自分自身を見出すことも、遂行することもないという危険にさらされるのである。こうして祈りが人間の自己理解から閉め出されてしまうとき、人間にとってきわめて非本質的な、外的・表面的な行為になってしまう。祈りを主題とするときに、その範囲から哲学的・人間論的次元を除外することによって、神との人格的関係を、人間にとって二次的で恣意的に過ぎない遂行と見なすことになるだろう。

さて現代、人々は黙想に惹きつけられ、またその実践を求めている。黙想がもつ深い意義への憧れは、祈りを人間の根本的行為として理解することによって、その本来の次元へ高められると考えられる。今日、黙想に与えられた意味づけが広範囲で多彩であるため、その人間論的構造と中心的意味を明らかにし、意識に組み入れることが必要であろう。そうすることで、黙想を実行するにあたって目指すことができる多くの目標を、それぞれの意味に従って識別しつつ整理することができるであろう。そしてこれらの目的に共通してはいるが、ひょっとすると潜在的なかたちでしか理解されていないその意味の諸相を、祈りとの類似関係を通して解明できると思われるのである。というのも、人間的行為として黙想がもつ中心的意味と包括的ダイナミズムは――この推察がここで許されるならば――、人間の根本的行為として理解された祈りと同様に、人間精神の超越に向かう内的開きと自己超越に結実するからである。このようにして、黙想は本質的に、あれこれのものの主観的意識状態を得るための手段に尽きるのではなく、それ自体から、その中心において、祈りとともに超越に向かって深まるのである。このような本質的意味づけを新たに発見できれば、黙想はその活力と深い癒しの力を保ち続けることになろう。単なる人間の意識へと逆戻りしてしまうような、内在的な自己完結と実用的な目標設定とを克服するならば、祈りと共に黙想は、人間の根本的遂行として新たに位置づけられる道を開くことにもなる。

祈りは、人間があらゆる自然的な欲求を離れて包括的な存在とのつながりを求め、この包括的存在からの関わりを通して覚醒されることを基盤にし、自分の存在の根底から超越に直接に向かう行為であると理解されるだろう。このダイナミックな開きにおいて、人間的行為が欲求によって限定された自然的環境の個々の対象を超え出るものであることは、二十世紀初頭の生物学的人間学の行動学でもすでに明白に示されている。また、人間がその存在と自由への志向性において、超越的で包括的な存在と本質的に関わることは、人間存在の現象学的分析や実存論的な解明の一大テーマを成している。さらに、絶対的「汝」との関わり、それに対する心の傾聴と問いかけという人格的行為が、出会いや対話などの対人関係の根本を支えていることは、現代の多くの思想家によって指摘されている。つまるところ、無限に対する受容性と超越への動きとが、あらゆる局面で日々の営みをその最深奥まで貫いて人生に意味を与えているのであり、このことは自発的な経験を通しても確証しうる人間の根本的生に属する。人間にとってこの本質的に超越的な開きが、宗教的用語で「神」と呼ばれるものをその根底において目指していること、そしてこの開きが、純粋で無制約的な仕方で祈りにおいて遂行されることが示されるならば、祈りの意味が根本的かつ中心的な人間的行為として明らかになるだろう。加えて祈りは、人間の行為の中で周辺的な可能性に過ぎないものではなく、人間がその中心において向かう存在の深さに基づいて為される存在の意義の遂行そのものである。しかしながら、人間を癒し完成する祈りのこの力とは、人間存在の超越的な開きという構造が些かでも示されることによって、初めて明らかにされるだろう。

二　人間論的基礎づけ――人間の開き

(1)　開きという事実

人間論は「人間とは何であるか」を問う。人間論が一つの学問であり、対象について問うている以上、この問いは、関係性の欠如した部分的な答えが多数あるのではなく、根本的に一つの答えがあることを前提にしている。またこの問いは――日常的な自己の経験からも自明なことであるが――、人間が根本的に一なるものであり、関連性をもたない個々の部分、諸々の衝動、さまざまな能力などから成る多数性に分解されうるものではないことも前提にしている。人間論的問いに答えるためには、経験から出発しなければならない。つまり、経験の中で人間がどのようなものとして現れるか、自分自身についてどのように経験するかという考察から始めるべきである。しかし経験が示すように、人間は内的・外的感覚と精神の世界の中で、すなわち自然、家族、仕事、人間関係、歴史、文化、無数の学問といった世界の中で、多様な関わりをもって生きている。これらのあらゆる領域が各々に固有の法則性をもち、人間についてめいめい異なる態度を要求する。そうした多様性を縮減することなしに、全領域を貫いて共通する究極的な統一を直接的に把握することは不可能である。人間の究極的統一は、直接的で対象的な経験の中には現れてこないからである。したがって、その都度、前述した観点の一つを探究する個々の学問もまた、人間が本来的に何であるかという問いに包括的に答えることができない。それら諸学は、答えを得るための諸々の観点を与え、対処するべく重要な建築資材を供給することはできるが、人間存在全体を射程の範囲とするような建築計画を欠いているからである。こうした諸学問ないし方法のどれか一つを絶対的かつ排他的に措定して、人間をそこからのみ説明しようと試みるなら、——例えば人間を、生物としては生物学的に、社会の産物としては社会学的に、出来事の現象としては歴史学的に、資質や教育の結果としては心理学的に説明する、と言うように——人間存在の理解は一面的で、根本的に歪んでしまうことを余儀なくされる。

しかし、この否定的見解からしてすでに、人間が単にあれやこれではないがゆえに「ある意味ですべてのものである」（アリストテレス〔Aristoteles 前三八四—三二二年〕）という積極的な答えが暗示されている。人間はすべてのものと関係し、すべてのものを認識しつつ、また望みつつ受け入れることができ、ゆえにすべてのものへと開かれており、かかる全面的な関係を通して固有の存在として規定されているのだから、統一したかたちにおいてはすべてである。つまり人間は、ただ自分自身だけとしては、まだ向かっているすべてのもののうちのいずれかの一つでもないので、充満しておらず、受容しうるという仕方ですべてのものへの可能態である。したがって人間は、すべてのものに向かって開かれている、世界内の存在であると定義できるだろう。だがこれによって、人間を実際に明白に定義して、一義的に捉えているだろうか。あるものが定義される場合には、そのものは「この属性をもち、あの属性はない」「こうではあるが、ああではない」というように限定される。そのものは、限定的な存在の仕方に基づいて確定され、他のものはすべてそこから除外されるので、そのものは明確に把握される。この意味では、日用の実用物などは明白に定義できる。しかしながら、人間がすべてのものに向かって開いている有限的な存在であり、それゆえ何らかの仕方ですべてのものを包含し、何ものをも排除しないとするならば、人間は、他を締め出すような限定的な仕方では定義されえない。定義に入っている「すべてのもの」が汲み尽くしえないからである。人間は、いわば、自分自身からは最終的に定義されえないということによって定義されうる。しかしこれは、「人間とは何であるか」ということを人間は、外から対象的かつ概念的に完全に網羅できるようなかたちでは知りえないのだ、ということを意味している。

　したがって人間は、すべてに向かい、認識しつつまた求めつつ、すべてと合一することができるという限りでは、ある意味ですべてのものである。だが、まさにすべてのものへと開かれているためには、人間は、自分自身からはすべてのもののうちのいずれかのものでもないのである。というのも、人間が世界内の事物の一つと隔たりなく合致しているとするなら、世界内的な事物が相互に併存し、結果的に互いに対して別々であるため、人間がもはや他の事物に対して開かれることはなくなるからである。それゆえ、すべてのものへの開きの根底には、人間の自己という存在がある。人間は、世界全体の構造の中の一要素に過ぎない「彼」であるだけではなく、かけがえのない「われ」として自己を知るのである。それゆえに、すべての世界との関係において、また世界との関係に先立って、人間は何よりもまず自己自身をめぐって配慮する。すなわち、自らに固有の存在と固有の意味とを絶えず問題にする存在なのである。自己という存在のこの中心は、その自己同一性という点では、世界内的な諸要因をどんなに組み合わせてみても、適切に導出されない。しかし、だからと言って世界や他のものに対して、限定的に閉ざされたものとして他のものに向き向き合っているのではなく、他と交わることができるのである。

とはいえ、人間がすべてに対して開かれたまま自己自身として存在しうるのは、個別的なものに対して自己を失ってしまうことがない場合に限られる。それゆえ、仮に人間が疎外されるとするなら、それは自己が対象的で有限的な何ものかに執着してしまい、その限界が無条件に刻みつけられ、自由に自立する代わりにこれらの事物によって束縛され、制約を受けるという点においてである。人間は、個別的なものを超え出て世界全体へ開かれ、この開かれた状態から全体の中で個別的なものを把握する場合にのみ、個別的なものと関わりながらも自己の人間存在としての自由と深さを保ちつつ、それを実現できるのである。黙想はおそらく、全体への開きの只中で、このような平静な自己同一性を訓練し、深めることのできるすぐれた方法の一つと思われる。

(2) 開きの方向性

それでは、開きという態度、換言すれば、積極的に他と関わりながら同時に他から制約されない自由とは、いかにして可能なのか。相互に関係し合う人間と世界とが現実性の究極であるとしたら、世界に対して開きつつ自由であるという関係は考えられない。その場合、人間は事物への開きのうちに自由を失う——事物が究極目標として人間を束縛するから——か、自由を固守するために事物との接触から遠ざかるかのどちらかだろうが、いずれもそうすることで世界に対する開きを失うであろう。人間が自らに固有の、本質に適ったダイナミズムによって世界を超えるならば、ゆえに世界よりも人間存在のダイナミズムのほうが広くて深いとするならば、その場合にのみ、人間は、世界を肯定し、世界と向き合う自由な自己存在でありうるのである。かくして世界は、確かにこのダイナミズムの中に包含されはするが、人間のダイナミズムそのものは、世界の有限的なものに留まるはずのものではない。それは、世界と、人間にとって外的な対象であるものを目指すだけでなく、むしろ、人間と世界とを無条件にかつ比較が不可能なかたちで——人間的自由の条件として——超えると同時に、——世界に対する積極的な関わりの条件として——世界をその根拠と目的として包含する存在を目指さなければならない。今や、人間のダイナミズムがどのようにして日常的に、しかも本質必然的に、個々人の自由な決心に先立って、無限なもの、それによって世界に優位するもの、つまり超越的なものを目指すのかが考察されるべきだろう。

認識に際して人間は、単なる個別的な事物を知覚しているのではない。そうではなく、人間は個別的なものを、常に全体的で限界のない広がりの中で多様な可能性の範囲内で、そして究極的で凌駕不可能な現実性を顧慮しながら目にし、思惟している。認識する対象の背後に、無限なるものが常にすでに気づかれているからこそ、具体的事物それ自体が有限的で限定的なものとして認識されうるのである。人間は反省に先立って、ある無制約的なもの、絶対的なものを尺度としてすでに知っているからこそ、事物を制約された相対的なものとして自発的に認識する。無制約的な真理のこうした背景は、人間が表面的で暫定的な認識では満足せず、真理を求めようとする認識の衝動に駆られて、さらに深く現実性へと突き進み、事物の根本を究明しようとする理由でもある。同様に、この地平の豊饒さは、人間の認識能力が日常的に与えられる対象にとどまることなく、産出的で計画的な想像力を駆使し、新たな可能性を絶えず顕在化させうる源泉なのである。

認識が、存在と真理の無制約的な充満へと間断なく進み越えて行くように、憧憬や自由としての意志もまた、いかなる有限的な現実に対しても制限されてはいない。確かに、意志は具体的な善や価値に引きつけられるが、そうした具体的ないかなるものにも満足せず、それらのうちに、またそれらを超えて、より広く完全に意志を満たしてくれるものを探し求める。人間の意志が、いかなる有限的な善によっても平安を見出さないとすれば、意志は、その根源において希求し、愛するに値する完全なものから引き寄せられていることを示している。さらに意志は、その根本的現実態性あるいは自然本性的な根本的ダイナミズムにおいては、有限的な善によってただ呼び起こされ、活かされているのであり、構成されるものではないということをも示している。意志は、無制約的な善に由来するこの根本的規定性から個々の具体的な善を有限的で相対的なものとして、つまり完全な善には不十分であり必須ではないものとして認めるので、あらゆる有限的な善に対して自由である。意志が無制約的な善に刻印されていることは、倫理的義務を負うという経験からも示される。こうした経験から分かるのは、人間は無制約的な善の要求に自由に従っているときにのみ、自分自身が善くかつ健全であり、また自分自身であるということである。無制約な善は人間にとって単に義務を負うことではなく、人間がそれと一致しようとする限界のない意義の充満であることを意味している。

このように認識と意志から成るダイナミズムにおいて、人間の中心が、世界が提供しうるいかなるものよりも深く広いことが証明される。人間は、世界の中で事物のもとで生きているが、それらと共に自分自身をも計り知れないものへ向かって超え出て行く。パスカル（Blaise Pascal 一六二三—六二年）が言うように、「人間は自分自身を無限に超えて行く存在なのである」。人間と世界との関係はすべて、さしあたり人間自身による自然な努力や、人間存在そのものに基礎づけられてはいるが、人間は自己自身のうちでこそ、無制約的なものによって引きつけられ測られることを知っている。ゆえに人間は、自己また自己の行為をも無制約的な尺度に従って判断し、自己自身から所有しているのではない意義の無制約的な充満を要求する。そうして、自己が無制約的な要請から問われていることを知ることで、この先行する根拠へと自己の存在を超え出て行く。たとえ、日常的にはしばしばこの開きが覆い隠されているとしても、まさに自己自身へ還帰し自己自身の存在に留まることによって、人間は無限に開かれた存在なのであり、またそうした存在になりつつあるのである。人間は、無制約的に真なるものへの憧れゆえに、完全に充満した翳りのない善への希望ゆえに、非の打ちどころのない美への喜びゆえに生きている。人間は、その存在の中心において、孤立した自己主張なのではない。そうではなく、自発的で喜ばしく希望に満ちた絶対的なるものの肯定なのである。

今や、次のことは決定的であろう。心理学的な観察では、人間はさしあたり世界の具体的な善および善だけを求めているように見えたとしても、根本において、世界の諸事物を第一でかつ究極的なものとして受け取っているのではないし、充満していないダイナミズムの残余の部分を使ってのみ、絶対的なものに向かって奮闘しているのでもない。むしろ、無制約的なものと、それに刻印されている存在を志向する力は、自己発見と同じく、世界の諸事物ないし他人との出会いの条件であり基盤なのである。というのも、この力が人間の認識と意志を、その本質において形成し規定するからである。事物は、無制約的なものを背景にしてのみ、それがまさに事実あるがままに現れ人間が求めるものとなりうるので、無制約的なものへの志向は世界との接触よりも以前から、またより中心的に、人間のうちにある。こうして無制約的なものとの関係は、あらゆる多様な経験の核であり、あらゆる生を遂行する基盤であって、またすべての学問の前提でもある。本質的に人間的な活動のすべてが、無制約的なものへと向かうこの力に基づいてのみ可能であるのだから、人間は、無制約的なものへと向かう開かれた関係によってのみ、自分自身なのである。すなわち人間は、自らに内在する本質的な虚無を、無制約的なものに対する純粋な関わりの開かれた場として保ち、また、この関わりをその根源的な意味に従って実現する限りにおいて、自らの存在において無制約的なものの像であり、またその現存なのであり、さらには、それへと形成されていくのである。

(3) 開きの本来的性質

それでは、人間の超越に向かうダイナミズムはいかなる特質と構造をもっているのだろうか。それは本来的に何を希求しているのであろうか。人間は一であり、それゆえ人間の自己超越も一であるように、自己超越のダイナミズムは、個々においては多様なあらゆる広がりをもつにもかかわらず、根本的にはただ一つの目標のみをもちうる。ここでいささか単純化してみると、開きないし他なるものへの志向は二つのタイプに区別されよう。一つは、他なるものを我がものとしようとするような、他への向かい方である。自己の存在を確保し高めるために、他者を対象物である「それ」として所有し、占有しようとすることである。そしてもう一つは、他者を他者そのものとして承認する開きである。

他者を所有するのではなく、他者の傍らに他者のためにいようとし、その人と一つになろうとするような、他への向かい方である。その際、他者は意のままにすることはできず、あくまでもその人自身である。その人は決して単なる対象と化することなく、その人なりの私秘性と自立性を堅持する。この志向性において人間は、他者を自己のうちに取り込んだり自己に引き戻したりするのではなく、他者を他者自身のために肯定し、自己を他者に与えると同時に、他者が自らを与えるままに他者を受け入れるのである。開きの第一の型が、特に物質的対象を目指しているのに対し、第二の型は、それ自体のうちに意義の中心をもち、愛と信頼のうちにより自由な交換を可能にする、人格としての「汝」を志向している。

このような開きの二つの在り方、すなわち所有の傾向と人格的出会いの傾向とが、今や人間の心の開きと超越において結びつく。だが、他者自身のゆえに他者自身を承認する傾向のほうが、換言すれば人格的な自己贈与の傾向のほうが、他者を自己のために所有しようとする傾向よりも、人間にとってはより根本的で中心的である。トマス・アクィナス（Thomas Aquinas 一二二四／二五―七四年）が言うように、人間は愛されることよりも愛することのほうをより深く求めている。人間は事実、根本において、他者を自分の有限な狭さに引き込むことよりも、在るがままの他者に参与することによって自分自身の狭さから解き放たれることを望んでいるからである。人間は、自らの無制約的な開きにおいて、それが自分にとって有益であるからという理由で真理を探究するのではなく、まさに、真理そのものが自分と自分の行為において現れ出るようになるために探究するのである。人間が善を愛するのは、単に自己の満足のためではない。善がそれ自体として善く、愛するに値するからである。また人間が現実を喜ぶのは、単に現実が自分の生を安定したものにするからではなく、現実がそれ自体において美しく、意義に満ちているからにほかならない。人間自身は有限であり、無限なものそれ自体を有限なものの中で十分に捉えきることはできない。このため、無限なものを自分の有限性の一部分にしてしまうことなく、それをそれ自身のためにそれ自身として受け入れる――これが愛の本質である――ときに初めて、人間は無限なものをそれ自体として肯定することができるのである。

したがって、無限なものへの人間の開きとは、人間が自己を高めることを意味するにとどまらず、実に真の自己超越である。同時にその開きが、その固有の意義に従って、何らかの人格的なものを探し求めていることが明らかになるが、それは、ただ人格だけが自己のうちで無制約的な意義を実現し、それ自体としてそれ自体のために肯定され、愛されうるからである。ゆえに人間の開きとは、究極的に、宗教で「神」と呼ばれている人格的な無限なる神秘への開きと見なしてよい。人間の心は、胸中を打ち明け、愛することができ、そこにおいて平安を得られる神の限界のない充溢を追い求める。神へのかかる自己超越においてのみ――その際、神の概念が欠けていようとも――、人間は完成するのである。

事実、神へのこの志向性は、先に示されたように、人間の世界への開きのための背景であり条件である。しかしながら、それが意義をもつのはあくまでも、人間が世界と出会うのを可能にすることに尽きるのではなく、神をそれ自身において目指すことにある。神との関わりは、ただ世界との出会いのためにあるだけではなく、神を神それ自体のゆえに肯定し、したがって神をこの肯定の内容と主題にしようとする。さもなければ、人間のこの力は有限的な世界を目指すに過ぎず、それゆえ無限に開かれることはないだろうからである。

このように、神が人間の自己超越の本来の目的であり主題であるとしても、それは神を世界内の事物を目指すように、あるいは擬人化して同じ人間である汝に向かうように、また概念や表象としての神を、つまり対象としての神を目指すことを意味しているのではない。対象性はもちろん根源的には、そこにおいて悟性が感覚与件を一つの物や客観へと形成する形式である。したがって人格的関係や相互人格的関係は、必ずしも対象的形式において遂行されるわけではない。確かに、相対することのうちに他方の独立が具体的に現れる以上、こうした対向的関係に対象的な形式を与えることによって、相互人格的関係を自分に対して知覚化する傾向が生じる。対向的形式の役割は、関係がそこへと向けられる他のものの独立を守ることだからである。だが、人格的関係あるいは相互人格的関係がより本質的で、より内的なものになればなるほどに、それは感覚的で対象的な形式において実現される重要性と必然性を失っていく。それゆえ、他なるものが対象的な把握可能性や範疇的な直観性といった一定の仕方で現存しているのではないとしても、それが人間に対して現存し主題的に与えられることは可能なのである。

このことは、他なるものを自分に対して現存させることになる人間特有の意識活動の構造を省みても明らかである。人間の認識作用は、単に感覚に与えられたものに由来する対象的・事象的な内容の分析や構成だけに存するのではない。認識作用の深みにおいては、対象化に先立つ受容、すなわち、顕わになる存在を端的に迎え入れ、直視し、感受し、傾聴することのうちにもある。それと同じように、意志と自由は、対象を選択して形成する能力に尽きるものではない。それは第一に、人間の自己規定と自己選択の能力――近代はそう考えたが――なのでさえなく、根本的に、信頼と愛のうちにある汝との対話的な出会いの能力である。最終的に、人間の心の深みは贈与しつつ受容しながら、概念や表象によっては把握されえないものと存在的に一つになることを目指している。それゆえ、人間が神あるいは神の現存の仕方を対象的に解釈するとき、人間の神への希求は希薄になり歪んだものとなる。

このように人間の内的構造として、また世界とのあらゆる出会いの本来的な原動力として暗示されるものは、たいていは日常生活が要求するさまざまな事柄の陰に隠れており、日々の忙しさの中では非本来的にしか果たされない。だが、まさにそれゆえに、人間のこの真ん中を直接的かつ中心的にそれ自体として遂行すること、つまり単なる世界の背景や可能根拠として神に向かうのではなく、そのものとしての神自身に向かうことが、十全な人間存在にとって不可欠な課題ではないかという問いが生起するのである。

三　祈りの人間学——神に向かう開きの遂行としての祈り

(1) 自由の自己開示としての祈り

以上の考察により、祈りとは何であるかを理解する入口のすぐ近くに辿り着いた。すなわち、人間が世界内的存在でありながらも無限へと自分を超え出る存在であるならば、祈りとは、そこにおいて人間が、人間自身のこうした無限への自己超越そのものにおいて自らを現し、人間を引きつけるあの存在、すなわち神自身に対して直接に自己を開く自由な行為と定義できるだろう。われわれはこの定義をより詳しく考察することにしよう。

1 自由な行為

第一に、祈りでは自由な行為が問題となる。確かに人間は、すでに不可避的かつ不断に自然本性的に超越しているが、この力はまさに人間の本質に属するがゆえに、まずこれを自分のものとするため、人格的に受け入れ、またそうすることでより十全に人間的にならなければならない。人間は動物とは異なり、本人の人生が前もって大まかにすべて仕上げられているわけではないし、事後の出来事によって外部のみからの影響で作り上げられる存在ではない。むしろ人間には、その本性によって自由な実現の可能性が開かれている。個々の人間が——つまり人格として——事実、何者であるかということが、まさに自分自身をそれに向けて、自由をもって実現しているものであり、自由において出来上がったものである。それゆえ、自然本性的な人間存在はその意味を、とりわけ自由を基盤にし、また道標にしていることにある。したがって、人間存在は自由によって受け入れられ、完成されることを要求する。超越へ向かう単なる自然的な動きは、いまだ前人格的で曖昧で不完全である。この超越的運動は、純粋な真、善、美を目指してはいるが、しかしながら、これらを人格的に、つまり人間の自由な活動として実現するわけではない。同時にそれはまず、真、善、美にただ一般的に触れ、遠くから、なるほど最終的には人格的な神を思念するが、神をまだ明白に認識することはない。こうしてこの本質的なダイナミズムはまさに、捉えがたい包括的神秘と関わり合うような要求である。つまり、この神秘をただ考察するにとどまらず、神秘へと直接的に自己自身を開き、神秘との接触に踏み出すように促すのである。これこそが祈りにおいて生起することである。このように、祈りは人間存在の中心で目指されているがゆえに、同時に自由な行為でもある。それは世界内的な確証を断念し、自己を知られざる神の自由に任せるという勇気ある決断を要求する。かくして、祈りにおいて人間は、自らの自然的な内部を自由に、あらゆる意義の無条件的かつ人格的な起源に関わらせ、それに向かって自己を形づくるとともに、それによって自己が形づくられるに任せるのである。ゆえに、祈りには人間を人格化する、すなわち人格性を最高度に発展させる力が具わっていると言えよう。

今や人間の自由は、その対象を恣意的に取り替えようとするような戯れの脈絡のない意欲なのではなく、自己とその全未来を意義深く確立することを求めている。そこで祈りの中でも、神にいっそう深く歩み入り、自己を永久にかつ決定的に神と結びつけようとする傾向が生きてくる。自由の自己束縛としての祈りのこうした傾向のうちには、祈りと自己奉献の結節点が存在しており、それは神への献身として現れる。

祈りが自由の中心的行為、つまり、究極的なものや無制約的なものへの愛に満ちた開きであるならば、自由がその諸力を内部に向かって、すなわち、そこにおいて思惟、意志、愛が相互に浸透し合うような人間存在の中心へと集中する度合いに応じてのみ、祈りは成し遂げられるだろう。ゆえに祈りは、人間が外界の刺激に自己忘却したり、一時的なものに執着したりすることから自己を浄化し、何よりも内的に自由になることを人間論的に前提している。

祈りへ向かう自由の力は、人間が自己の中心において自由であり集中する程度に応じて成長する。真の祈りは、他の人間的な活動よりもはるかに自己の内に心を整えて安らい、自己の中心に留まることを要求する。人間が祈りにおいて、単に自己自身に立ち返るだけではなく、自己自身を通して本来的な根拠へと、すなわち神へと向き直るならば、より深く自己へと徹底し、またより自由に自己自身から出て行くことができる。したがって、内的な自己から疎遠になっている者にとっては、祈りは遠いものである。

2　自由の開き

祈りは自由の行為である。しかしながら、人間が祈る決意をする（ent-schließen）とき、この自由は何を行うのか。この決意は文字通りに、また最高の意味で「自己を（sich）閉ざす（schließen）ことから離脱（ent-）する」、すなわち自由そのものの自己開示であり、自己の閉鎖性からの脱出である。近代哲学は、自由を人格性の原理として明らかにしたが、多くの場合、それは閉鎖的で非対話的な自由と理解された。これに対して、祈りにおいて自由は、その自己の存在の頂点で自らをつかんだうえで、自己中心性と自己自身をめぐる不安に満ちたわずらいを手放すことで、自己が神に流れ入り、まさにそのような自由として留まり続けるのである。自由のこうした自己開示がとりわけ意味するのは、人間は、心の根源的自発性がほとばしるまでに、自己保存と自己防御の垣根を打ち砕くということである。

3　神への開き

祈るときの自由は、いったいどこへ開かれているのかという問いは、単に「神」という言葉によって答えられうるものではない。むしろ、人間が祈ることができるようになるために、この「神」という言葉が意味するものが、各自の内的経験から何らかの仕方で理解されなければならない。そこで第一に、端的にかつ慎重に、次のように言うことができるであろう。人間は祈りのうちで、すなわち自己超越という無条件的な開きにおいて、この自己超越を全的に満たし、目的であり、中身として現存し、また自らを現すものへと開かれており、それに関係しているのだ、と。

超越への運動は空虚の中に自らを失うのではなく、そこにおいて安らぐ静止点が見出されるような、無条件的に要求し充満する何ものかによって引き寄せられている。そこにおいて神が輝くこの何ものかへと祈りは向かう。しかも、根本的にただ神自身のために。祈りは、もっぱら神とのこの実在的接触のみから、完全な溢れんばかりの意味を自らのうちにもつ。したがって、祈りは総じて現実の究極的なものに関係するがゆえに、死と同じく厳粛なものであると同時に、遊戯や祝祭のように自由で、解き放たれた無目的な行為である。祈りを神自身とのこうした関係の外部に存する何らかの目的や有用性から基礎づけようとするならば、例えば、祈りそのものが人格的成長に資し、隣人への倫理的応答や開きを促すような有益性からでも生じるとするならば、人間は祈りを取り違えてしまうだろう。つまるところ、祈りの重心は、祈りそのもののうちにある。より精確に述べるなら、神との関係すなわち人間と神との中間地帯にあり、そこでは、祈りが深くなればなるほどますます神自身のほうへと移行する。祈りにおいて神自身の善、光、招き、その喜びに満ちた約束が中心点になるにつれて、反省的な観察そのものが祈りと両立しなくなる。不安あるいは好奇心による自己反省がなされるならば、人間は神との関係を失い、自分自身へと後戻りしてしまう。それゆえに、人は祈りにおいて、ただ神の概念や表象だけを放棄したというにとどまらず、何よりもまず自分自身についての考えや表象をも、それらが前概念的な反省や自己確証の形式においてであっても、つまり、自分が熱望している自己享受や自己確認を目指すものである限り、同時に根本的に放棄したのである。

人間は祈りにおいて、自分自身へと集中しないばかりか、自己超越化という行為さえ主題化しない。むしろその人は、そこから祈りにおける自発的な肯定と、自らが惹かれる存在と、超越することが起因するものに関わろうとしているのであり、そうした行為の起源と目的に向かっている。かくして祈りでは、神自身に、すなわち自らをますます根源および中心たらしめる神としての神へと関わることが肝要である。実際に神としての神に達して初めて、人間は固有の意味で人間として実存する。するとき、神が直接に神として触れられるならば、神は——広い意味で——愛するに値する汝、人格的汝として、人間の自己忘我的な献身に対して自らを現す。その際、この人格性は、神を擬人化する誤解を避けるために、まずもって人間が人格的存在として、自分自身をまったく完全に、それとの徹底した交わりと接触に入ることができるような特質として理解されよう。

祈りでは、常に何らかの程度で神の人格性が経験され肯定されるとしても、いまだ人格の概念や表象も、また「汝」としての呼びかけも欠けていることがある。祈りにおいては、神の人格性の概念どころか、その人格性への信仰すらもその中心を成しておらず、神自身の現実が探されている。神に関する知識や神の概念的信仰は、助けや手段となるものの、祈りの中で本来的に思念されたものではない。そこで信仰そのものの本質は、教説や概念的な内容が対象であるのではなく、概念的内容を貫いて事象そのもの、つまり神の実在性を志向するのであり、神のこの実在性に向かっては、単なる概念思考としては自らを無内容なものとして無化するということにある。祈りは、構造上は信仰の遂行であり、ゆえに、祈りと信仰が表象と思惟に媒介されて行われるにしても、その最奥の中核、すなわち神自身が触れられる場では、必然的に像も概念も含まれないものなのである。

(2) 祈りの構造

それでは、人間がいま示されたような意味で祈ろうとするとき、何が生じているのであろうか。祈りの方向と構造はいかなるものであるのか。ここでは祈りについての理解を、詳細に学として展開することはできない。それは特に、祈りという出来事が神の自由と人間の自由との出会いであり、自然法則的な規則性に従う反復的経過などではないからである。したがって、祈りにはそもそも、人間が自力で習得することができるようないかなる方法も技術も存在しない。このような祈りの技術が、祈りを妨げる要因を遮断することや祈りを準備する指図以上のものであろうと欲するなら、必然的に独白的となる。そしてそれにより、そこから真の祈りの関係が生じてくるところの意のままにならない超越という他者を、表象可能な対象物で代用してしまうことになりかねない。したがって、以下では、若干の単純で一般的な根本的特徴のみが列挙されるに留まる。

1 受容性

人間は、自らの力で神への関係を気まぐれに構築することはできない。なぜなら人間は、祈りの中では有限的で使っていただくものとして、無制約的で使ってくださる存在に関わっており、この関係は本質的に神の自由に依拠しているからである。神自身が人間に向かって自らを開き、人間に内的に触れるときに、そしてその間だけ、人間は祈りつつ神に達することができる。それゆえ、祈りの端緒であり祈りを持続させる土台となるのは、神自身を人間に対して顕わにし、また自らへと方向づけようとする神の自由なイニシアチブである。人間の側からできるのは、受容する態度を神のイニシアチブに一致させることである。つまり、人間が祈りの中で自らを神に開くとき、最初に生じているのは、人間自身から積極的に神に対して態度を決めることではなく、何よりもまず無条件的に神の影響を受容することである。かくして内的な導きに向き合う開かれた誠実さと、どのようなものであるにせよ、神と神の意志に自ら進んで従うことは、祈りの本質的な根本態度である。

このような受容性において何が生じうるかを示唆することは、可能だろうか。人間が自己の閉鎖的な我意を放棄し、神に自己を明け渡すとき、当初は内的空虚さや自己の不安定さを前にして不安に襲われるかもしれない。この荒野に留まるのをやめ、具体的な仕事、活動、想念に逃げ帰ろうとする傾向も起こりうる。しかし、この空虚と孤独を徹底するがゆえに自己自身からだけ生じる満足をいっそう徹底的に放棄する人だけが、神と深く出会うことになろう。すなわち、人間が祈りの静けさへと分け入り、未知なるものへと自らを開くならば、神は神自身として、把握しがたく峻厳ではあるが、慈愛深く親密な神秘として現れ始める。神と人間との間に、あるつながりが紡ぎ始められる。人間の孤独や孤立は背後に退き、かき消え、次第に充溢に道を譲る。こうして神自身の実在が現存してくるとき、人間は――せいぜい回想の中で可能であるような、反省的な仕方ではなく――自分が現実の真ん中に触れていることが分かる。そこでは時間は退き、人間は持続する永遠の現存を、多少なりとも心のうちで予感できるようになるだろう。その場合、神の現存の意識は、この現存を自らに信じ込ませる自分勝手な意志から生じるのではなく、現に受け入れられ、感じ、触れられるものである。

こうした受容性は、具体的にさまざまなかたちで遂行される。人間は、自分が知られ、見抜かれていることが分かり、逃れることのできないこの眼差しに進んで身を委ねる。あるいは自分が語りかけられ、要求され、呼ばれており、狩人に狙われた獲物のように避けがたく立ち向かわされているのを理解し、絶対的でしかも救いをもたらすこの働きかけに自分を任せる。こうして人間は、自分が内的に刻印され新たにされ、造り変えられることを経験することがあり、喜んでますます深く、神のこの働きに無条件的に自分を開くことができる。神からの関わりは、単に自分が引き寄せられていることとしても経験される。人間は、自分がこの促しに従うべきであること、それが無条件的に真であり正しいことは分かっている。しかし、いったい誰がそこで引き寄せているのか、また自分がどこへ行くのかは分からない。一方、受容は、内的に清められ、透明にされ、いかなる一時的なものによっても奪われることのない経験において明らかになる。つまり受容は、どんなに痛みを伴っても、人間を自由にするとともに重荷を軽くする。あるいは人間は、自分のあらゆる運命の中で、具体的な意義を十分に見抜くことができないとしても、善意ある配慮に満ちた御手によって導かれていることが分かる。

さらに、握りしめていた自己を解きほぐし、手放して、一なる包括者の暖かさと確かさに包み込まれ守られているという、善意に満ちた申し出を経験することがありうる。深遠な経験において人間は、幸いに満ちた神の力と充満が自己へ流れ込むに任せるが、そのとき人間は、この実在的で自分の中にいくばくか貯え入れた充溢を、長い間にわたって糧としうるであろうことが分かるのである。

受容する心構えが整っていけば、黙想的な行為の核心は生き生きとしたものになるだろう。これは、人間が無力になり、対象に対して低くされるような単なる受動性とは根本的に異なる。それは人間の最高の活動性を要求する。心構え、自己犠牲、注意深さ、肯定的な自己開示、受容し身につける態度、自己との合致、同意が求められる。それは、無条件的な「はい、お願いします」「私はここにおります」「どうぞ」という積極的応答であり、そこではどんな頑なな我意もほぐれ、溶け去る。

受容性のもつ顕著な意義は、神自身のこの働きによって、人間が反省的で自主的な決断によっては絶対に直接的に到達することのできない深みから、現実に新たにされるという点にある。神のこの働きは、神が自らを啓示し告げ知らせるものであるので、祈りの受容性の中で神の救済が人間に届くのである。

2　自発性　祈りは、受容性を土台にして、生き生きした自発性と神への能動的な関わりへと進展する。もし人間が、神は単に彼方にいる存在に過ぎず、せいぜい世界に働きかけるだけで、世界との生きた交わりに入りえない自己閉鎖的な絶対者として思い浮かべるならば、祈りのかかる能動性は不可解なままであり、魔術や自己催眠として片づけられるに違いないだろう。けれども現実の日常的な祈りの経験は、比類ない仕方で真正の贈与と受容、つまり一つの人格的交流の可能性を示している。その際、人間の能動性は根本にある受容性に完全に組み込まれている。それゆえ人間の能動性は、固有の存在によっても神の呼びかけによっても支えられていない単なる我意によって、外側から神に働きかけるわけではないし、また神の側において存在的受容性を前提とするのでもない。祈りの能動性は、全面的に神の側が人間の祈りを受け取るという次元で展開するが、それは神が愛を差し出す自由をもって自らを開いたものである。だがそれにもかかわらず、祈りの能動性は、人間固有の自由な行為である。人間自身が全身全霊で、とりわけ心情の自由と愛とをもって祈るからである。

ゆえに祈りは、対話であり、遊戯であり、神と人間との自由なる出会いである。人間があらゆる次元と経験、危機と希望をもって自分の全存在を神との交流に入れば入るほど、この出会いは、より真実にまたより真正なものとなる。かくして人間は、祈りにおいて自らの実存を余すところなく、具体的に言い表す。そこから祈りの多様な内的・外的形態が理解されるべきであり、そこでは、その都度の人間存在の一側面が祈りの具体的な萌芽や表現となっている。例えば、感謝、罪の告白、懇願、賛美といった内的形態、あるいは姿勢、礼拝の形式や用具といった外的形態である。その際、人間存在の外的次元は神へと向かう内的力動性に引き入れられ、反対に、神への内的動きは人間の身体性や世界内性にまで明瞭に現れる。ゆえに祈りは、人間が内的中心からあらゆる次元において自己自身を遂行し、そこにおいて全人的統一を獲得する中心的行為なのである。

　さて、祈りにおける受容性と能動性の関係をさらに解明する必要がある。すでにここまで、受容と能動の両側面が相互に前提となり、かつ互いを促進しているということが示された。一方で、人格的な受容の心構えは、即物的な受動性ではなく他者のために自己を能動的に開く。他方、神からの関わりを受容することで、そこから再びより深く、より中心的な独自の活動が生じる。その際の能動性とは、すでに終息した受動性の後で、それと切り離された独立した段階として出てくるのではない。むしろ、受け取られる神の呼びかけは、人間の能動的な応答において初めて十分に届き、また能動的な従順において初めて十全に知覚されるのである。そこには、能動的応答が人間のきわめて自由な行為でありながら、根本においては、ひとえに神の働きかけの結果として生じたものであることがすでに示されている。自己を神による決定へ委ねることで、神の偉大な事実性に対して自己を深く放棄し譲渡する態度が整えられる。このように、従順と愛をもって自己を神に引き渡す段になって初めて、受容的・黙想的に過ぎない行為に付随する曖昧さが克服されるのである。すなわち、無制約的な神そのものを探求し神自身からの充満を期待するのか、それとも、原型たるものへの自己放棄という暗夜を経て、留保なしに向こう側へと渡り原型たる神自身に受け入れられるに任せる代わりに、独自に行為を遂行することがもたらす満足だけを得ようとして、結果的に単なる像に過ぎないもののもとに立ち止まったままでいるのか、という問題である。

こうしてみると人間の受容性、あるいはむしろ人間に呼びかけ力づける神のイニシアチブが、祈りの第一の源泉であり恒常的な場である。神がすでにあらかじめ人間に関わり、引き寄せてくださっているがゆえに――おおよそそれだけの理由により――、人間は自己自身を超え出て神のほうへと自己を解き放つことができるのである。すなわち、このように引き寄せられることにおいて自己を超越するとき、人間は自己を失うのではなく、初めて完全に自分自身になることを経験する。と同時に、この引き寄せられることにおいて、自己超越のための指標だけでなく、必要な力と勇気を受け取るのである。

しかしながら、人間の心を動かす神の呼びかけは、ただ外から人間にやって来るのではなく――おそらくは外的な言葉や出来事の媒介によるにしても――、その人の根底と内奥から内的に彼に語りかける。確かに、人間の全存在は、根本的に神によって常に根拠づけられている以上、そのように呼びかけられる存在である。それゆえ受容性は、この呼びかけを内部から受け取ろうとする努力に向かって深まっていくだろう。そのとき受け取ることが内部に向かって、また内部から遂行されるにつれて、それは自ら人間の自発性となるわけだが、それは超越によって支えられ、かつ満たされながら、今一度、超越を目指すことになる。したがって、人間の祈りの中でなされる応答とは、よそよそしい外的なものに向けられるのではなく、むしろ自己を超えて内へと向かって、内を超え出る自己超越である。

全人的な祈りにおいて人間は、自分の全存在を、受け入れられ関わられつつ、根源であり目標である神へと還帰するのである。

3 合一

受容性と能動性との交互作用が完全に平衡状態に至ったとき、つまり、人間が神の働きかけを遍く迎え入れ、これに進んで応え、そしてこの応答が神によって完全に受け入れられたとき、受容性と能動性という両側面が一つのものとなる。祈りの運動性と関係志向性は安らぎ、神と人間が一つに結びつき、互いに合致し、愛に満ちた相互浸透へと移っていく。神の超越性と神への関わりという両者の区別を失くすことなく、にもかかわらず、神の内在、つまり神との贈与された合一が前面に出て、それが中心的に現れる。この合一は、第一に、認識や意志による行為ではなく、人間存在の中心と最奥との統一として心情による行為である。この段階では、祈りは対話というよりも、むしろ神のもとに・神と共に・神のうちにある存在としての性格を帯びるようになる。もはや「われ」の能動的な自由が祈るのではなく、「それ」――自らを自由に開くことができるが、自由に制御することが不可能な人間の深淵――が、人間の中で祈っている。そこでは、人間がただ単純に静謐になって、信頼して安らぎ守られているような、自己の流出と神の流入がある。神自身の律動の中へ、神の喜び、神の愛の中に入って行き、神と一つのものに変容する。

人間が、神によって贈与されたこのような状態で再び自己へと還帰するとき、確かに贈与された状態が自らの中で再び単なる像や感情の反作用へと化してしまいがちであるが、人間は、こうした感情のうちで満足しようとする望みをも断念して、自身に与えられる充満のためではなく、神自身のゆえにより純粋に神に向かおうとする。そこで人間が、充満の意識やこのような経験に対する憧憬さえも放棄するのは、できるだけ自分自身の内面にとらわれることなく、また自己の存在と意識によって拘束されることなく、もっぱら神の存在そのものへとひたすらに沈潜するためなのである。こうして自己意識と理性の限界を超え出ようとするならば、人間は自己自身を、もはや再び確証する必要はなく、神との出会いの間接的な尺度としてさえも断念する。したがって人間は、感覚的な対象化や合理的・反省的な仕方での自己確認を捨て去るのみならず、自分自身における神の感受や享受によって得た神との関係がもたらす意識内の残響さえも脱ぎ捨てるのである。

このようにすることで人間は、充満しつつも神自身によって開かれている暗闇、言い換えれば像の喪失と空無に身を委ねる。彼は自らの中で感覚的なものの光を消し、反省的合理性による自我の鏡を曇らせたまま、本質的な静けさと内的な無所有のうちへと分け入る。それは、空の手と無防備な心をもって現存する神の現実そのものに、身をさらすためである。神のかかる現実は、その捉えがたい現存において、自己が断念したいかなる様態や光よりも、はるかに強いものとして顕わになる。したがって、理解と享受を求める意志にとっては暗闇や空虚に過ぎないものでも、それは方向性のない茫漠たる神と人間との境界の無さなどではない。そうではなく、把握しきれないものへと向かう直接性であり、人間を優しく包み込む存在自体の現存なのである。なるほど人間は、この現存の中で善なるものの輝きに力強く照らされるわけでも、至福に満たされるわけでもない。だが人間は、この名も無きものによって内的にまた最も強く規定され、そのものに対する純粋な受容能力に変容されるとともに、それによって無制約的に充足されるのである。ゆえに、人間の意識の諸形態によって示される予想を尽く超え出るもの、したがって人間存在の予定調和的な自己完結とその閉鎖的な形態を打破するものとは、それが無形態であることによってあたかも人間の形相のようになる。祈りが現実そのものの中心を目指し、自己自身の中心を突破するとき、究極的な充満さと声なき歓び、そして純粋な愛が姿を現すのである。というのも、ここで神の無限性が人間自身の無限性となるからである。このような合一がその正当性を保持しうるのは、絶えず永続する神の捉えがたさに仕え、愛するという自己放棄において、新たに自己自身を手放すと同時に、自己譲渡という死を、神から贈与された愛へと高め変容する場合のみである。

かかる祈りがその最高の形態において「神秘的」と呼ばれるとしても、各々の真率な祈りには、その最も深い根底で最初から萌芽的に現存しているものであり、決して単なる特別な賜物や恩寵なのではない。祈りのこの深みの中に、宗教的生がその力と濃やかさと真正な道への直観的な確信を汲みうる源泉があるのである。

四　祈りと世界への関わり

祈りの人間論的構造をめぐるわれわれの考察は、現実の世界とはもはや関わりのない崇高な内面性へと登攀し過ぎてしまったのであろうか。いかにして、祈りの神に対する関係と、世界や社会に対する応答が互いに並存するのであろうか。最後にこの問いに対する答えに至りうる手がかりを、不十分ではあるが概略で示したい。

(1)　現実に対する誠実さ

祈りは、外から見ると現実世界を無視しているかのように見えるとしても、宗教現象学が示すように、祈る人は祈りのうちで現実と最高度に関わっていることを経験している。いやそれどころか、祈りを通して完全に現実の構造と対応し、まったく現実そのものの中心に根づいていることを経験するのである。この驚くべき意識の根拠は、どこにあるのだろうか。

祈りにおいて人間は、自らの存在を神に向かって遂行する。神は、人間にとって源泉――人間の存在そのものを呼び起こす神の呼びかけの――であり、目標――祈りを捧げる自発性の――であり、中心――心の合一における――である。人間が、そのように自由で愛に満ちた祈りの志向性において遂行するものとは、まさに、有限的で世界内的な現実そのものの存在論的構造に完全に対応している。事実、絶対的存在ないし神は、超越的な源泉であり、意義の源、つまり目的であると同時に、内在的な中心、つまりあらゆる有限的なものを支える支柱なのである。それゆえ有限的な現実は、それ自身のうちに、源泉であり目的であり中心である神へと向かい、神を指し示す。

だが、あらゆる有限的な現実性の本質のうちで実際に目指されているものは、非精神的・質料的な事物によって明確に遂行されることはない。というのも、有限的存在は精神において初めて、直接的かつ無制約的に神へと開かれるからである。人間自身もまた日々の営みにおいて、自らの最も深い傾向を忘却しがちであるか、せいぜい表面的に実現しているに過ぎない。それにもかかわらず、祈りの中で人間は、現実の真に在るがままの姿で――現実について熟考したり想像的に表象したりするのではなく、自らの自由な実際の行為によって内側から現実を受け入れ、活かすことによって――、この現実の構造をまさにそのように遂行しようとするのである。その際、人間は、現実の在るがままの構造を単に事後的に承認するだけではなく、その固有の意味と目標への方向づけにおいて成就する。こうして人間は、有限的な現実を神へとつなぐ。神から有限的な現実を受けとめ、その要求を能動的に神へと方向づけ、現実を神へと結びつけるのである。ゆえに、世界がそれ自身から、神のうちで神と共にあることを自らの完成として目指そうとするならば、この完成の過程は、祈りの中で、たとえわずかであっても現実に実行されているのである。

(2) 祈りにおける世界

祈りの中で人間は、さまざまな深さで、まず自己自身の存在を神へ向けて、また神との関わりのもとで遂行する。それでは、祈りは自己中心的に固有の「われ」の範囲内に留まるものなのか。それとも、祈りはそれ自身の中で世界性や社会性の次元を支え、祈る人以外に世界や社会もまた祈りの中で神へともたらされるのだろうか。世界や社会のための祈りが有する開きは、他者のために神の前で尽力する祈願にあることは明らかである。しかしながらわれわれは、祈りそれ自体に、また個々の祈りに、そのような開きが具わっているのか否かを問う。

人間は本質的に、さまざまな感覚を介して世界と外的にのみ結ばれているような、孤立した個人なのではない。むしろ感覚は、人間の精神および存在の中心に基づいている世界性を、具体的に実現する媒介の場である。こうして人間は、自己の中で最も人格的な中核――自己の周辺ではなく――においてこそ、同時に開かれている。つまり、さまざまな事物や、とりわけ他の人々と具体的な関係をもって生きている世界に開かれた存在なのである。このことは、例えば心理学的に見ても、自己自身――つまり自らの中心――を見出した者こそが、他人を信頼し愛することができるということにおいても示されている。ゆえに人間は、他に対して自己を際立たせなければならない存在の表面においてよりも、まさに自己の深みにおいて、つまり、単に大勢いるうちの一人というだけでなく、かけがえのない自己自身であるという深みにおいてこそ、実はより広く開かれた存在なのである。仮に外的な行為においてほとんど現れないとしても、自己自身の存在の深さと強度とに応じて、同じような尺度であらゆる他者と自己との結びつきもまた成長する。人間の世界性のこの超越論的次元は、今やその重心を人間の他の人間に対する関係のうちに、「汝」や「あなた方」や「われわれ」との関係のうちに有している。したがってそれは、共同体性ないし共存在の超越論的次元として強調される。そこにおいて「私」は、他者と混同されてはいないが、他者から分離して対立しているのではなく、他者と積極的に一致しようとし、結びつこうとする存在である。

こうした深さと広さとの統一に基づいて、今や祈りもまた、神に近づき人間存在の深みを貫き通す程度に応じて、最も人格的かつ広がりのあるものである。それは、祈りの中で人間にその姿が刻印されるようになる神自身が、最も人格的であると同時に最も包括的であり、最も集約的に凝縮されていると同時に宇宙を満たし包含しているのに似ている。人間が世界と他者に本質的に結合しているこの内的広がりを通して、あらゆる祈りの中には世界と共同体が現存しており、祈りの内的力動性、その受容、譲渡、一体化に、現実に参与しているのである。人間は、祈りにおいて他者や世界を明確なテーマにしなくとも、それらとの関係が整ってより開かれたコミュニケーションに立ち、他者や世界をその固有の本性に応じて神に導くように寄与するのである。祈りを通して神と触れ合うことで、人間は、世界と向き合う神の創造的関わりに参与し、神に動かされて自らの存在のうちで神の憐れみに満ちた働きの媒介となるべく変容されていく。それによって人間は、祈りにおいて世界と共同体に対する自らの責任を果たすのである。世界と共同体に接触して、それらを直接的にその具体的な外的姿において変えるのではなく——疑う余地のない程これも必要である——、それらの根本とその内的方向づけにおいて変容するのである。

これによって、神の愛と隣人愛との本質的で内的な統一性が示唆されている。というのは、神との関係は最も親密な共同性の次元を包含し、またそれを活性化するからである。したがって他者は、この内的中心からのみ、すなわち神への開きからのみ、その人自身として無制限に現実に愛されうるのである。反対に、隣人愛は神の愛へと至るのだが、それというのも、他者をこの最も内的で無制約的な開きにおいて受け入れるところではすべて、人間は直接的に神に向かって開かれているからである。同時に、すべての人間の超越論的な、対象に先立つ共同性と共属性とが明らかになる。そこでは各人が各人に——さまざまな度合いで、また具体的に生きた現実の共同体の程度に応じても——、善に対する開放性あるいは閉鎖性によって、支えたりあるいは妨げたりと影響を及ぼす。

ここにおいて、宗教の領域自体における共同体と社会、つまり典礼や教会と同じく、共同体的な祈りの意義と可能性の端緒が開かれる。人間は神自身との最も内的で人格的な関わりにおいてさえ、同時に社会的なのであり、それゆえある本質的力動性から、神との直接的関係の共同性は、この神との関わりが共同体的に遂行される具体的結びつきの中で、形態をとるように促される。その際、共同体性そのものが、神との関係それ自体なのではなく、その生きた具体的現れの本質的な形態なのである。

したがって、共同体性はその世界内的、宗教的形姿において——教会や礼拝の中で——、神との人格的関係を窮屈にしたり息詰まらせたりするのではなく、それを発展させ表現を与える時にのみ、その意義を保ち続けるのである。

(3) 祈りと世界邂逅との相互関係

祈りは人間存在の中心的な行為であるが、しかし唯一の人間的行為というわけではない。というのも人間は、自己自身をある一つだけの行為において、あるいはある一つだけの仕方によって、実現することはできないからである。人間は、現世的で社会的な諸関係がもつ見通しがたい種々の多様性に身を投じなければならず、具体的に、受け取ることと与えること、経験することと形成することにおいて、自らの使命を果たさなければならない。

この具体的な世界に対する開きは、人間にとって助けと充溢を、共同体の福祉に対する課題と責任を意味すると同時に、個人と共同体の運命にとって危険をも意味する。このように祈りと世界への開きの関係もまた、単純に型通りに適用できる公式に還元することはできない。すなわち一方で、祈りは世界との開かれた出会いから、それなしでは干からびてしまうに違いないさまざまな刺激を受け取る。世界の美と戦慄、無力さと偉大さ、そして日常性、そのすべてが自ずから祈りへと突き進み、神の前で整えられ、感謝され、賛美され、神によって祝福されることを欲している。しかし同時に、事物の核心に達することのない世界への開きは、人間が神に対して開かれたままに自由である内的中心から人間を引き離し、方向性を欠いた人生の表層へと人間を押し流してしまうのである。かくして世界を受容するには、世界を肯定しつつも鋭敏に、勇気をもって、その深みまで見通す識別を必要とする。

世界が祈りに至るように、逆に、祈りは世界へと赴く。真正な祈りは、内的に神より受け取る力から創造的にそれ自体で世界に受肉する。「汝」とすべての人に対する愛、世界内における自己の僅かな位置づけを謙虚に受け入れる態度、「汝」との和解、常に自己が開かれてあること、信頼と交わり、他者のために勇気をもって自己を犠牲にする尽力において受肉する。人類を新たにする大いなる衝撃が、それと分かるかたちにおいてであれ、あるいは秘されてであれ、この内的な源泉から湧き上がることは稀有なことではないのである。

第七章　根本決断の構造
――自由と信仰行為の関連をめぐって

人間の自由は、日常的に雑事や事物に向けられている。しかしながら、事物とのこのような関わりは、初めから人間関係の枠組みの中で行われる。個人の自由は、他者との折り合いをつけ、合意を求めるものだからである。他者との出会いを通じて固有の自己を実現する真の可能性が発見され、他者と共通の世界において人間には自己規定が課せられている。本章では、自由な自己規定の可能性と構造、またそれが及ぶ範囲を、自由の中心を成し、最高の形態である根本決断との関連において考察することにしたい。まず初めに、根本決断の概念とその構成の問題点を、哲学的自由論の若干の発展段階を選択して概観することで明らかにしてみよう。

一　自由の問題史

アリストテレス（Aristoteles 前三八四―三二二年）は、自由な選択行為というものを、ギリシア思想には周知の市民的自由から術語的にも実質的にも初めて分離させ、自由の構造を論じてその可能性の根拠を問うている。アリストテレスによれば、自由な行為とは、根本的に幸福を目指す自己規定である。なぜなら、それは人間によって、その人自身のために遂行されるからである。だが、人間は多くの可能性の中から選択しながら、一つの善を他の善に優先させることで自己自身を規定していく。何かを優先するこうした選択は、充実した善き生へと向かう人間存在の基本的傾向に従って行われる。真理の観照による幸福の完成は倫理的に正しい生活を含むが、その目的は、人間が本性的に自由な決断に先んじて待望しているものであり、自由な選択に方向性を与える。どんな選択もある目的を前提としており、その目的を顧慮しながら、初めて個々の善の価値を区別して追求できるようになるからである。

選択される善の基準であり地平ともなる目的とは、自由な選択の可能性の根拠であるので、それ自体が直接、自由な決断に委ねられることはない。というのも、あらゆる選択の原理となるものとは、それ自身が自由に選択されえないものだからである。確かに、目的実現のためのさまざまな手段の間で選択する場合、目的像そのものが修正されることもあるが、いかなる選択決定に際しても、善くて完全な生という目的がどのような方法で適切に実現されうるかが問われてくる。そもそも選択の真の原動力、つまり自由能力と一体である目的へ向けての自然本性的な追求は、常に選択の背後に留まっている。自由は目的から開かれ、定められた範囲の中で発揮されるため、それ自体目的によって規定されており、したがって、それ自体の本質を自由に決定することはできない。ストア学派の主知主義的な自由概念では、自由を基礎づけるのは意志の本性的追求ではなく、理性の判断力ではあるが、この自由概念においても、判断のもつ再帰的性格は同じように、本性的に制約されたままで留まっている。

かくしてギリシア思想では、自由をただその固有の本性から、つまりそれ自身で完結している自然本性の枠内でしか基礎づけようとしなかったので、自由は制約された間接的な自己規定としてしか考えられなかった。それゆえギリシア哲学は、人格、自我、個性、最終的決断といった自由な自己規定の理念と結びついている哲学的諸概念を、主題的に展開しえなかったのである。これらのテーマは、ユダヤ・キリスト教的人間観に由来し、古代末期の教父思想、とりわけアウグスティヌス(Augustinus 三五四―四三〇年)において、初めて体系的に考察されることになる。

パウロとアウグスティヌスの思想を背景として、初期スコラ学、例えばクレルヴォー(Clairvaux)のベルナルドゥス(Bernardus 一〇九〇―一一五三年)は、自由の本質をその救済史的な段階との連関で分析している。そこで自由とは、人間存在の根本的な在り方を意味しており、人類ならびに個人の運命と決断に応じて、その救済史的状況が変わるとともに、個人の自由決断の可能性と内容も変化するとされている。強制からの解放という自由の基本的段階は、選択の自由に基づいているが、それは倫理的自由から、つまり愛や人間間の共通善に向かう意志の決定的な開きから、その意義を受け取っている。とはいえ、自由がこの倫理的正しさを獲得するのは、人間の自由にその都度すでに伴っている罪からの解放、つまり共同性や愛への開きが、恩寵によって贈与されている限りにおいてである。ゆえに自由は、救いによってそれ自身へと、すなわち自由の本質として具わっている倫理的課題へ向けて解放されなければならない。未定で中立的な自由は、確かにあらゆる更なる自由な存在に先立ち、また根本を成すものであるが、自由そのものの意味から見れば、人間に贈与された自由のうちに現され、遂行され、善へと結実されるのである。こうして自由は、それ自身において倫理的な善に向かうように呼びかけられているので、善と結びつく度合いに応じて自由そのものとして成長する。倫理的責任という自由の中で、苦悩や悲惨からの解放という希望、つまり人間存在を全面的に満たすような浄福の自由への待望が生きるのである。初期スコラ哲学で示唆された人間のこのような自由の諸段階と多様な在り方は、自由そのものの諸々の可能性を指し示しており、自由はこの可能性を受け入れることによってのみ、それらを我がものとすることができる。それゆえここでは自由の自己規定と自己完成は、自然本性的な自発性や合理性の範囲内でよりも、むしろ超越からの開かれた歴史性、つまり神と人との双方の自由な関わりという開かれた場において現れる。

十三世紀の盛期スコラ学のアリストテレス受容は、初期スコラ学のこうした包括的で人間論的な観点を基本的に受け継いではいるものの、こうした見方は、自由の行為そのものの構造を形而上学的に――アリストテレスに即して――分析しようとする試みの背後に退いている。トマス・アクィナス

（Thomas Aquinas　一二二四／二五―七四年）も、自由な選択というアリストテレス的図式を受け入れているが、この選択は自分自身で自由に決めた目的を基準とするのではなく、おのずと湧き上がり欲求される目的を基準として行われる。自由な決断は意志によって成し遂げられるが、知性によって目的ならびに手段を理解することで可能となり、導かれるのである。しかしながらトマスは、晩年の著作においては、(1)意志がどのようにして最終目的あるいは善一般によるその現実態性から、それより下位にある諸々の目的や手段に関して自己自身を再帰的に規定するのかを示している。それゆえに自由は、対象に対する態度決定に反応する中で間接的に自分自身を刻印するだけでなく、トマスが多様な表現で強調しているように、直接的でその本来的な意味において自己規定なのである。選択を導く最終目標は、内的に幸いをもたらす人間の自己完成に尽きるものではなく、むしろ善そのもの、究極的には神へと向かう人間の自己超越に由来するので、目標であるこの無制約的な善への自己超越こそが、自由な自己規定を可能にするのである。自由な行為は、無制約的な善に向かって自己を超越していく開きゆえに、人間をその最終的意義に関して規定するので、この自己規定において、それはある意味で人間の自然本性的な在り方に対して優越している。したがってトマスの自由概念は、目的から導かれ、多くの善の中から一つのものを優先する選択を自由な行為として考えるアリストテレスの見解と、絶対の善の呼びかけに直面した人間の最終的な自己規定として考える、キリスト教の精神から生じた自由観との緊張の中に立っている。

トマスにおいて均衡のとれた相補う契機の実り豊かな緊張関係にあったものが、十三世紀末には主意主義と主知主義という二つの学派の激しい対立にまで先鋭化し、硬直化する。一方の側である主知主義のトマス解釈――例えばフォンテーヌのゴドフロワ（Godefroid de Fontaines 一二五〇以前―一三〇六／〇九年）の場合のように――は、ガンのヘンリクス（Henricus de Gand 一二一七頃―九三年）に見られるアウグスティヌス的伝統に立つ主意主義に挑戦し、その結果、中世後期のフランシスコ会の主意主義への発展を促進させた。すでにドゥンス・スコトゥス（Johannes Duns Scotus 一二六五／六六―一三〇八年）は、善を目指す自由の目的を堅持していながら、自由を形而上学的に演繹しようとするいかなる試みをも拒否した。自由はもはや、第一に人間の諸能力の協働から説明されるよりも、むしろ、魂あるいは人間の自己と一致した還元不可能な意志の自己決定と見なされるのである。

次いで十四世紀の前半には、ウィリアム・オッカム（William Ockham 一二八五頃―一三四七年）が、自由をあらゆる形而上学的な結びつきや限定から解き放とうと努めた。意志は手段を選択するだけでなく、自由にその目的をも設定する。その際、善に向かう本性的傾向や幸福の追求によって、意志が導かれることはない。したがって、自由はもはや意志の目的による制約性へは還元されえないので、証明不可能になるけれども、内的な経験のうちに根源的に明確なかたちで与えられている。アウグスティヌスからトマスまでの自由が、善に向かう自由と考えられていたのに対し、オッカムの場合の自由は、意義への内的方向づけとその基準を欠いている。それによって自由は、他なる善から育まれて自らを与えようとする愛の能力から、主体の恣意的意志による決断の能力へと変わっていく。その際、主体は自身の力で、それ自体としては意味も本質も失った客体に自己の意志を刻みつけるのである。思うにオッカムの自由は、自由にとって構成的な意味連関と人格間の次元を遮断したために、主体に起因するにもかかわらず、本来的に主体をそれに固有な在り方において捉え形成するものではなく、むしろ対象に向けられ、それによって主体-客体の緊張関係を生み出すものとなっている。

オッカムは自らの自由観を、古代から伝わるトマス主義に代表される主知主義の普遍概念と、諸本質の必然性に基づく形而上学を退けるために構想した。オッカムにとって主知主義の形而上学とは、神の絶対的全能と人間の自由を基盤とするキリスト教の基本的真理を曖昧にするように思われたのである。すなわちオッカムの説く自由は、まさに啓示の中で告知されたような、義務を課する絶対的な神の自由に直接的に――つまり人間の本性による媒介なしに――対面しうるために、自由の内的本質からまったく拘束を受けないものでなくてはならなかった。

神学的な動機から生み出されながらも、それ自体としては世俗的で自律したオッカムの自由論のこのような二面性は、近世の始まりとともに二つの対立した自由観に分裂する。ルター（Martin Luther 一四八三―一五四六年）は、神の絶対的自由というオッカムの神学的着想をさらに深化させた。だが、オッカムの場合には、世界を自由につかさどる神の意志によって呼びかけられ、それに応答できるために、人間は全面的に自由でなければならないのに対して、ルターの考えるところでは、絶対的に自由な神の選びゆえに、神に直面しての決断という点では人間の自由を否認しなければならない。救いの問題において、人間には自由がないというルターのテーゼは、エラスムス（Desiderius Erasmus 一四六六―一五三六年）の穏健なかたちに見られるような、ルネサンスの自由観に対立している。ルネサンスの自由観は、いかなる基準にも従属しない、根拠を欠いた人間の自律性のほうへ傾いている。有限的主体のこの自律的な自由の概念こそ、オッカムの理解に見出されたものであるが、それは神学的背景を捨象するならば、構造化されないまま人間の無制約的な自由として、前もって描き出されていたのであった。

近世哲学はデカルト（René Descartes 一五九六―一六五〇年）以来、基盤のない恣意へと至ることになる自由の世俗化にあって、人間存在の実践的な意義だけでなく、理論的-体系的な、つまり本質の必然性によって導かれる認識のあらゆる試みが危機にさらされていることを指摘する。恣意による自由は、それ自体、理解不可能であり、把握できない単なる事実で終わってしまうからである。すでにデカルトは、それ自体はもっぱら中立的なこの自由を、自由の最も低次の段階と見なして、意義と真理によって必然的に規定された意志に組み込み、それに従属させている。次いでスピノザ（Baruch de Spinoza 一六三二―七七年）が、そのような中立的自由の可能性を全面的に否認し、それに代わって論理的・因果的必然性を主張した。彼に影響されたヘーゲル（Georg Wilhelm Friedrich Hegel 一七七〇―一八三一年）もまた、自由を必然性の体系の中に止揚する。そこでは自由は、自発性の全体の法則への、意識的であるけれども必然的な結合のうちに考えられている。オッカムの意味での恣意の自由は、今や意味の空虚や偶然性となって現れてきたが、これに対する反動が、ヨーロッパ大陸では観念論の体系的構想にまで、さらにそこから全体主義的な社会理論にまで及んでいる。

以上、自由の思想史をごく簡単に図式的に展望してみたわけだが、自由の問題にはある根本的な緊張関係が見出されるだろう。一方で、自由が形而上学的必然性という不変の秩序の内部で、単なる対象に関わる遂行として解釈される限り、自由の本質とその最も深い可能性は捉えきれないように思われる。他方で、形而上学に関わる枠組みを断念して、自由を純粋にそれ自身から考えようとする試みは、恣意的な自由という意義を喪失した空虚さに陥ってしまうと考えられる。これはまた同様に、責任ある自己決定としての自由の本質を捉え損なっている。したがって自由の問題とは、自由がいかにしたら、真正な自己規定でありながらも根拠から構成され、同時に意義の全体の中に統合されうるのかという問いに結実する。

自己規定の厳密に把握された概念は、さしあたり矛盾しているように思われる。というのも、自己規定において自己は、互いに排除し合うような二つの機能を果たしているからである。一方で、自己は決断するものとして、つまり決断の担い手として先立ってあり、自由を根拠づけている。他方で、行為の起源であるだけでなく、同じ行為の受け手でもある。このように行いとその対象とが同一なのであって、それは新プラトン主義においては、絶対者の自由として考えられているように思われる。

純粋な現実態である絶対者の存在は、時間を超えた変わることのない自己完成のうちに、それ自身において保持されるものだからである。しかしながら、人間は有限であるがゆえに、存在と働きにおいて、人間自身の中で完結的に統合されることは不可能である。そのうえ、人間は自由の根本的行為において、その人がかつてまだなかったところのものへと自己を規定していく。自己規定とは自己変革であり、アリストテレスの用語で言えば、自己運動なのである。しかし、自らを規定する自由は、規定する者としては現実態でなければならないが、また同時に、自らによって規定される者としては可能態でなければならないのだから、こうした自己運動は不可能のように思われる。

それにもかかわらず、人間はただ自らの自由行為に対して区別された自分の本性的な存在だけを規定するのではなく、自分の自由な行為そのものをも自由に規定できるのである。つまり、自由行為それ自体がまだ決断を受ける者の外部に留まっているとすれば、自己規定は根底から十分に考え抜かれたものとは言えないだろう。というのも、決断の際に自由行為を受け取ること自体がまた、この自由な行為を通じて行われるからである。それでは、決断のときに自由行為そのものをどのように受け入れることができるのか。有限な自由はいつも外部からのみ、しかも事後的に自らに立ち戻ってくるとすれば、それは決して自由の内的中心に達しないのではないだろうか。なぜなら、今規定しつつある行為は、これから規定しようとするものに先行していて、無制限に遡ることで規定しようとするものを取り逃がしてしまうからである。しかしながら、反省――それは自由な自己規定における意志の行為であれ、また自己意識と自己構想における認識の行為であれ——が、決してその根源、つまり自分固有の存在における自己に達せず、創造的に乗り越えることができないとしたら、人間は結局のところ自分自身に対して疎遠なままであり、したがって、対象的な世界で単に二義的で制約された自由の余地しかない、外から規定されたものに過ぎないであろう。

二　問題設定と方法

(1)　根本決断の概念

これらの問題を背景としたうえで、今や根本決断は、自己規定の最も純粋な自己実現として考察されなければならない。なるほど人間は、選択し、行動しながら環境が要求する事柄に応えることで、常に自分自身の根本的な方向性を形成していく。それどころか、この世界との関わりの中で、重大な責任をもって善悪に対する自分の態度を決めることもあるだろう。しかしながらそのような決断に際して、外的状況の克服や具体的課題の実現が自由な行為の中心にある限り、自己規定はむしろ間接的、付随的に主体に対する対象の関わりによる反動として生じる。それに対してここでは、倫理道徳的に重大な決断一般の特質——それが肯定あるいは否定であっても——についてではなく、狭義の直接的な自己規定ないし根本決断の構造について問うことにしたい。そこで以下では「根本決断」ということで、自己自身によって、また自己の存在そのものにおいて、自己を自由に規定する行為だと理解しよう。

行為の自然本性的な目的連関は人間存在の特性から生じるものであるから、人間は、自分の固有の在り方に直接関わることによって、自身の目的をも規定する。ここには自分自身の存在を規定することは、一般的に、自己自身の目的に向かって自由に決断しつつ関わるという仕方においてのみ可能であるということが、すでに暗示されていよう。なぜならば、意義に関わるものとしての自分自身の存在は、自らの起源であるところの目的に根拠を有しており、ゆえにここからのみ、根源的に把捉されうるものだからである。

(2) 方法

根本決断は、さまざまな実現可能性をとって多様な現れ方をするが、ここでは心理学的ないし現象学的に記述することはなされない。それゆえ、根本決断が人間の日々の経験と絡み合うさまや、外的な状況によって容易になったり妨げられたりする場合に立ち入ることはできないし、年齢に応じた心理的発達との関係、またそこから、根本決断の一回性とその時間的広がりとの緊張関係を取り上げることもできない。ここで問われているのはただ一つ、根本決断の本質的構造のみである。したがってその具体的内容も、内容自体がこの構造を構成していないならば、考察の対象外とする。

ここですべての偶然的で変化する状況を捨象して、根本決断の本質的構造を明らかにすることを試みてみたい。そのために、哲学史的に振り返って得られた根本決断の概念を出発点にして、そこから例えばカント（Immanuel Kant 一七二四―一八〇四年）の超越論的演繹の意味で、このような根本決断についていかなる条件や根拠が前提とされるかを問うことにしよう。ある根本決断が存在するとか、またそれは、人間に自らの本質に基づいて可能でなければならないとか、主張するつもりはない。むしろ根本決断があると仮定して受け入れ、そのための最小限の前提となるものを、次の問いの意味において探求していくことにする。つまり、根本決断が実行されうるために、どのような前提が与えられていなければならないか、ということである。

この問いを手がかりとして、本章での探求は、日常生活の記述から始めて一歩ずつより深く根本決断の核心へと迫っていきながら、その過程で根本決断を構成する諸要素へと分解し、同時にその構成要素の不可欠な連関を再構成することを試みる。確かに根本決断は、自由であるがゆえに、また自由である限りにおいて、演繹されえず、この意味では、人格の神秘であり使命であり続ける。自由は根本において、多くの諸要素から組み立てられているのではなく、むしろ根源的に分割できない一つのものだからである。それにもかかわらず、自由は有限的なものとして世界内の他なるもの、自己自身、その根拠との多面的な連関を有している。それゆえに根本決断は、部分的な行為の段階的発展において自由の起源である一つの本質を保持し、実現することができるのである。したがって自由行為には、その固有の本質からして、自己実現の道程が前もって示されている。自由は、この自己実現の歩みを遂行することを拒むことはできても、自由が自己に立ち戻る決心をするならば、この歩みの本質的連関を飛び越えることはできないのである。

（3）根本命題

ところで、根本決断という自由な行為の諸段階が一歩ずつ展開されるにあたっては、細部にかかずらううちに、全体への視座が見えにくくなってしまうかもしれない。それにもかかわらず、本章での考察全体の意義は、あらかじめ次の一つの命題に要約されるのである。すなわち、根本決断は超越的な他者に向かっての決断としてのみ、言葉によって媒介された超越的な他者の自己贈与においてのみ可能となるのであり、つまり構造的には言葉によって媒介されて信じるという決断の形態をとる。この命題は、神学的に信仰の概念から出発して、それが根本決断であることを証明しようとするものではなく、哲学的な論証によって、つまり根本決断の概念から出発して、上述の意味で理解された根本決断が必然的に信仰の形態をとって遂行されることを逆にまた、より包括的に述べているのである。

したがって本質的には、純粋な自己規定の可能性の諸条件から、どのようにして根本決断が生じるのかという根本決断の構造だけが問題になる。しかしながら結果として、根本決断という行為と信じるという行為との構造上の同一性は明白になる。本章の最後で、トマス・アクィナスによる信じる行為の分析が示されることになるが、それによって、ここで展開される理論の基本要素が、古典的な神学の伝統の中にすでに萌芽的に見出されることが示唆されるであろう。とはいえ、それは本章での問題設定との関わりにおいては、まだほとんど展開されていなかったのではあるが。

三　自己との一致

(1) 自己への回帰

人間は外的な行動や経験においても、思考や感情や欲求においても、常に自らを取り巻く世界との関わりの中で生きている。世界内の対象との関わりの場で、人間は自らの自由をまず、さまざまな可能性の間で選択するという行為によって遂行しているが、その都度一つひとつ、選択する目的の地平を新たに吟味しているわけではない。アリストテレスの優先的選択や、スコラ学の特殊化の自由(libertas specificationis)という自由行為の図式は、日常的な世界内存在のこうした対象的な関わりにその基盤をもつものだろう。

プラトン-アウグスティヌス的な思考もまた、人間の世界との密接な結びつきを出発点としているが、例えば「使用すること」(uti)と「享受すること」(frui)とを区別することで、人間が世界との関わりを、実践的な自己理解に応じてその都度、根本的に異なった仕方で解釈し、実現できることを示している。これによって手段に対する選択の自由は、副次的な遂行のかたちとして、目的との関係における自由な自己理解のさらなる基礎的な可能性の中に連れ戻され、そこから根拠づけられることになる。こうして世界と自由との関わりから、次の二つの間の相違が明らかになる。すなわち、どんな人間の行為にとっても本質的な、具体的な目標や他なるもの一般への関わりと、実際の日常生活でそれを実行する仕方――二次的な要求やうわべだけの事情に迫られて、自己を忘却して頽落した状態――との相違である。

さて、人間が自由によって自分自身を規定する能力をもつものだとすれば、それは現実世界で置かれた状態に対して恒常的に開かれてありつつ、事物を対象とするような意義連関にとらわれて分散し頽落した状態から、解放されなければならない。自己は、自分が自由な存在であることにもとから気づき、そうして自分自身の中に自由の諸力を結集させなければならない。自己自身へのこのような集中と統一は、あらゆる対象との関わりに伴っている自己意識の中に、その端緒を有している。それは、対象そのものが主体そのものの志向的意志を顧みるよう指し示すことによって、果たされるのである。

(2)　問題としての自己

対象による束縛から自己を解放することで、あらゆる具体的な結びつき以前に、世界内的な対象性に向かう無規定で一般的な志向性に立ち戻るだけではなく、積極的に志向の方向を変えて自己自身に向き直るときに初めて、自由は自己自身に連れ戻される。他方また、自己が主題となりうるのは、自己を決定されうるものとして、つまり可能な自己規定の質料ないし対象として理解することを悟るときに限られる。自己規定が可能であるようになるために、人はまず自分自身が未完成であり、未形成であることを悟らねばならない。自分自身の内的な有限性をこのように認識することで、自己は、自分自身をさらに形成していく可能性を経験するのである。

しかしながら、自己がそれ以上に自分自身に課せられて、自分自身によって実現されるべきものであることが分かっていないならば、自己が未完成であり形成可能であることを単に知っているだけでは、実践的能力としての自由に着手されないままだろう。そうした実践的呼びかけのもとで初めて、自己というものは逃れることができない、また逃れてはならない問題であることを悟るのである。自己が自身にとって問題となるのは、自分のありのままの姿が偶然的かつ一時的なもので、本来のあるべき自己に比して枯渇していることを見抜くことによってである。この段階において、本来の自己が何であり、何であるべきかがまったく未定なままである限り、この呼びかけは、人間の自由の本質にとって根本的なものである。なぜなら、自由がその根幹において把握される限りで、自由にとって問題となるのは、第一にまさに自分自身であり、その固有の究極の姿だからである。

(3) 自己受容

自由は、それ自身の中から開けるこの呼びかけを正面から受けとめ、受け入れるときに、向かう方向を対象物から自分自身に変えて、自己に戻ってくる。世界との関わりがもつ見せかけの安泰を放棄し、偽りなく誠実に、ありのままの自分自身の存在を受け入れるのである。自由は、これまでの世界との関わりをも保留にし、自分自身に対して自らの不完全さを認め、自分が自身によって決定されるべき問題であることを受諾する。こうして自由が、自在に形成していく自己投企の能力を、自らの現実の在り方においてその根幹に連れ戻すとき、実践的で完全な還帰（reditio completa）のうちに自己自身と一致する。言い換えれば、自由がその要求において自己の存在とともに与えられた可能性の限界を、現実から離れて踏み越えることを断念するのである。自己の存在の真なる根源に引き戻されたこのような自己所有は、自らを有限なものとして承知しているが、意識的に遂行された存在そのもののもつ真剣さと力とで充足のうちに満たされている。

だが同時に、自己が限界づけられてあることを認めることによって、自由は自己満足の閉鎖的な壁を打ち壊し、自己自身を包括しながら凌駕している領域を、暗黙のうちに承認しているのである。自己を凌駕する広大さと確かさに対比させることでのみ、自己は自身を有限で定まらないものとして認識しうるのである。なぜなら、有限性や未規定という概念および洞察の中に含まれている部分的な否定は、否定性が入り込まない、純粋に肯定的な完全性を背景にしており、それが超越論的に前提としているからである。

意識的に遂行された自由が自分自身の存在のうちに定着して初めて、人間は、対象への関わりを自己そのものの人格的遂行として着手できるのである。このような自由の段階は、例えばスコラ学の概念では、行使の自由（libertas exercitii）と呼ばれている。この段階では、自然本性的な欲求によって前へと駆り立てられる行動を、疑いもせずに当然と見なすことはもはやなく、このような行動のもつ漠然とした意図を、選択しつつある明確な善へと向かわせようとするばかりでない。むしろ人間は、自分自身を掌握して自分自身の働きそのものを、つまり自分が行動するかしないかを自在に決めることができるようになるのである。

四　超越者に開かれる自由

(1)　他者からの自己規定

自由の自己自身への集中は、確かに自己を自在に用いるうえで不可欠な条件ではあるが、それだけでは自由を完遂することはできない。というのも、自己規定の概念は自己のそれ自身との再帰的な同一性に基づくとはいえ、この同一性のうちには、規定することのできる自由と規定される自由という差異があるからである。それは、これらの相異なる自由の契機をその根本にある同一性に基づいて、自分自身を規定していく自由へと統合させるためである。すなわち、自己が根本決断において自分自身を変革することになるのなら、自由は規定しつつあるものとして、規定されることになる自然本性的な自由から区別されていなければならないが、二つの中心に切り離された自由や人格に分解されるわけではない。この差異は、あたかも鏡を見るように、自由がそれ自身において再帰的に映し出されるという意味で考えられてはならない。そのように考えるなら、自由がそれ自身に対して働く余地が開かれないことになるだろうからである。さらにまた、超越論的自我の自発性と経験的自我の対象性との差異を問題にしているのでもない。ここで問われているのは、まさに自由で根源的な、その意味では超越論的な自我であり、この自我そのものが規定されようとしているからである。

したがって、自分自身に対する自由を自己に開示する差異とは、次のような場合にしか考えられない。すなわち自己は、自己から疎外されることなしに、他者に向かって超え出る能力をもっていて、この他者における地点から、また同時に自分自身への隔たりから、自分自身への方向づけと自分自身に刻みつけるべき意味を受け取るのである。それゆえ自由は、他者の側からのみ、つまり自分自身へと還帰する原理となっているあの他者に向かって、自己を超え出ることにおいてのみ、自分の自由それ自体を捉えることができるのである。

このような自己超越に基づく自己発見は、すでに自然本性的な自我の自己同一性のうちに、前もって根源的に具わっている。というのも、例えば人間が「自分は何者であるのか」と自問するとき、ここの自己そのものとは、その中身が、（主語としての）自己の範囲に限定されない（賓辞としての）存在から判断されることによって、把握されるものだからである。

他者への関わりのうちに自分自身へと媒介されることは、具体的にはある程度、すでに日々の経験の中で行われている。例えば、他者の眼差しに出会うとき、自分の名前を呼びかけられるとき、あるいは自分が誘われたとき、つまり自分に向かっている相手との関わりの中で、自分自身に目覚めるのである。なるほど日常の人間関係の経験では、限られた展望と強度でしか自己に関与しないのが常であり、それゆえ自己が完全に自己を規定できるまでには至らないであろう。だがその構造は、根本決断を可能にする他者への関わりと類似しているので、それは根本決断の具体的に遂行可能な形式として、また、その言語による表現を理解するための類比的なモデルとして提示されるのである。

（2）根底である他者

ここで自己そのもののしかるべき基点となり、自己規定の源泉となるはずの他者に固有の在り方が問われなくてはならない。

自由が他者からしか自らを把握できないならば、自由はまず他者に関わりを向けて、他者の中に自らを根拠づけ、その中で自らの立場を獲得しなければならない。それゆえ他者は、自己の必要性や理解力に還元されず、つまり、その自立的な他者性の中で相殺されないような性質でなければならない。

このように他者は、それ自身によって無条件に自身を主張できるものであり、そのものとして、つまりその自立性において、またそれ自身のために、自己によって主題化され、肯定されなければならないのである。

しかしながら、自己が無条件に自らを他者に委ねることができるのは、自己を譲渡する中で自己自身として維持されていることを知っている場合に限る。自己は、自己超越においてもはや自ら固有の在り方に固執せず、他者に対して自らを守ることもない以上、自分自身の存在は、他者自身の側から支えられ、確かなものにされなければならない。

このように、求められている他者の本質が、人間の自己の独自性に決して対立するものではないとすれば、他者それ自体が自己に対する純粋な、また包括的な超越でなければならない。自由は、ただ超越の無制約的な範囲の中でのみ、またそれに対してのみ、自身を見出し、そこから自由そのものを受け取ることができるからである。反対に、自由が本性的に何らかの具体的な対象に結びついているとしたら、自由の投企する範囲は本来定まっておらず限界がない以上、自由としての自己存在が損なわれてしまうだろう。

それゆえ、どんな有限的なものも、決して自由の純粋な譲渡の最終的な受け取り手ではありえない。有限なものは、自由と同格に扱うならば外面的な対象物となり、自由を制約し疎外するものになるからである。しかし純粋な超越は、これでもあれでもなく、いかなるものによっても規定されないものであるから、それはあらゆる規定をその都度の特殊性のもとに包含し、それによって有限な自己存在を可能にしているのである。したがって、自由がそれ自身をそこから把握しようとするものとは、一面では、自由の純粋な自己超出を迎え入れる限りでは、厳密な意味での他者であるが、それはまた包括的な超越であるがゆえに、対象性や対立性という範疇に収まるような意味での他者では決してない。このように、純粋な超越があらゆる自己存在にとっての直接の基盤であり土壌であるならば、さらにまた、自由それ自体が地平の規定されない無限性によって、つまりこの超越との関わりによって成り立つものであるならば、ここで付随的に、自己存在と自由との同一性が明らかになる。

自己は、自らの存在が超越によって脅かされないばかりか、超越によって積極的に贈られたものであることを悟る限りにおいて、超越に自分を委ねることができる。超越が自己に対して単なる漠然とした無限で無制約的な広がりに過ぎず、自己がそこに自らの根源を認めることがないとしたら、自己は超越に対して無関心のままであろう。自己自身が超越に基礎づけられているという経験があって初めて、人間は、超越に自己を譲渡するとき自己が消滅してしまうのではないかという怖れが取り除かれ、惜しみない源泉であるところの超越に自己を全面的に譲り渡すよう促されるのである。したがって自由は、超越を恵みによって贈与された人間自身の根拠として認識する限りで、超越に自らを譲り渡すことができる。同様に人間は、すでに人間関係の中でも、自由を認めてくれる善意をもった安らぐことのできる他者に、自発的に委ねようとするのである。

自由が自らを委ねるその他者が、自由の根源として理解されるとき、他者から自分自身に立ち帰る方向もまた開かれる。それによって自己規定は、超越から発して自己に行き着く根拠づけの運動を辿る動きとして、現れてくるのである。

（３）他者から開かれる自己の可能性

しかしながらこの根底が、ただ根底としての機能においてだけ現れる限りでは、自己はすでにあるところのもの以外に、そこから自らを規定することはできない。根底はそのものとして、自由をその固有の根源から、またその全存在において、確かに自由そのものを受容するよう導くのではあるが、すでに与えられている固有の存在を創り変えて、自己を自由に規定するにはまだ至らないのである。というのも、自己自身に対する他者の現れが、自己にとって本性的な、自己を基礎づける動きの中で汲み尽くされるとすれば、他者はすでに自己の本性のうちに反映され、本性によって媒介されており、ゆえに、この本性を新たに規定するような決断のいかなる端緒も与えないからである。したがって根本決断が可能になるとすれば、自己の根底は、すでに成し遂げられた根拠づける働きを超えて、自己の本性を超え出るような仕方と働きにおいて姿を現す必要がある。それによって可能になる決断が、自己そのものの規定であるとする限り、本性的な自己の存在の根底である他者とは、自己にとって本性的な根拠づけを超えて、新しい自己の存在の可能的な源泉として現れなければならないだろう。超越的根底から自己自身へのこのような新しい関わり方は、それが自由な決断の場を開くがゆえに、差し出された可能性ないし招きや呼びかけという性格を帯びている。

自己は、自己そのものをその実質においても展開するような独自の可能性を発見するときにのみ、根底から開かれる新しい可能性に身を投じることができるであろう。それゆえ他者から根拠づけられ、根本決断を導くような可能性とは、自己の本性的な資質の具現化と完成であることが顕わにされなければならない。このことは、この新しい可能性の中へと呼び覚ます声が、ただ外部からではなく、まさに自己自身の中から自己に届くということを含んでいる。人間の内部から発せられる声だけが、人間の本性的な資質と歴史的な生成をも含めて、存在全体を包摂して新しい可能性へと繋げることができるからである。

人間の本性を超越する可能性が人間の存在を通して伝達されうるのは、精神ならびに自由としての自己が、その存在の中核において、真と善の相のもとで存在そのものと開かれた連関にあるからである。だが、真理と善一般がさらに具体化され徹底されうるように、内側から規定された自己の在り方も、自己のさらなる形成を許すものである。自己は、感覚的な世界と関わる外部的な領域においてだけではなく、まさに人格的な中心において、自己自身を超えて開かれているがゆえに、後天的に発せられる根底からの呼びかけによって、自己の自然本性的な超越の運動に集中して徹底し、それによって自己自身のいっそう深い中心に至る可能性が樹立されるのである。

根底から開かれたこの新しい関わりは、超越論的・対話的な関係と称することができよう。それは自己の存在の中心を貫いて、自己の根底から出現する限りで超越論的である。またこの根底は、他者として自己に解消されることはなく、そこから開かれた可能性は自己の本性的在り方に対して本質的に新しく、ゆえに自由に向かっての呼びかけの性格を帯びているという点では、対話的なのである。

この新しい可能性が人間の自然本性的な自己の在り方を超出している限り、人間はそれを自分自身から先取りすることも、最終的な判定を下すこともできない。その真実性は、もっぱら真と善の純粋な超越に対する透明性から、つまりそれが内的に明るみにさらされていることからのみ、読み取られるのである。だが、根底そのものから与えられる可能性とは、超越に対する人間の自然本性的な開きの方向にあり、それゆえ真正な人間的な行為に至るはずのものであるから、自己は間接的に否定的な判定基準という意味で、偽りの呼びかけに対して守られている。

深化した自己理解と新たな自己規定の可能性が人間に生じるのは、超越がそれまでの基盤を超えて、新しい仕方をもって人間に語りかけるときである。自己に対して絶対的な他者が与えられるということの新しい関わり方が、まさに自己そのもののために新しい可能性を基礎づけることにある。要するに、他者が自己に対し関わりをもって臨み、自己のためにならなければならない。根底それ自体が人間に自らを伝え、与えようと約束することによって、根底自らが人間に対する約束となるのである。このような根底の「私のため」ということにおいて、自己は将来の可能性を、自己そのものを成立させる独自のものとして与えられていることを引き受ける。この「私のため」ということ、すなわち他者が私に関心を寄せていることが分かって初めて、自己は自身を無条件に他者に委ね、他者のうちに安らぎ、そこから自己自身になることができる。したがって純粋な超越とは、人間に対して他者であるとともに、人間に自分自身を約束し、それによって人間の自己譲与を基礎づけることで、自己規定の可能性の根拠になるのである。

(4) 聴こうとする決心

前述のような根拠づけと約束の緊張関係にある統一は、自己を意識した自由の内的構造に入り込むことによって、今や自己規定を可能にする。したがって自由は、根本決断の客観的な可能性の根拠を自分のものにしなければならない。自由と他者とのこのような結びつきにあっては、いくつかの段階が区別されるだろう。

自己規定することができるためには、自由は他者と一体にならなければならない。しかしそれは、他者がまさにその自由のための存在のうちで、自由に固有な諸々の可能性を超え出ている限りにおいてなのである。自由は自分の力だけでは、他者を捉えることも自分を他者に結びつけることもできない。なぜなら、自由の能動的な働きはその自己存在から生じてくるので、自由が及ぶ範囲は、自己存在とともに与えられる可能性と一致するからである。同時にまた、自己の果たす行為は、それを超えた他者との一致に至りうるような、内的な広がりと深みをもちえない。それゆえ、自己の固有な存在にしか由来しない行為は、他者を自己の対象にするには不十分であるので、他者との合致は受容的にしか行われないのである。

したがって、自己の中に自らを伝え、与える他者の到来は、他者そのものによって実現されなければならない。他者は人間においてまず、他者の受容が可能になる場と、他者の内的な受容そのものをも創り出さなければならないのである。

しかし他方で、この受容性は、単に人間の本性的・客観的な在り方だけでなく、人格的な自己そのものにも及んでいるので、人間自身の側から開かれていなければならない。確かに自由は、すでに超越に対して自然本性的に開かれており、他者の申し出を迎え入れる準備ができている。それゆえ、他者の自己への関わりは、他者に対して心を開こうとする自己の決断以前に、自由の本性的な在り方において自由に影響を与え、萌芽的に形を与えることができる。だが、他者の側からもたらされたこうした関わりは、自由がこの関わりという点で自己を引き受けて初めて十全に実現される。なるほど自由の他者へのこの自己開示は、他者によって自由の自然的な在り方が決断に先んじて語りかけられ、形を与えられることで可能になり、導かれているのである。

人間が自分にとって本質的に新たなもの、自分を凌駕しているものに対して自分を開く場合であっても、他者に向き直ろうとする最初の決断だけでなく、受容性においても自己の自由な主体性が常に維持される必要がある。そうであってこそ、他者によって開かれた可能性もまた、真に自己そのものの独自の可能性となることができるからである。それゆえ開かれた受容性を通して、自己の存在が自らの同意なくして変革されるような、新しい実在的存在が直接、告げ知らされるわけではない。むしろ他者は、自己の自立性に敬意をもって距離を保ちながら、つまり呼び覚まし、招きつつ自由に対して呼びかける仕方で、自己に関わるのである。だが、他者が自己と関わる際に自由を許容するような呼びかけとなるのは、現実として自身を押しつけるのではなく、他者が自身を伝え知らせることで意味内容として現れることによってである。これによって他者の自己への関わりは、まず初めは、現れもしくは前対象的な意味での「言葉」というかたちをとる。というのも、言葉は自己の可能性に気づかせ、そこに向かって自発性を目覚めさせ、それでもやはり自己を自由の状態に置くからである。それは言葉がそれ自体の中に、語られた内容という側面と、言葉によって指示されてはいるものの、まだ実現されずに自由に把握するべきものという側面との間に、相違を留保しているからである。

今や自由は、新しい存在の可能性が根底から語りかけられていることに直面して、またこうした中で言葉の内容に対して態度を表明する以前に、まず言葉を受け入れることを決断しなければならない。それに傾聴する覚悟ができて初めて、言葉は自己の核心にまで達して、その意味を自己に固有な可能性として自己に対して伝えるのである。自由がこのように呼びかけそのものに向かって自らを開くとき、自由は、通常の理解の地平を最終的な判断基準とすることをいったん保留し、想定していた理解の枠組みの制限を突破して、自分のほうから不確かなものの中へと歩み入ろうとする。能動的に自分を関わらせようとするこの心構えにおいて、自律的に自己を意のままにしようとするような自己追求は消滅する。今や自己は、もはや単に自らの自然本性的な在り方でだけ自分を引き受けるのではなく、呼びかけのもとで、新しく聴こうとする者として自分を捉えるようになる。探し求めながら自分自身が言葉に向かって行くのは、言葉の中で他者が自分に姿を現すようになるためである。

（5）聴くことによる自由の拡大

語りかける者から聴く者に流入する生きた言葉の関わりが双方の側から開かれるとき、自己は言葉によって捉えられる。以下では、この聴くことの構造を解明することにしよう。

ここで比喩的に「聴くこと」と言われる内面的行為では、主体とは無関係な事実的な情報が、通常の知識の地平で、すでに定まった判断や画一的な反応の中に収められることはない。そのような限定された範疇での傾聴は、自分を取り巻く世界を扱うことには役立つが、それよりも深いところに、主体が自己の存在において触れるような超越論的と言うべき傾聴がある。人間は、自分自身の根本的に新しい可能性を聴き取ることで、具体的な意味内容を受け入れるとともに、自らの自己理解の地平を修正し、拡大するのである。人間存在を理論的に了解する側面と、実践的に行動する側面との根源的な統合に基づいて、そのように聴くことのうちに自由それ自体の力が変化していく。人間は超越論的な言葉を聴き取る際に、自由のもつ意味への投企と決断する力とが変わることを意識しているため、聴くことへの決心を必要としたのである。

言葉を聴き取ることで、自由はなるほど、反省的に実現され自分のものとなった在り方において直接ではなく、自由としての受容能力という点において変化させられる。というのも、言葉の呼びかけと内容ゆえに、自由は言葉のうちに意味されているものに対応するものにまで成長していくからである。すなわち、聴くことそれ自体において自由は、言葉で語られた現実と直接、一体となるのではなく、言葉に対してふさわしく決断する能力として、つまり、言葉の中で顕わになる超越的な他者の相手として設定されるのである。言葉のうちに伝えられた意味内容は、自由の中でさながら酵素のように働き、内側から自由を呼び覚まし、拡大する。そして、言葉のうちで自らを差し出す他者に直面して、肯定的に決断する力となるのである。それゆえ、他者の呼びかけを洞察することによって、他者に対する自由の内的な意味の地平と自由の力量は増していく。自己は、他者の引きつける力のために自らを失うのではなく、呼びかけに対する実際の承諾という点で自分自身にとって課題になる。

こうして言葉の力に基づいて最終的な決断力が自己に与えられるとき、すでに現実のものになっている自己存在と、言葉によって呼び覚まされた新しい高次の可能的な自己存在の地平との間で、葛藤が生じる。自由そのものの中でのこの緊張関係を通じて、語りかけに向かって決断することが避けられなくなる。かくして自己は、自らを凌駕する能力を具えると同時に言葉から養われたこの新しい力によって、言葉の中で意味されている申し出に対して、自分を閉ざしてしまう極度の危険に陥る。言葉を聴き取ることで人間は、確かに深められ自らの中心に近づくものの、最終的にはまだ未規定であり、そこからこの申し出に「然り」と自由によって応じることで、実現されるのを待つことになる。

　要するに、他者をそのまま受け入れうるにふさわしい相手として、自己の力量が増すのは、他者の現れとその言葉によっている。言葉と要請された自由とのもはや遡りえないこの関係を、一つの存在論的概念にもたらそうとするならば、根源的な生起として理解される範型的な原因性というモデルが考えられるだろう。超越的な他者は、隔たりを残しながらその現れを通してのみ、有限的なものをその内的形相へと展開させる。同時にこの内的形相は、自己の中に他者の像を示し、目的である根源へと開かれつつ還帰することによって、自己の活動に方向性と意義を開示するのである。自己に対する他者の目的因性は、もっぱら副次的なかたちで、すなわち人間をその固有な力の中へと媒介する範型因的な原因性の中でのみ、有効になりうる。

　このように自由に面して言葉が原因となることは、人間の自由に完全に構成された存在を贈与するものではないが、また純粋に理論的な認識の媒介に限られるのでもない。それはむしろ、理論的領域と実践的領域との分岐点において働いている。言葉そのものが、一方では、単なる言葉やものの現れに過ぎず、事柄そのものではないという点で理論的であるように、他方では、約束という生きた言葉として実践的であり、有限な自由を励ます意志の呼びかけだからである。とはいえ、認識と自由そのものにとっては、このように関係的・志向的な在り方において自立性を許容する原因性こそが本質的なのである。というのも、認識というものは客観的内容だけでなく、それを遂行することにおいて、あらゆる現れを通して自らを伝えている光から常に養われており、同様に自由の生命もまた、自由に対して提供された他者の愛から湧き出るからである。したがって、言葉と自由との間の存在論的な生起には、有限な精神それ自体の構成が存続しており、それが内的経験において現れているのである。

五　根本決断の実現

(1)　言葉から現実への進展

聴くことにおいて、自由は真に決断する寸前まで導かれる。というのも言葉は、呼びかけ約束する他者が直接現前することに、自由を向かわせるからである。自己は聴くことのうちに、自らに差し出された可能性を、つまり、それ自身を与えようとしている無条件的な超越と一つになるよう促す呼びかけを理解する。しかしながら、聴くことに留まっている限り、自らを与えようとする超越をまだ現実のものとして肯定していないし、いまだ自分で引き受けたことにもならない。そこで自己は、単に志向的な意味内容と顕現する現実との狭間で、言葉そのもののうちに示された境界線上で、まだ決断しないまま立っている。その際、自己が生きた言葉に率直に耳を傾けることをやめず、自分自身を閉ざしてしまわないでいるならば、言葉は、自らにとって客体化された単なる理論的な知識内容――それは自己への関わりを失っている――を超えたそれ以上のものなのである。言葉のうちに呼びかける他者の現実存在が紛れもなく働いているので、自己は言葉から惹きつけられ、要請されていることを自覚する。一方で自己は、聴くという行為において、言葉の中で指し示された現実そのものに対する言葉の意味内容の隔たりを埋められず、その現実をまだ自分のものとして受け入れていない。自由はその一方で、宙に浮いた定めのない状態のまま、自己を守ろうとする欲求から自らの中に押し留められてはいるものの、それ自体として、また自分自身にとっても、より偉大な現実である他者に、心底から惹かれていることを感じているのである。

自由の内部でのかかる緊迫した状態は、自由に向かって発せられた叫びの内面化にほかならないのだが、今や他者そのものが要請してくる現実と直接に対面することで、決断を迫られる。この決断とは、聴き取られた言葉に基づいて、言葉のうちに証しされる超越的な他者に、その現実性において身を委ねることを意味する。すなわち、根本的には決断とは、認識の領域から出て未知のものの中へ盲目的に歩みを進めるのではなく、現実を顕わにする言葉のうちに開示された領域内で認識された意味内容から、その中に表された現実へと迫っていくことである。現実そのものは、それが何であるかという内容そのものより以上のものであるので、他者の現実性また同時に他者への関わりの現実性も、言葉や現れの中ですべて汲み尽くされるものではない。そうである以上、人間はこの決断において、言葉とその認識の内在的領域を貫き進み、そこを超え出る。このように、他者をその現実性において受け入れることによって初めて、人間は言葉をも本当の意味で、また決定的に受け入れるのである。というのも、言葉の本来の役割は、その中で言われていることや自らを伝えるもの自身を、聴く者に媒介することにあるからである。

(2) 信じる自由

したがって、言葉を通して事柄そのものへと超出することは、言葉を空しい覆いのように取り残したりはしない。他者が差し出すものはただ言葉のうちでのみ捉えられるので、自由の自己譲渡は永続的に言葉に由来し、言葉のうちに現れている他者の約束に信頼して、自らを委ねようとするのである。ところで、自由のこのような信頼に満ちた自己超越は、構造としてはキリスト教的な意味での信仰行為と一致する。事実、信仰において人間は、自分に語りかけられた恵みの言葉を信頼することを通して、この言葉の中で自らを啓示している神自身を信頼するからである。同時に次のことが暗示されるだろう。すなわち、この自由の根本行為は、他者による「私のため」の約束に養われた希望によって可能になるが、この行為はそれ自身においてまたそれ自身のために、完全に他者への自己譲渡であることから、根本的にすでに愛と一体であり、愛のうちに内在的な目的像を有している。したがって、他者の自己証示を信仰をもって受け入れること、他者の恵みを通して自分自身が充溢するという希望をもつこと、そして自分自身を超え出て愛することによって他者へ献身すること、これらは、自由が超越的な他者によって固有の究極的な姿を求める能力を与えられている限り、自由そのものの根本的な遂行形式であることが明らかになる。自由に対して、その自己実現のこのような道が開かれるかどうかは、ただし、すでに冒頭でこれらの考察の仮説的性格を指摘した際に述べたとおり、自由の自然本性的な在り方だけからは決定されない。なぜなら、神への関わりは、自由それ自身が含んでいる可能性を超えているので、自由の自然な自発性からは要求されず、神の呼びかけによって初めて開かれるからである。

(3)　他者による自由の決断

今やこのような信仰の決断の形態は、自由がそれ自身から他者を把捉しようとするのではなく、それ自身を他者に差し出すこと、否、むしろ他者によって捉えられるように請い求めるところに成り立つ。自由は、他者の要請を真実で信用できるものと承認し、他者に自身を司る権能を譲り渡すことで、他者に自らを与えるのである。自由は、譲り渡すに際して、自由にとって根底から生じることに、自分勝手に介入するどんなことをも断念する。なぜなら、そうでなければ自由は、他者の真実と現実に通じる道を自らに閉ざしてしまうからである。

かくして、自己がまさにこの自由のうちに他者によって捕らえてもらい命じられるままに自由であ

ると き、信頼しつつ信じる自由は、従順の自由に深まっていく。このようにして有限的自己の自由は、超越的な他者の自由に対して自分を惜しみなく与え、他者の意志の側から規定させるのである。

それとともに信仰という自由な行為は、直接それ自身において、他者からの影響に対して開かれている。今や他者は、自己の自由な行為をその前提から、つまり呼びかけを通して、それによっていわば背後から可能にするだけでなく、自分を現存させ伝達するその影響を通じて、自由の自己譲渡の行為そのものを、つまりその直接の対象として、あるいは前方から支えるのである。行為の相手方としての他者は、その点において同時に行為の源泉でもある。自由な行為の構成におけるこのような存在論的関係は、根本的には、ただ志向的な構造の中に書き込まれている関係を実現している。なぜなら信仰の志向性は、他者から養われながら他者を目指すものだからである。

(4) 自己の新しい中心

信仰の決断の前提にある言葉への傾聴が、客観的な志向内容と主体の理解との関係に辿り着くだけであるのに対して、信仰の決断を経ることによってこの関係は、自己の自由な存在と他者の自由な存在との関係に変わる。他者の存在と意志が、自己の意志と存在に与える現実の関係を通じて、今度は自己それ自身が変革される。自己の超越論的形式の投企である理解の地平が、作り変えられるだけではない。自己の存在が超越からの現実的な影響を受けて充たされ、さらに形成され続けるような形式と能動的受容能力であることが明らかになる。このような純粋な開かれた在り方において、自己は存在論的に自らを規定し、刷新し、造り変え、充足させてもらうのである。超越しつつ他者に対して開かれた在り方の中で、自らを伝えようとする他者の働きかけによって、自己のうちにより深い中心となる新たな存在が育っていく。他者の意志は、ここではもはや、単に言葉や呼びかけの根源としてだけでなく、自己にとっての現実の源泉であることが分かる。かくして、自己が他者から自らに贈られた自分自身のより深い現実を受け入れることにおいて、自分の意志を他者の意志にその都度、さらに深く、志向的・現実的に譲り渡すことになる。つまり、この関係が二つの自由そのものの間に生じるものである限り、これらの厳密な一致において自由の自己譲渡は、同時に自己が存在論的に構成されるのである。その場合の自己とは、他者がその存在の直接の顕現のうちに働きかけることで成立する究極的現実の人格的な似姿であって、もはや単に本性的に未定なものではない。だが、このように他者から受け入れられることで、すなわち自らを伝達する神の存在に生き生きと参与するうちに、それは、他者の働きかけが自己のための自己伝達として、まさに自己そのものの固有の存在を構成する。有限な自己は、その目的と憩いの場所を見出す。

したがって、自己が自らの自由な行為によって根本的な規定を受けることは、他者そのもののために他者に向かい、われを忘れて他者の語りかけに耳を傾け、他者の意志の働きに順応するという仕方で実現される。つまり自己は、もはや反省的に自分自身にかかずらうことなく、自己の全存在を挙げて自由に他者の影響に応じようと努めるときにこそ、自らの固有な核心そのものを受け取るのである。

(5) 愛する自由

他者の中にこうして自己を見出すことによって、他者から形成された自己の存在は、他者に向かう純粋な関わりという形態を取るようになる。同時に、本性的な自己の存在も緩慢に固着して自閉していた在り方が消えて、意義の基盤である他者に向かって、また愛すべき相手の善さのうちへと生き生きと志向するようになる。このように、自己の固有な存在が他者との合一にまで変化し、自己が他者の中に中心と拠りどころと目的を見出すとき、自己の存在は、他者そのものに対する純粋な受容と合一の能力にまで形成される。自己の存在は、他者からの呼びかけと影響に対する応答を超え、また言葉や形態を具えた他者のいかなる現れをも超えて、他者の自己贈与のうちに、まさに他者の現存によって直接に充たされることを期待するような関わりとなる。そうすることによって自己の全存在は、自由な自己超越の行為に統合されていくのだが、それは他者に対する愛のうちに、同時に受容しつつ他者との合一を求める純粋な待望なのである。傾聴と信仰の自由から発した従順への自由は、こうして他者からの影響の下で、愛と合一を目指す自由に至って完成する。愛が自分自身の存在と同一になり、その存在自身の超越的な根底において完了するとき、自由はこのような自己超越において、同時に自分自身の中では内的な緊張や隔たりもなく、完全な安らぎと自己同一に達するのである。このとき自己は、もはや単に自分の行為においてだけでなく、自らの究極的な本質的可能性と合致し充満しているという意味で、自己の存在自身において自由なのである。

六　反省的自己規定

(1)　本性的な自己の意義の規定

自由の本来的な自己規定が、超越的な他者から自己を規定してもらうというかたちで行われるならば、自己を主題に掲げるような、自由のそれ自身への再帰的な関わりは、二次的で補足的な機能しかもちえない。それにもかかわらず、自由のそれ自身への再帰的関係は、超越的な他者そのものとの出会いの意味によって自由から要求される。なぜなら、自由それ自体は、その全体において自由の新しい在り方の根源に関わりをもつように呼びかけられているため、すでに与えられている自由の自然本性的な在り方をも、この関わりの中に統合しなければならないからである。だが、固有の本性的な在り方を他者から受けとった意義の方向に受け入れることは、この在り方が自己そのものの在り方である限り、自由な自己によってのみ行われうる。超越からの信仰による受容と、超越との関わりにおける自由の深まりによって、自己は、自分自身を再帰的に形成する力を与えてくれる、自分自身を超えた地点と自らの本性を凌ぐ威力を得るのである。

このようにして自由は、超越に向かって拡大された自由の意味の地平から、段階的ではあるけれども根本的には唯一である根本決断という行為の始まるときに、その自己超越が起こる地点に帰って行く。自由はこうして、最初は人間の人格的中心としての自己であったものの、決断の過程ですでにそれ自身を超えて新しく得られた中心にまで深められ、同時にそれ自身としては比較的、二次的な段階に下降したものを捕捉するのである。しかしだからといって、根本決断によって獲得された自己の新たな頂点と中心が、理論的考察や意図的な使用といった明確な反省の対象になるのではない。自己は神との関わりの中心において、自分自身を脱して対象的な仕方では解決されない神秘であり続けるが、同時にその遂行というかたちで直接自分に現前しているのである。

このような還帰する関わりの中で自由は、他者から受けとった現実的な影響を通じて、つまり超越から聴き取った呼びかけの意味に従って、自分自身に引き戻される。自己は、能動的に自己を自由に規定することで、超越から自分が導かれ規定されるようにすることによって、自分自身を規定する。自分を自由に用いることと用いられることとが、不可分で一体となっているが、それでも用いていただくという側面のほうが主導的であり続ける。人間は自己を自由に用いる中で根拠から贈られた約束とその実現を、自らの本性的な在り方の究極的な意義と現実として体得することで、自らの自然本性的な在り方を自由に引き受けた自己の存在の中に統合するのである。人間はこの意味で、すなわち人格的に究極にまで規定された存在に関して、超越からの恵みによって自分自身の原因（causa sui）となる。これが「自由」ということの究極的意味なのである。

(2) 世界内での具体化

人間の本性的な自己は、孤立した中心点なのではなく、さまざまに分岐した具体性をもった世界内的な関わりの中でのみ自己自身に目覚めるので、再帰する自由な自己規定もまた、自己の中心から発して人間存在のあらゆる次元に及ぶのである。なぜなら人間は、信仰において受容した意義に、本性的で人間的ないかなる関わりをも拒まないことによって、つまり、自己の存在を超えて世界内的で共同的な人間との関わりの中で意義を実現することによってのみ、この意義を完全に自らに固有の在り方とすることができるからである。それゆえ超越への内的な自己超出は、外へ向かって、他の人間に向かっての自己超越に至ることになる。なぜなら人間の存在、ゆえに超越から受容した存在はまた、世界内的な状況の質料性の中で、つまり身体において初めて、自立した存在、すなわち自己存在に達するからである。

それとともに人間には、対象に先行している受け取られた超越論的な意義に、対象化して具体的に形態を与えるという課題が生じてくる。人間は社会的、歴史的な制約に基づいて、自らの新しい存在にふさわしい表現形式をいずれにしても創造的に生み出すことはできないので、この新しい在り方の意義を具現するのに適っていると思われる既存の形式を探す。こうしてすでにある環境が、人間によって改めて吟味され、その潜在的なより深い意義に向かって創造的に開示される。人間存在の自然的な次元と世界内的にそれと相関する事物――芸術と文化に始まり、組織と制度、技術と経済、法と社会に至るまで――は、既存の構造をその意味と現実に関して変容することによって、新しい秩序と合目的性を得るのである。それに伴い根本決断の中に根を下ろしている自由は、いわば下降しながら行為の自由と選択の自由に立ち戻り、再び世界に向かって拡大される。超越から贈与された自由の意義は、事実の世界に直面することによって、委託された世界に対する課題となる。そこで自由は、対象に関する具体的な行動をなしうるために、この意義を一つの価値の地平において客観化し、具体化しようと努めるのである。こうして選択の自由が、それを導く価値の地平を通じて根本決断の中に定着することによって初めて、世界内での行為もまた、自己に与えられた究極的意義の実現や表現となるのである。

七　神学の伝統における根本決断

ここまで展開されてきた理論の基本的要素は、なるほど哲学史の自由論には見られない。しかしながら、すでに理論の内容から予期されるように神学的な伝統、すなわちトマス・アクィナスの義化論の中に明らかに形づくられていることを、以下に結びとして、歴史的に示すことにしよう。神学は、ここで生きられた信仰の事実に裏打ちされ、哲学的思想を超え、それに初めて最高度の可能性をもたらすのである。

トマスが当然ながら、伝統に則って述べるように、信仰において与えられる聖化の恩寵が人間の本質に付け加わる。しかしだからと言って、この恩寵は、人間存在を副次的に外面的に補うようなものではない。つまり、通常の意味での偶有性なのではない。むしろトマスは、本質に付け加わるものの、人間の内奥に触れ、それどころか内奥自体となるような恩寵の特性を、哲学者には周知の意味での偶有性から明確に区別する。(2) なぜなら、恩寵の目的は第一に、人間的な行為を可能にすることにではなく、自己の刷新、あるいはトマスの用語で言えば、魂の刷新にあるからである。それゆえ、恩寵の担い手と場になるのは、能力ではなく、魂そのものの本性もしくは本質である。(3) 恩寵が与えられることは、人間を新しい存在において打ち建てることであるから、(4) 人間の新しい創造と言ってよい。(5) ここで問題になっているのは、存在そのものが真に与えられるということなのであって、人間は単なる所与の潜在的能力において現実化されるのではなく、自身のすべての存在と働きに先立ってある中心において新たに創造され、生み出されるのである。(6) 人間の魂は、精神的本性をもつ以上、つまりその中心において存在そのものに向けて関係づけられているので、この新しい存在を受け入れるべく本質的に開かれている。(7) 義化において得られる恩寵が自己をその存在において新たに樹立するということを、存在論的におそらくこれ以上、明確かつ決定的に述べることはできないであろう。

義化は、人間のいかなる意志や功績にも先立ってある自己において、すなわち自分自身の功績のなさから人間を刷新するがゆえに、神の自由な創造的な贈り物である。(8) それにもかかわらず、人間がまさに義とされる瞬間、つまり人間が新たな存在へと規定されようとするそのときに、自ら自由な行為を行うことなしには、自由な人間の義化は実現しない。(9) 神と人間との相互的な触れ合いという、義化そのもののもつ対話的な性格ゆえに、人間の自由な行為が不可欠なのである。(10) 人間のこの自由な行為とは、人間が神へと向きを変えるところに成立する。(11) こうして人間は初めて、しかも永続的に、根本的なかたちで、神に向かっての自己超越を信仰の自由な決断において実現する。(12) すなわち神の言葉を受け入れ、それを我がものにするのである。信じるという行為には、愛と希望がその行為の契機として含まれている。(13) このように人間は、信仰をもって自己を神自身に譲渡することによって、自らの中心が規定されることが明らかになるのである。

トマスは、信仰における対話性の独特な在り方と、それによる自由な行為の特性をより詳細に規定しようとしている。人間の意志は、神が人間の意志を内側から神自身に惹きつけることで、神へと向きを変える。(14) 人間の超越する自発性は初めから、恩寵によって受け取られるべき呼びかけのもとにあるので、人間の自由は規定を許容する受容しやすい状態にあり、(15) しかし同時に、そのように受け取った影響を、この影響の力そのものによって最終的に自らのものとする。(16) 恩寵から導かれる意志の自由な行為の再帰的性格が、このことからはっきりと分かるのである。

贈与されながら、しかも自ら獲得した神へと向き直るこの過程は、信仰に同意することで目的に達する。こうした自己超越が可能なのは、人間が神を自分自身の善として、つまり自らにとって善いものと認識することによっている(17)。人間にとっての救済である神自身を信頼することのうちに、キリスト教の教理全体が、キリストの受肉と受難、さらに救済に不可欠な他のすべての真理への信仰が、潜在的に含まれている(18)。

信仰による神への自己超越において、今や人間の自由は神の側から、また同時に自由の既存のありよう――具体的に言えば、罪を負った状態――に連れ戻される(19)。悔い改めの根本的な対象となるのは、外的な行為や対象化された過去なのではなく、厳密に自分自身に立ち返ることで、神から離反した罪ある状態のうちにある自由そのものを見出すことである(20)。遡及しつつ固有の存在を再形成することは、まず第一に、自由の既存の状態での出発点における自身の自由が関わっている。

自由は、神の恩寵に満ちた意志を自由自身の意志として受け入れることで、神から満たされるので、自由自身の働きと神の働きとはここで一つになる(21)。自分の働きが、神の働きを共に遂行することになるのである。友愛のこのような存在論的な一致のうちに、つまり他者の意志と存在を自己の存在と意志のうちに現実に引き受けることによって、自由に対して神の側から新しい可能性が開かれてくる。というのも、トマスが高く評価したアリストテレスの言葉で、自由の本質的構造と対話的性格を簡潔にまとめているように「われわれが、われわれの友を通じてなしうることを、われわれは何らかの仕方で、われわれを通じてある程度なしうる[22]」からである。

注

(1) K・リーゼンフーバー「自由行為の多次元性」補遺「トマス・アクィナス晩年の自由論」『中世における自由と超越』(創文社、一九八八年)三七五―三八五頁。

(2) Thomas Aquinas, *De Veritate* (= *Ver.*) q.27 a.2 ad 7: "Nihil tamen simile gratiae in accidentibus animae quae Philosophi sciverunt, invenitur: quia Philosophi non cognoverunt nisi illa animae accidentia quae ordinantur ad actus naturae humanae proportionatos." トマス・アクィナス『真理論』第二七問第二項 第七異論解答「哲学者たちが知っている偶有性の中で、恩寵に似ているものはない。なぜならば、哲学者たちが知っていたのは、人間本性に釣り合った行為に向けられる魂の偶有性でしかなかったからである」。

(3) Ibid.: "gratia ... non immediate ordinatur ad actum, sed ad quoddam esse spirituale quod in anima facit." 同「恩寵は直接的には行為にではなく、魂のうちに生ぜしめるある霊的な存在へと秩序づけられている」。

(4) *Summa theologiae* (= *S. th.*) I-II q.110 a.4 c.: "Unde relinquitur quod gratia ... sit in essentia animae." トマス・アクィナス『神学大全』第二—一部、第一一〇問第四項解答「ここからして……恩寵は霊魂の本質において見出される」(『神学大全』第十四冊、稲垣良典訳、創文社、一九八九年。表記等、一部改めた箇所がある。以下同じ)。

(5) *S. th.* I-II q.110 a.2 ad 3: "Et secundum hoc etiam gratia dicitur creari ex eo quod homines secundum ipsam creantur, idest in novo esse constituuntur." 同書、第二—一部、第一一〇問第二項 第三異論解答「そして、この意味においては人々が恩寵に即して創造される限りにおいて、……すなわち新しい存在におい

て確立される限りにおいて、恩寵もまた創造されると言われる」。

(6) *S. th.* I-II q.110 a.4 c.: "per quandam regenerationem sive recreationem." 同書、第二―一部、第一一〇問第四項解答「何らかの再生あるいは再創造という仕方で」。

(7) *S. th.* I-II q.110 a.4 ad 3: "anima est subiectum gratiae secundum quod est in specie intellectualis vel rationalis naturae." 同書、第二―一部、第一一〇問第四項 第三異論解答「霊魂はそれが知的あるいは理性的本性という種に属する限りにおいて、恩寵の基体である」。

(8) *S. th.* I-II q.110 a.2 ad 3: "ex nihilo, idest non ex meritis"; ibid., a.4 c.: "gratia, sicut est prius virtute." 同書、第二―一部、第一一〇問第二項 第三異論解答「無から、それは（彼らの）功徳によってではなく」。第四項解答「恩寵（それ自体）が徳よりもより先なるものであるごとく」。

(9) *Ver.* q.28 a.3 c.: "nullus habens usum liberi arbitrii potest iustificari absque usu liberi arbitrii qui sit in ipso instanti suae iustificationis." トマス・アクィナス『真理論』第二八問第三項解答「自由決定力を行使できる者は、自由決定力を自らの義化の瞬間そのものにおいて行使することなしには、誰も義とされることはできない」。

(10) Ibid.: "Unde et in spiritualibus, quando natus est esse mutuus contactus, non completur actio sine contactu mutuo." 同「ここからして霊的なものにおいても、相互の触れ合いが本性上、可能であるとき、相互の接触がなければ行為は遂行されない」。

(11) Ibid.: "Mens autem humana aliquo modo tangit Deum, eum cognoscendo vel amando: unde et in adultis, qui possunt Deum cognoscere et amare, requiritur aliquis usus liberi arbitrii, quod Deum cognoscant et ament: et ista est conversio ad Deum." 同「しかし人間の精神は、神を知りまた愛することによって、何らかの仕方で神に触れる。それゆえ、神を知り愛することができる大人においては、それによって神を知り

愛する何らかの自由決定力の行使が必要とされる。これが神への回心である」。
(12) *Ver.* q.28 a.4 c.: "Sed cum liberum arbitrium multipliciter in Deum moveri possit; ille motus de necessitate ad iustificationem requiri videtur qui est primus inter alios, et in omnibus aliis includitur; hic autem est motus fidei." 同書、第二八問第四項解答「しかし自由決定力は、多様な仕方で神に向かって動くことができるので、義化されるためには、他のあらゆる動きの中で第一であり、他のすべての動きの中に含まれている動きが必要とされると思われる。ところで、これが信仰の動きである」。
(13) Ibid.: "Sic ergo liberum arbitrium in iustificatione impii movetur in Deum motu fidei, caritatis et spei: ... Et haec tria computantur pro uno motu completo, in quantum unum includitur in alio; denominatur tamen iste motus a fide." 同「したがって罪人が義とされる際には、自由決定力が信仰、愛、また希望の動きによって神に向かって動かされる。……これら三つの動きは、それらが互いに互いを含んでいるという限りにおいて、一つの完全な動きと見なされる。しかし、この動きは信仰からその名を得ている」。
(14) *S. th.* I-II q.109 a.6 c.: "Unde patet quod homo non potest se praeparare ad lumen gratiae suscipiendum, nisi per auxilium gratuitum Dei interius moventis." トマス・アクィナス『神学大全』第二―一部、第一〇九問第六項解答「ここからして、内的に動かし給う神の無償の(恩寵的)扶助なしには、人が恩寵の光を受けることへと自らを準備することはできない、ということは明らかである」。
(15) *Ver.* q.28 a.3 ad 18: "[actus liberi arbitrii qui est in iustificatione impii] se habet ut dispositio tantum." トマス・アクィナス『真理論』第二八問第三項 第一八異論解答「(罪人の義化に伴う自由決定力の行為は)ただ態勢として関わっている」。
(16) *Ver.* q.28 a.3 ad 20: "Iste autem motus liberi arbitrii non solum se habet ad gratiam ut dispositio, sed ut complementum." 同書、第二八問第三項 第二十異論解答「しかし自由決定力の動きは、態勢としてだけで

なく、それを成し遂げるものとして恩寵に関係している」。

(17) *S. th.* I-II q.109 a.6 c.: "Sed homines iustos convertit ad seipsum sicut ad specialem finem, quem intendunt, et cui cupiunt adhaerere sicut bono proprio." トマス・アクィナス『神学大全』第二―一部、第一〇九問第六項解答「しかし神は、正しい人間を特別な目的――つまり彼らが固有の善のように意図し、それにすがりつくことを希求するもの、そして自ら――へと向けるような仕方で、御自身へと向け、回心せしめ給うのである」。

(18) *Ver.* q.28 a.4 ad 9: "licet sint multi articuli fidei, non tamen oportet quod actu cogitentur in ipso instanti iustificationis; sed solum quod cogitetur Deus secundum hunc articulum, quod est iustificans, et peccata remittens; in quo includitur implicite articulus incarnationis et passionis Christi, et aliorum quae ad nostram iustificationem requiruntur." トマス・アクィナス『真理論』第二八問第四項　第九異論解答「信仰箇条は多くあるが、まさに義化の瞬間には、すべての信仰箇条が現実的に考えられる必要はない。神が義とし罪を赦す方であるという箇条に従って、神が考察されることだけが必要である。この箇条には含蓄的に、キリストの受肉と受難、そして義化のために必要不可欠な他の事柄が含まれている」。

(19) *Ver.* q.28 a.9 ad 6: "[voluntas] simul potest moveri ad unum fugiendum et aliud prosequendum et praecipue si prosecutio unius sit ratio fugae alterius."; cf. ibid., arg. 6. 同書、第二八問第九項　第六異論解答「(意志は、) 一つのものを避けると同時に、別のものを追求するように動かされることがある。特に、その一つのものを追求するのが、別のものの逃避の理由であるような場合はそうである」。

(20) *Ver.* q.28 a.5 ad 3: "non est necessarium quod aliquis in ipso momento iustificationis de hoc vel illo peccato determinate cogitet; sed solum quod doleat se propria culpa a Deo esse aversum." 同書、第二八問第五項　第三異論解答「人間がまさに義とされる瞬間には、この罪とかあの罪とか個別的に考察する必要はな

い。ただ、自らの過ちによって神に背を向けたことを悔いることだけは、必要である」。

(21) *S. th.* I-II q.109 a.6 ad 2: "cum dicitur homo facere quod in se est, dicitur hoc esse in potestate hominis secundum quod est motus a Deo."; cf. ibid., a.9 c. トマス・アクィナス『神学大全』第二―一部、第一〇九問第六項 第二異論解答「人間は自らのうちにあることを為すと言われるとき、このことは彼が神によって動かされている限りにおいて人間の能力のうちにある、と言われているのである」。

(22) *S. th.* I-II q.5 a.5 ad 1: "sicut natura non deficit homini in necessariis, quamvis non dederit sibi arma et tegumenta sicut aliis animalibus, quia dedit ei rationem et manus, quibus possit haec sibi conquirere; ita nec deficit homini in necessariis, quamvis non daret sibi aliquod principium quo posset beatitudinem consequi; hoc enim erat impossibile. Sed dedit ei liberum arbitrium, quo possit converti ad Deum, qui eum faceret beatum. 'Quae enim per amicos possumus, per nos aliqualiter possumus,' ut dicitur in III Ethic." Cf. *Eth. Nicom.* I. 3, c. 3 (1112b27); *S. th.* I-II q.109 a.4 ad 2. 同書、第二―一部、第五問第五項 第一異論解答「ちょうど自然が人間に、他の動物に対してのごとく武器や被覆を与えなかったとはいえ、決して必要なものの供与に欠落しているわけではなく、そのかわりとして、自分でこれらのものをそれでもって手に入れることのできる理性とか手というものを与えているごとく、やはりそれと同じように、自然は、たとえ人間に、それでもって幸福に到達しうべき何らかの根源を与えなかったにしても、やはり決して必要なものの供与に欠落しているというわけではない。事実これは不可能だったのである。しかし自然は、人間に自由な意志決定力という、それによって彼が彼をして幸福たらしめる神に向かうことのできるところのものを与えたのである。まことに、『倫理学』第三巻に言うように、『われわれが友人を通じてなしうることは、われわれはこれを、ある意味ではわれわれを通じてなしうると言えるのである』」(『神学大全』第九冊、高田三郎・村上武子訳、創文社、一九六九年。表記等、一部改めた箇所がある)。

第八章　現代思想における黙想

黙想に対する現代の強い関心には種々の要因が考えられるが、中でも合理主義的、実証主義的な考え方への失望が、少なからぬ作用を及ぼしていると言ってよいだろう。しかし、黙想というものが、単に科学的な合理性やそれによって形成されてきた競争社会への反動や、それらを補足ないし調整するものとして理解されるならば、合理主義とその世界観の否定という限局されたものに留まるであろう。その場合には、黙想はいわば余暇中の気分転換や一種の心理療法になってしまう。そうであるなら近代の合理性や技術と同様に、黙想も結局のところ、人間自身の必要性という価値基準に依然として制約されたままである。このような目標を据えている限り、黙想は、感情的な欲求を昇華しながら充足させようとする危険に陥りかねない。人間が、もはや自分自身の存在をその欲求もろとも真摯に開き放ち、超え出て行かないとしたら、黙想は意識の表層でなされる戯れに過ぎない。黙想が十全な力と深みをもって行われるためには、単なる外面的な行為としてではなく、人間存在の成長にとって、根本的な行為として理解される必要があるだろう。したがって黙想には、人間と現実全体との正しい関係のうちにその意義が明らかになるような、ある新しい精神的基盤が求められる。

以下の考察においては、現代の思想が黙想の新しい理解に対してどのような貢献をなしうるかということを、黙想それ自体の構造に注目しながら問うことにしたい。とりわけ、哲学は今日もなお思想一般に対して重要な役割を果たしているので、ここでは二十世紀初頭以降の現代哲学の流れに限定して論を進めていきたい。

最初に指摘しておかねばならないことは、現代の代表的な哲学的著作の中に、「黙想」という語はほとんど見あたらないという事実である。現代哲学は、意図的に卑近な日常の意識から出発しており、特殊な、いわば純粋な人間的行為を問題にはしていない。しかし、二十世紀の大きな哲学上の動向をより詳細に眺めるなら、そこから黙想の理解に対して、非常に豊かな示唆と刺激を受け取りうることが明らかとなろう。黙想の理論に関わるそれらの断片的な考察は、黙想の対象である超越、神、聖なるものについてはほとんど触れてはいない。そもそも現代の思想は、たいていがこうしたテーマに対して意識的に距離を置いているからである。だが、このような控えめな姿勢は今日一般的に見る限り、宗教的なものの批判や拒絶を意味しているのではなく、むしろ、人間存在の究極的な問題に関しては、科学的な方法や合理的な推論をもってしては不十分であることを告白している。哲学者は、このようにして哲学の射程を限定しながらも、生と思考が超越という源泉から生じていることを自覚していることもあろう。それにもかかわらず、このような根源を再びわれわれが自由に処理できる対象のように考えることは、哲学者の学問的な方法意識に対する誠実さが許さないのである。

現代思想の諸潮流に共通している点として、デカルト（René Descartes 一五九六―一六五〇年）によって基盤が据えられ、観念論において体系的・演繹的に展開された合理主義を克服しようとする試みであることが挙げられる。しかしながら、人間の思惟に関する合理主義的な狭隘な見解こそが、近代を通じて黙想という行為のより深い理解を阻んできたものでもあった。ところで、現代になって人間の意識や理解の多様性が再発見されるに及んで、黙想を理解するための貴重な手がかりが提供されるようになった。それらはまだ、黙想の包括的な理論を構築したり、本来的な宗教の意義において認識されるまでには至ってないにしても、格好の土台を与えてくれる。以下では、それをとりわけ現象学、解釈学、言語哲学、実存哲学、対話的思想といった二十世紀の思想を代表すると思われる哲学に関連づけて見ていこう。

一　現象を見ること

現象学の父とされるフッサール（Edmund Husserl 一八五九―一九三八年）は、自らの思索の包括的な論述を『デカルト的省察』（Cartesianische Meditationen フランス語版一九三一年、ドイツ語版一九五〇年）と名づけ、それによって、一方ではデカルトの『省察』（Meditationes de prima philosophia 一六四一年）を想起させると同時に、それを思惟の新しい様式によって完成し克服しようと試みた。このような黙想的省察は、現実が概念に先立ってすでに与えられていることを承認しているので、思弁や概念的構成に対しては原則として距離を置いている。思惟は現実を案出するのではなく、現実を見出すものだからである。それゆえに、現実に対して開かれている思惟は、「見る」こととして特徴づけられる。構成的思惟が、その概念から生産的・前進的にたえず新たな内容を案出していくのに対して、黙想的思惟は、あらかじめ与えられた現象をさまざまな面から思いめぐらし、その中へ入って行こうと試みる。したがって、黙想は進歩や直線的な発展を目指すのではなく、その視点を少しずつ変化させながらも、同じ問題に辛抱強く留まり、事柄の本質の洞察を得ようと努めるのである。

黙想はこうして、フッサールが標榜したように「事象そのものへ」の道を求めている。つまり、黙想においては根本的に事象がおのずから明らかであり、認識に先立って輝き、認識を照らすものであることが認められている。事象の放つ光、あるいは事象の自己贈与は、いかなる自分勝手な表象によっても置き換えられないので、認識が直観となるということにこそすべてがかかっている。というのも、それ自身から与えられているもののうちにある明証性は、事象を純粋な眼差しでありのままに虚心坦懐に眺めるときにのみ、受け取られる性質のものだからである。したがって、より多くより精確により深く見る者が、より正しいと言えるのであって、すでに出来あがった諸概念から前もって把握されている自己の見解を証明できる者がそうなのではない。

このため思惟にとってまず課題となるのは、自分の行為とその主観的諸原因を心理学的に反省したり、分析したりすることを控えることである。なぜなら、そのようにすれば、思惟の対象の側にある客観的妥当性が主観的感情へ解消されてしまうからである。このように心理学的な基盤から対象を説明するのに対して、黙想的思惟にとって肝要なのは、思惟の志向性である。黙想的思惟は、自然に不断にすでに行われている思惟そのものの自己超越を共に忠実に遂行し、あらゆる主観性から独立して妥当する事象へと向かうことである。事象自体に対していかなる前提もない開放性を得るためには、思惟は自らの先入見から――一般常識であれ、学問的な理論であれ――自己を解き放たなければならない。黙想において人は、反省的に自己の先入見と戦うのではなく、可能な限りその先入見の妥当性を留保し、つまりフッサールの言うように、それを括弧に入れるのである。それによって人間は、自分自身や自分が慣れ親しんでいる理解の地平を超え出て行くことができる。

かくして黙想は、ありのままに事象へ向かう勇気をもち、自分の側から意義を伝えようとしている現実に対して、受容的に開かれた状態にあるところから始まる。それというのも、黙想は感情的な自己満足ではなく、真理の明るみに向かう信頼に満ちた出立だからである。それゆえ、見ようとする意志のうちでは、根本的に――これはフッサールも忘れかけていたことであるが――現実が承認されており、この現実は、それ自体で存在するものとして肯定的に受容されている。自分自身で概念化できる体系よりも大きな現実に対して、主体は自己を自由に委ねるのである。純粋に見るという行為において、見ている者は自らを開示する現実の只中に導かれて、感嘆して見ていることがこの現実を賛美することになるのである。

こうした見方からすれば、現実はもはや自分で算定して意のままにできるような単なる無関係な対象なのではない。後期フッサールやハイデガー（Martin Heidegger 一八八九—一九七六年）が見極めたように、対象化することは、精密な計測を可能にすることを目指す、近代の方法論上の理想から実行される二次的な考察方法である。しかしながら、より根源的なのは、事象そのものとの認識における生きた接触である。この接触は、シェーラー（Max Scheler 一八七四—一九二八年）が示すように、認識されたものの存在自体への関与であり、したがって、その存在と一致する一つの在り方なのである。こうした関与のうちに考察する者は、認識される他のものから力を汲み取りながらも、その存在を侵害することはない。

黙想において人間が精神的貪欲さから解放され、現実そのものに対して開かれようとするならば、この現実はもはや単なる有限な主体の視野や欲求に制約されることなく、それ自身において、つまり現実自身としてその存在における存在者として現れる。現実は存在するものとして、人間の心理的行為に還元されることも、また対象として人間の関わり合いから除外されることもない。むしろ、この存在するものは、まさにその存在を通して人間にとっての意義と解放として、すなわち、主観性という隘路から意義と存在の無制限の広がりへ向かう出口として、姿を現すのである。その際、人間は外に現れた事象の表面から、その存在自体の深みへと参入する。それによって、存在するものは単なる任意の個別的事実としてではなく、ある世界の中心や焦点として、また世界の意義を開示するものとして現出する。というのも、個々のものはその意義において開示される限り、原則として限界づけられない全体との関わりの中でその姿を現すからである。

したがってハイデガーが指摘したように、黙想的思惟にとっては、存在するものへと向かうことのうちに、存在そのものがその意義において現存している。存在するものにとって、存在そのものとの一致と差異は本質的なものであるがゆえに、黙想的思惟もまた、絶えずこの存在論的空間を行きつ戻りつする。具体的な個々の意義から現実そのものの普遍的で根本的な意義へと手探りしながら進んでいき、そこから再び戻って、普遍的な基盤から具体的なものの確かさのほうへと下降の道を進んで辿るのである。黙想に伴う形象や象徴は、感覚的なものであれ言語的なものであれ、まさに具体的なものと普遍的なものとのこのような緊張を孕んだ統一関係を、つまり、断片的なものにおける全体もしくは存在論的差異を明らかにしている。そうである限り、黙想は形象や象徴によって導かれたり、それらを通じて事後的に理解できるようになる。

黙想者は、対象化して考察する在り方とは異なって、黙想されている事柄を自分から締め出すことなく、それに親和しながら自身もまた常に居合わせている。だからと言って、黙想者はこのような自己現存にあって、客体として自己を反省しているのではないため、自己は自らのうちに閉じこもることはない。むしろ、その深みにおいて自らを開放し、黙想されている内容に対して透明になっていく。このように黙想は、まさに現実的なるもの自体に純粋に関わるものであるからこそ、反省的な対象化以前の自我の深みにおいてなされるのである。同様の意味で、フッサールもまた哲学の営みにおいて、超越論的自我をあらゆる認識の場として主題化しており、それによって彼は、デカルトを経由してアウグスティヌス的伝統の中に立っているのである。こうして黙想されている事柄と関わることで、自我は同時にまた自己の真の姿を悟るようになる。それゆえ、黙想的認識は常に自我の中心に関わり、その最も内的な参与を要求する。それというのも、現実がその根本的意義において開示されるのは、ひとえにそこにおいてだからである。その際、黙想者は思いめぐらした事柄を、あたかも一粒の種のように自分自身の存在の土壌において受け入れるのだが、そこにこの種子は、精神的期待という開かれた潜在的可能態性に従って形成される力として成長していく。

このようにして、黙想者と黙想される事象は、互いに浸透し合い、開明し合い、相互に是認し始める。なぜなら、黙想者は対象との合一において、自らの存在の重みをもって対象を肯定するからである。あるいはむしろ黙想者は、黙想されている対象それ自体の真理と意味を、黙想者自身の存在を通じてそれ自らを肯定させる場と言うべきかもしれない。黙想された現実が、黙想している眼差しを通してそれ自身、肯定しうるものであるならば、それは同時に黙想者をその人の存在の真理へと導くであろう。こうして黙想の根底には、相互的な存在論的肯定が、したがって構造的に見れば、相互的な自己贈与と互いの受容という一種の対話的な関係が存在する。このような相互肯定的な関係の一致から、人間のうちに愛と喜びが育ってくる。なぜならば愛と喜びとは、自分の存在が他者から触れられたそのときに、自分自身の存在の只中で、他者を他者として肯定する人格的行為以外の何ものでもないからである。

黙想的態度がこのように純粋な受容性であるならば、それは倦み疲れた受動性から、まったくと言ってよいほどかけ離れたものである。というのも、対象はそれが真剣に求められているときにのみ、精神の眼にとって覆いが取り除かれ、姿を現すからである。それは認識というものが、フッサールが指摘したように、特殊な対象に対する期待を前提としており、この期待は、対象が顕現することによって十全化される――すなわち洞察する――ことで、完成されるからである。こうして黙想者にも、自己の最も内的な期待がかなえられるという経験が贈られるのである。待ち続け、希求するこのような態度は、対象の内容を自分のほうから勝手に規定することを禁じ、ある定まった要求のうちに固着するのではなく、開かれた未規定の状態にあり続ける。科学的な方法が、対象を形式に従ってあらかじめ規定するのに対して、黙想的に思惟する者は、なおも未知のものを尋ね求めて単なる主観性を乗り越え、そしてそこで現実そのものから自己を規定され、自らの期待自体においてもまた正されることになる。したがって、黙想的洞察は確かに最高度に人格的な行為ではあるものの、自律的主体の先験的な構想力による産物なのではない。それはむしろ、出会いや内的な経験といった性格を帯びている。なぜなら、このような現実把握の仕方にあっては、主体は自らの先入見を超え出るように導かれ、その根本的態度において変革させられるからである。

二　意義を了解すること

フッサールは、志向性と知的直観の意義を再発見したが、それにもかかわらず、依然として近代科学の客観性という理想に囚われていた。それゆえ、その思索の中に、個々の人間の実存や歴史の役割を十分に主題化しえなかったのである。ハイデガーは、ディルタイ（Wilhelm Dilthey 一八三三―一九一一年）を批判的に取り上げながら、彼の洞察を生かすことによってフッサールの現象学を人間の現存在と存在そのものとの解釈学へと進展させた。解釈学にとって中心的な「了解」という認識の仕方は、シュライアーマッハー（Friedrich Daniel Ernst Schleiermacher 一七六八―一八三四年）の解釈学に由来するが、ディルタイによって精神科学の方法として、自然科学的「説明」に対置されたのである。「説明」は近代科学に典型的なものであり、これによって人間は、多様な諸現象を最小限の一般法則に還元して、混沌とした感覚的印象を整理し、理解可能なものにしようとする。法則を得るためには、個別的な出来事を体験全体の流れの中から取り出し、分析し、数量化しなければならない。ゆえにそこで問題とされるのは、存在者の本質ではなく、存在者の諸機能、すなわち、同じく明確に定義されている対象との関係における反応である。この場合、対象は、それが研究者の問題提起や方法から求められている限りでのみ、自らを現すことができる。そのような認識のもつ厳密な客観性の背後には、存在するものをあらかじめ把握された図式によって吟味し、技術的な処理によって支配しようとする人間の意志が潜んでいる。こうした方法論的な対象化においては、研究者にとって存在者の固有の現実性とは、研究者が自らの目標設定に応じて持ち出すさまざまな概念的モデルにすべて適合するような現象に還元されてしまう。

「説明」の方法を採ることで、人間が自然を自分に対立させ、法則に基づいて概観しうるものや支配しうるものにするならば、なるほど人間は、さしあたり自己の自由な自律を確保していると言えよう。しかしながら人間は、自分の生活世界をも合目的に構想された概念的モデルに従って解釈し、組織化しているのであるから、もし「説明」という方法が普遍的かつ絶対的なものとされるなら、結局人間は、自分自身をも説明と支配の対象にしてしまうことになるだろう。つまり人間は、外的な目的に役立つことに自らの意義を見出すような、分析可能で生産可能な対象としてますます理解されるようになる。そうなれば、相対的で量的なもの、製造可能なもの、あるいは機能的な合目的性といったカテゴリーが、人間の思惟の構造を規定し尽くすあまり、あらゆる了解と活動の基盤である真と善の理念をも、その支配下に置くことになる。換言すれば、実際の現実とともに真理もまた、社会的な取り決めのようなものと見なされ、目的に従って相対的に規定されてしまう。そこでは善という理念のもとに、もはや実用的な有用性しか意味されていないからである。したがって、ニーチェ（Friedrich Wilhelm Nietzsche 一八四四―一九〇〇年）が看破したように、存在者や価値の総体が人間の権力意志へと還元されるものの、人間自身には、いかなる無制約的な意義も規準も欠如していることになる。

ところで「説明」という方法は、徹底した還元に基礎づけられており、そこではどんな質的なもの、特殊なもの、一回的なものでも等しく量的なものへと平板化されてしまう。しかしながら、まさに計測不可能なものこそが、個人および共同体としての人間の自己実現にとって根本的なすべての領域――例えば歴史、文化、個々人の生、人間関係、宗教――をきわめて深いところで規定しているのである。これらの領域に立ち入ることを可能にする認識方法は、一般法則ではなく、その都度の出来事の一回限りの意義を問題とするような了解である。

だが、ディルタイにおけるように、了解と説明、意義と事実とが、等しく根本的なものとして互いに対置されている限り、了解は現実性と拘束力に欠けた美的追体験に留まっている。これに対してハイデガーは、説明というものを、根源的な了解を前提としてその前提を跡づける抽象であることを明らかにする。このように、了解が人間の認識の根本形態であるならば、それはもはや、ただ事実から切り離された意義へと向かうのではなく、存在者そのものの意義へと向かっているのである。存在そのものが意義であるがゆえに、現実は了解されうるのである。したがって、現実との黙想的な接触のうちに意義が開示されるように、意義とのあらゆる触れ合いにおいて現実が関わっている。そして、黙想が現実をその意義において捉えようとする限りで、それは了解の構造に関与しているのである。

　事象の意義の中には理論的な面と実践的な面が、また事象そのものの構造と事象の人間に対する意義づけが、根源的に統一されている。その際、この意義とは、ある全体を暗示するものであり、例えばある芸術作品の意義は、より大きな意義の全体を断片的に表現するものとして現前する。こうして具体的で一見、偶然的な出来事が、その意義において把握された場合には、人間の実存の全体を指し示すものとなりうる。意義は単なる事実とは異なって、全体との連関を含んでいるので、単純に対象化されることも、個々の要素に分解されることもありえない。意義はまた、その都度の交換不可能な統一性であるがゆえに、ある一般法則の一例として了解されるものでもない。したがって、意義は外面的な比較によってではなく、ただそれ自体によってのみ把握されうる。了解することで意義の中へと入り込み、それを内側から感じ取りながら、自己のうちに新たにその意義を成立させるのである。それゆえ意義が開示されるのは、人間がそれを自らにとっての意義として遂行すること、すなわち、意義の中に含まれるいっそう深い意義へと向かい続ける力に、自己を委ねていくことにおいてである。意義了解にとっては遂行の契機が本質的であるので、意義の了解は、事実に関する知識や一般法則の洞察とは異なって、記憶の中に簡単に保存できるようなものではない。むしろ意義は、われわれにいつも新たに熟考するように促す。そうすることで意義は、さまざまな側面から、絶えず展望を深めていきながら自ら輝きを放つのである。まさにこの点に、同一のテーマを繰り返し黙想する必要性が、伝統的に重視されてきた理由が存するのである。要するに、意義の了解は、どんなに自らのうちに安らいでいるとしても、やはり未完成のままであることが分かるので、意義において人間に精神的未来が開かれてくる。この未来とは、対象として操作できるものではない。それは根本的には同一の意義でありながら、質的に常に新たな思いがけぬ到来であり、より徹底的に心を合わせていくべき可能性を意味する。

意義は、例えば実り豊かな出会いや、すでに意義として主題化された文化的産物、また宗教的行為のうちに、具体的なかたちで伝えられている。しかしながら人間は、外から意義に向かっていくのではなく、意義自体から否応なく触れられ、その結果、了解の過程に組み込まれる。ゆえに了解は、白紙の状態から始まるのでは決してない。というのも、人間は意義のあらゆる部分的な伝達を通して、自分自身がすでに絶えず支えられ形成されていた包括的な意義の全体を経験するからである。したがって意義の了解においては、過去が、まだ十分に認識されていなかった意義の諸経験として明らかになってくる。それにつれて、それらの諸経験が再び意義の地平となり、眼前の対象の意義を際立たせる。かくして、意識的な実存の存続性は、同一の意義の現象および実現の間断なき流れにおける連続性として、つまり歴史として成立する。人間は、所与の了解において常に自分自身をも了解しているので――換言すれば、所与の根底に閃く意義によってすでに絶えず支えられている者として自己を了解しているので――、意義の了解に際しては、決してまったく新しいものが問題になっているわけではない。そのような完全に新しいものであるなら、あくまで了解されないままだろう。むしろ意義において人間は、すでにこれまでもある現実を、それゆえ、自分自身を否定することなく自分から切り離すことのできない現実を経験するのである。こうして意義を了解することで、人間存在のまだ気づかれていなかった基底が、世界との関わりのうちに明らかになる。了解を通じてこのような基盤が、人間にとって実践的な自己理解の新しい根源と地平になるのである。

その際、意義は、少なくとも漠然とした希望というかたちで了解の前提とされているものであることがどんなに立証されても、決してア・プリオリに構成されたり、自分勝手に先取りされるものではない。意義は、それが現実の出来事となって意義の側から自らを伝えるときに初めて、了解されうるものとなる。意義は受け入れられると、その深さの程度に応じて人間のそれまでの了解の歴史を、したがって人間の全存在を意義へと結集し、以後その全存在を支えていくようなより深い中心となる。それゆえ、意義は人間の悟性や意志から生じてくるものではないが、常に人間の洞察や自由な決断の内的な実質へと完全に変えられ、その人自身のものになりうるのである。

意義の全体、言い換えれば存在自体の意義とは、人間との具体的な関連において個別の意義として断片的に理解される以上、人間は意義の了解において、自分を包括し現存する存在に意識的に関わっていく。無制限でしかも内容的に充溢したこの地平のうちに、日常の生の諸事実は、構造化されて自由に扱える全体へ位置づけられていく。意義はそれゆえ、さながら微かに流れる背景音楽のように常に存在していながら、たいてい聞き逃されている。黙想的了解では、人はこの音楽に注意深くなり、耳を澄ましてそのテーマを聴き取り、それによって日常の出来事の、うわべは雑音に聞こえるものでも、あの雄大な意義のハーモニーの不可欠の部分として聴くことができるようになる。言うまでもなくこれには、根本的現実としての意義に、自己を信頼して委ねるという心構えが要求される。

具体的な意義の了解は、包括的な意義に対する前反省的な了解によって養われているため、黙想で肝要なのは、具体的に与えられている思惟の素材を超えて、あらゆる思惟の背景として根底に横たわり、それらを導いているまだ思惟されていないものに注意を集中することにある。このような意義の背景は、なるほどそれ自体としては対象にならないが、対象よりもいっそう広く、かつ完全なものである。対象は、まさにその具体的事実性によって、絶え間なく意義をも覆い隠そうとしがちだからである。それゆえ、人間の志向性がその範疇や方法の面で対象的な所与を目標とする限り、それは意義の地平を主題化する課題に応えることはできない。したがって、意義に向かって開かれることで人間は、もはや概念的な把握力に頼まず、知的に優越しようとする意志を放棄して、人間自身の側からは検証することも確かめることも不可能なものに赴いていく。しかしながらそれは、自ら真理と意義として証しするものである以上、人間のあらゆる概念的理解をも支える唯一、確実なるものである。

概念に先立つそのような意義への傾聴は、静かな集中した注意力によってなされる。内的で精神的な眼差しは、純粋な志向をもって何の留保もなしに真なるものへと向かい、大いなるものへの畏敬のうちにそれに開かれる。そして、意義を与えるこの者に愛をもって近づこうとしていく。この場合、人間は自分自身の欲求によって規定されるよりも、むしろ内的な真理感覚によって真理のうちへと導かれている。

ハイデガーは、これを瞑想的思惟（besinnliches Denken）と名づけている。今や意義は、存在の充溢から自由な贈り物として伝わって来るので、そのような思惟（Denken）は、感謝（Danken）に近いものとなる。感謝は、人間が意義自体から自己の本質を受け取るがゆえに、自分自身が常に意義のおかげで存在するということをも感謝するのである。意義によって刻印された人間の本質は、再び意義へと向かって自己を超え出て、その自己超越の動きの中に思考を取り込んでいく。こうして感謝する思惟は、敬虔な思惟（黙想・祈祷）（An-dacht）へと導かれる。すなわち、この敬虔な態度において、人間は存在が不可解であることを認めるにもかかわらず、存在を目指して思惟し、存在へとつながるのである。そこではあらゆる我意が消え失せるので、このような黙想的思惟においては、人間は主体、つまり存在の担い手とか存在の行為者ではなく、むしろ、存在の語り出す器官や存在の現れの場であるような現-存在（Da-sein）へと変容される。人間は、自分からは存在に対していかなる能力ももたないが、存在自身によって呼び起こされた存在、その願望へのかすかな親近感を通して、存在の中へと向かわされている。

この深みへの沈潜を通じて、思惟は概念的把握から傾聴の姿勢へと変化する。それは悟性から、見ることよりも純粋な聴くこと（Hören）、さらには聴従すること（Gehorchen）と存在に属すること（Zugehören）であるような理性への移行である。純粋に待つことのうちに人間は、語りかけられた意義や内的な言葉を受け取ることができるようになる。意義はその際、看取しえない源泉から溢れ出て、人間を自由な応答へと呼び覚ます限りで、呼びかけおよび言葉という性格を帯びる。このような超越論的で内的な言葉から、意義は語られ表現された言葉となって、具体化されることを求めてやまない。文学の詩や哲学や宗教のうちには、この言葉となった意義が生起しているのである。

三　言葉を聴くことと沈黙すること

現代哲学は、例えば論理学の基礎研究や精神科学の方法論、また経験的あるいは哲学的人間学や間主観性の理論といったさまざまな面から、言葉の問題に直面している。言語を単なる道具と解釈する見方に対して、解釈学、構造主義、言語分析などは、多様なニュアンスの違いをもちながらも、言語があらゆる了解にとって基本的なものであるという一致した見解をもち、それを強調している。デカルトに由来する合理主義的な言語理論で理解されたように、人間はまず言葉なしに考えて、その後考えたことを言葉を通して表現するわけではない。むしろ思惟はすでに、受け継いできた言葉の意味や文法的構造、言語的模範やパラダイムによって形づくられている。思惟においてのみならず、素朴な体験においても、言語によって意識の奥底に形成された思惟の枠組みが働き、人間にとっての事物と出来事の意味内容を彩っている。それというのも、言語のうちには世界の構造が個人的認識と意志に先立って、いわば世界に向けての問いかけとして素描されているからである。具体的現実はこのような予備理解を通して認識されるので、それは人間において言葉となって、意義として明らかになる。したがって、人間にとって意義のあるものはすべて、言葉に関与している。こうして言語的なものは、あらゆる了解の包括的意義の地平においてすでに賦与されているとともに、その構造は、社会的振舞いの基本的な類型の中にも反映している。言語全体は個人的意識に先立ってすでに存在し、個々人の意識を制約しているため、それは十分に反省されることも、完璧に記述されることもありえない。人間は言語を使用しているのみならず、言語の中に生きているのであって、それゆえハイデガーが言うように、ある意味で人間は言語を語る者ではなく、むしろ言語自体が、人間において言葉を語るところのものである。それゆえ、言語は対象に関係する志向性にとって基本的であるばかりでなく、自らを通して人間の生の意義自体を伝える媒介物でもある。存在そのものは、言語のうちに人間に対して意義と声を獲得しているのであるが、日常の言葉の中に覆い隠されたかたちで存在し、さらに意義の担い手として際立つ――特に黙想において思惟されるような――言葉の中に、より顕在化されているのである。

言語的なものが人間の本質の基礎に属しているならば、人間とは根本的に、常にすでに語りかけられている者であり、それゆえに自分から語ることに先立って、まず聴くことへと呼び求められている者である。聴くことは根本的行為であり、人間は、意義を帯びた呼びかけを受け取ることを介して自立した人間存在となり、すなわち自分自身に目覚め考え始める。聴き手にとっては言葉のうちに把握された事柄とともに、語り手自体も顕わになってくるので、言葉は本来、常に事柄を含んだものであると同時に、人格的な呼びかけでもある。言葉は伝えられる内容に基づいて、世界における人間の位置を理解させて自由な主体性を促すと同時に、語られるものであるからこそ、主観を超え出て間主観的な関係に入るよう人間を招いている。正しく聴くということは、それゆえ自由かつ自主的な行為であり、人間はそこで絶えず語り手から要求され、新たな課題へと呼び出されるのである。

言葉は重要な意義の担い手でありうるが、しかし無意味な饒舌になり果ててしまうことも多い。一方、思いをこらす黙想的傾聴は、多くの言葉の中から根本的に意味されていること、そこに現前するロゴスや全体の意義といったものを聴き取ろうとする。このような根源的な言葉から人間が期待しているのは、世界のある特定領域に関する情報ではなく、世界全体の意義の開示である。そうした言葉と関わる中で、人間は自らが精神的主体として根拠づけられたものであり、この言葉の不可解な語り手へと自己を超え出るように呼びかけられたものであることを知るのである。

超越論的で主体をその根底でつなぎとめておく傾聴が、単なる空想の虚しい堂々めぐりに堕してしまわないためには、具体的な道標となるもの、すなわち、外から権威をもって語りかけてくる言葉を必要とする。もし傾聴がただの内的な行為であるならば、それは常にまた単なる主観性に逆戻りし、内容的にも乏しく、恣意的な思い込みとほとんど識別されないままに終わってしまうだろう。かくして人間は、傾聴を心がけながら信頼に値するメッセージが、換言すれば、超越に由来し世界の究極的な意義を闡明するような言葉が歴史の中にあるかどうか、歴史を尋ね求める。真の超越は、自らのうちに歴史性をも包含しうるので、聴き手は包括的な意義を具体的で世界内的な形態の中にも求めてよい。たとえこれらの形態が誤解の危険にさらされていようとも、それらは明確な意味内容を、真の権威をもって伝えることができるからである。そのような歴史的なメッセージにおいて、本当に超越的なものが伝えられるならば、その歴史的な形態は意識を圧迫して鬱屈させるのではなく、自分自身の中で方向性が見出せずに行き詰まっている意識を解放するのである。歴史的要求に対して初めから背を向けるような自由は、抽象的で形式的なものになる。一定の意義に耳を傾け、それに方向づけられることによって初めて、人間は自分自身からも自由になる程に深い自由を獲得するのである。

黙想者が歴史的に確認された要求と真剣に向き合う勇気をもつとき、その人は生きた伝統と関わり、その中に歩み入る。そして黙想において開かれる現実の深みは、伝統を通して人間に対して具体的な形をとるようになる。ガダマー（Hans-Georg Gadamer　一九〇〇―二〇〇二年）の解釈学が強調するように、真の了解は、ある具体的な言葉が徐々にその意味を展開していく了解の歴史の中から生まれてくる。それゆえ、伝統を承認することによって黙想者は、幾世紀にもわたって深められ、いわば歴史的共同性を伴った黙想の豊かな財産に分かち与ることができる。

ところで、解釈学だけでなく現代の社会制度論でも明らかなように、伝統とはまず目に見える権威に対する承認を含んだものである。権威は根源的なメッセージを、その都度に新たな精神的状況において了解可能なかたちで伝え、耳を傾ける者に対して、解決すべき不可避の課題として提示する働きをもつ。さらにまた伝統は、同じメッセージを得ようとして苦闘するすべての人々とのつながりを含んでいる。このため伝統は共同体を創出するが、そこでの傾聴と了解の課題は、間主観的な交流のうちにその解決が求められる。了解が、言語共同体の生に積極的に参与することを前提としているということは、現代の言語分析の最も重要な発見の一つであろう。意義は外からの観察のうちにではなく、自らの試みと他人からの修正という共同作業において識別され、自分自身のものとなる。言語哲学のこのような洞察は、人類の偉大な宗教的伝統の中で昔から実践されてきたことを裏づけている。黙想は人間を内的に開き、それによって共同的な存在になしうるように、黙想それ自体が、例えば親密な対話や共同体での礼拝行為など、黙想内容を共同で遂行することにおいて確かめられ、深化していく。このように、宗教的伝統の中で育まれる黙想は、了解一般の諸条件を卓越した仕方で満たしていると言って差し支えない。

共同体は、黙想が発展できるような環境を生み出す。しかしながら、黙想における傾聴と了解とは、単に言語ゲームにおける規則に忠実であればよいのではなく、あくまで真理に対する洞察である限り、本質的には個人によってなされるものである。ゆえに黙想は、孤独と沈黙を要求する。マスメディアの時代にあって思想は、再び沈黙の意味に注目するようになった。沈黙は会話の中断ではなく、メルロ＝ポンティ（Maurice Merleau-Ponty 一九〇八―六一年）が明らかにしているように、言葉とともに一つの全体を成している。両者は互いに交代し、支え合い、満たし合う。言葉と関わりをもたない沈黙は、理解されないまま蔑ろにされてしまうが、沈黙の試練にさらされていない言葉も同じように、意味の貧しさを隠蔽しようとしているだけだからである。沈黙は、聴き取られた言葉が聴き手の中で自由に広がって行けるために必要な、傾聴の後の間合いであり、また人間が真理に立ち戻って、自らのうちに真理を語らせようとして要する、語る前の静かな沈思なのである。それゆえ、沈黙において人間は、まだ言葉になっていない真理に対して直接に自らをさらすために、自分自身の能動性を留保する。

言葉と言葉の間にある沈黙のほかに、語られた言葉自体のうちにある沈黙、さらにはそれにふさわしい傾聴といったものも存在する。言葉は、その意味するところのものが本質的なものであるほど、そのすべてを概念では包摂できずに、常に言葉自体をも超え出るものを指し示す。言葉の間に、また言葉を超えて漂い、暗示されている意味は、直接言われていることに比べてより重要なものでありうるが、語る者は、指し示している概念の脚光を、現実の深みに向けることを憚るかもしれない。言葉がまず日常的な営みを用途とするものである以上、人間を取り巻く世界の事象をすでに言語の形式に基づいて対象化し、区別し、関連させせながら言い表しているからである。このような言語の避け難い形式においては、黙想の本来の主題は、事実を歪める鏡を通して見る場合のようにしか現れることができない。したがって究極的な現実そのものは、たとえそれを言語のうちに捉えようとしても、言葉では十分に伝えきることができないのである。ウィトゲンシュタイン（Ludwig Wittgenstein 一八八九―一九五一年）の言葉にあるように、言表されえないものに対しては、ただ沈黙が残るほかない。このような沈黙においてこそ、あらゆる比喩や概念のうちに、またそれらを超えて、無制約的なものとして存在する唯一のものに対しての、畏敬に満ちた承認が吐露されている。この沈黙は、人間の精神の無限の空間をあらゆるかりそめのものから掃き清め、そうすることで、唯一の意義あるものが現れることを可能にする。人間の言語能力によってではなく、自らロゴスであるあの唯一のものが、精神の内的沈黙のうちに、先走った反省の黙するところに、あらゆる概念的投影が失効したときにこそ、聴き取られるのである。

四　心を統一すること

沈黙において人間は、自我の中心へと戻っていく。前期のハイデガーが示しているように、人間は日常的には常にすでに多種多様な外的なものに頽落し、本来的な自己を喪失している。人間は、自分自身から対象の世界や世間一般の考えに逃避し、それによって自己という存在の重荷をこの世界に肩代わりさせているのである。意義の傾聴に向かう道は、人間が欲求に隷属したり外的に順応することをやめ、自己自身の本来性に立ち戻ろうとすることによって生じる。もし人間が、例えば死を自覚して自己の代替不可能性に気づくならば、真摯にかつ自由に自分自身と向き合う決断をする可能性が与えられる。

自分自身へと立ち帰ることとは、勇気ある決断によって始まるが、それは意志の力によってのみ成し遂げられるものではない。自分自身を反省するということも、何らかの外的な基準に立脚してそれに縛られており、つまり内的に引き裂かれた状態に留まっている。したがって、自分自身と自我との統一には至らない。自己のもとにいることはそれゆえ、能動的な集中においてよりも、むしろ自我を手放し任せたままになる安らぎのうちに、すなわち、マルセル（Gabriel Marcel　一八八九―一九七三年）の言うところの内的統一において実現される。人間が願望の目的に囚われた状態を放棄し、自己のうちで統一されてあるならば、傲慢も自己卑下も消え失せるであろう。その両方の態度とも、外から自分自身を判断しているからである。人間は、所与の有限な存在であることを承認することができるようになり、そうした虚飾のない真率な自己受容のうちに、自分自身の存在が意識に対して開かれていく。自身を透明にして自己のうちへと入り、その根底に還帰してそこに根づくのである。人間の存在と意識とが、このように根底から統合されるならば、人間はまさしく自己に対する誠実という点で、開かれた受容的な存在になっていく。したがって、黙想における自己統一は、存在の遂行であると同様に、意識の遂行でもある。

外の世界に向けられた行動と欲求から、自分自身の存在のほうへ帰還することによって、人間は、自らの存在が「存在させられた存在」であることを悟る。というのも、我の根底において人間は、自分自身の存在を通して存在そのものと交流しているからである。人間は、自分自身の存在が絶えず存在そのものの隠れた根源から湧き出て、存在そのもののこうした創造的運動に参与していることに気づいている。つまり、自己受容は受動的なものではなく、存在そのものから創造的にかつ新たにされながら、固有の制約された存在に立ち戻っていく。こうして人間は、統一された心の静けさにおいて創造的な力を獲得するが、この力は、芸術的な想像や学問的な洞察力、また人間関係における信頼のうちに体現されている。

どのような仕方で自己を了解しようとも、人間は何らかのものによって自己を解釈し、ある関係の中に自己を位置づける。例えばデカルトの場合には、我が世界の事物を疑いながらそれに対立することに基づいて、自分自身を捉えている。否定された他者が、そこから我が主体として主題化される出発点となっているのである。それゆえ、このようにして得られた主体の自律とは、世界の排斥の上に成り立っているのだが、それとともに、まず世界への依存があって、次に世界の否定があるという内的な緊張関係に基づいている。かくして、近代を規定しているデカルトの我は、本質的に主体－客体の分裂した状態にあり、世界を念頭に置くことで初めて自己自身を所有するものとなる。しかしその一方で、世界が自己の自律をおびやかすことを恐れて、世界を死した対象へと無化しなければならないのである。

さらにまた、統一された我というものは、何ものかによってある関係のうちに自己に与えられている。この自己発見の出発点は、我の根源のうちに、存在自体のうちに、あるいは——意識の面から主題化すれば——真理自体のうちにある。我は、自律を支えるために自分自身の自由な努力だけに頼る必要はなく、存在の源泉あるいは内的光との関係から、自分自身を与えられているのである。したがって統一された我は、他者と対立することなく、つまりいかなる否定もなく、自身のもとにいる。自己存在と関係存在とは、近代では主体と客体、自律と他律として相互に乖離していたが、統一された我の場合には根源的に一致する。このような我は、世界に対する関係からではなく、基盤でありすべてを包摂している存在との関係から自己を理解しているからである。この我は、もはや他者に対して自己を隔絶させる必要はないので、自己のもとにあると同時に他者と共にいる。自らのうちに安らいでいる自己存在からは、他者と共に存在することのできる力が湧いてくる。それゆえ、統一された我はまったく無防備で開かれているが、存在の根底において守られていることを知っているため、至って安定しており不安とは無縁である。このような根本的信頼のうちにあるとき、我は感謝と喜びをもってあらゆるものと交流することができ、何らかのものに自己を見失うこともない。

ところで、意識の遂行という面から考察するならば、黙想による心の統一という行為が際立っているのは、意識はそれが深まるにつれて動きが緩やかに、また単純になるということにある。日常的な認識では、意識は比較しながら対象から対象へと飛び移り、中心から逸れて先へ先へと急ぐうちに、そのすべての内容を相対化してしまう。意識が多様な対象に向かって分散されているため、どんな認識においても満足を得られないままで、それらをただ仮のものとして自己から排除しなければならなくなる。こうして日常的認識は、現在の行為を絶え間なく否定する結果、到達不可能な未来を追い求めようとする。しかし、もし人間が、内的に落ち着いて統一された状態で本質的なものに立ち戻るならば、あらゆる志向性の要求を満たし、それゆえにもはや否定される必要のない、かの者が意識の中心に入ってくるだろう。意識はこうして自らの中に、安らぎと一致を成就する。したがって、心の統一における時間的様態は、不易の永遠の今へ向けて、透明で自己のうちに安らいだ現在であると言えよう。すなわち心の統一とは、多様性からあらゆる多性に先立つ一者に向き直ること、換言すれば、多彩な変化を不断に渇望することから、絶えず同一なるものに潜心することへの転向を意味する。そして、この不変の現在に基づいて、つまり具体的な目的を追求するのではない開かれた場においてこそ、すべての存在者がその固有の本質に応じて精神に現前しうるとしたら、それは真実に現存しうるものとなろう。このような心の統一があって初めて、人間は日常の雑事やそのために必要とされる考え方に、精神の均衡を失うことなく、積極的かつ創造的に携わることができるのである。

五　汝に向かう自由

人間の自由な自己存在は、統一された心で超越へと向かうことに基づく。なぜなら、人間は最も深く自分自身であるところで、最も広く最も開かれて超越へと向き直るのと同じように、完全に包括的な領域においてのみ、精神的な自己同一性を獲得するからである。超越へと向かう開かれた態度によって、人間は、さまざまな出来事の圧力によって操られることを恐れずに、世界内の具体的な状況の中に身を置くことができる。ヤスパース（Karl Jaspers 一八八三―一九六九年）が強調するように、精神的な自己所有の自由と、行動の自由とは超越への関係から成り立つ。人間が精神的本質の根源において、超越から自己の存在を贈与されているならば、例えば黙想のうちに超越的なものに深く満たされれば満たされるほど、人間はそれだけいっそう自由なものとなるであろう。

具体的な対象が自由を制約しがちであるのに対して、超越は、限界としてではなく自由の根源として働く。こうして人間は、存在の根拠に対する信頼に満ちた開きにおいて、人間存在が無条件的に受け容れられ、肯定されていることを経験するであろう。自分が存在してもよいのだという喜ばしい経験のうちに、心の底にあった絶望的な空しさは、あたかも太陽の前の霧のように跡形もなく消え去り、孤独の悲しみは静謐な安らぎに取って代わる。かくして超越は、人間を自分自身と和解させ、日常の闘いや失敗、自らの無力によって打ちのめされ傷ついた心を癒し、人間にとっての故郷となる。超越からのこの承諾によって初めて、人間にとって、自分の存在が完全に受容しうるもの、またそれ以上に愛すべきものとなるのである。それと同時に人間のうちには、超越を感謝をもって承認し、その導きへ自らを委ねようとする自発的な意志が成長してくる。

超越は人間を自らのうちに受容するが、同時に人間を自由な自立と責任の中へ送り出す。というのも、存在は限界のないものであると同時に、無制約的なものであり、自由に対する偽りえない尺度だからである。このように超越は人間に対して要求し、課題をあてがう。したがって、黙想を始める者は自己の深奥において、ある要求によって捕らえられることをも覚悟する。この要求は正当と認めるしかないものだが、その実現のためには、内的にも外的にも力の限りを尽くさなければならないこともあろう。真正な黙想は、ありうる限りの内的充溢をもたらす一方で、同時に、本来的なものに身を挺する内的な覚悟を人間に要求してくるがゆえに、人間は無制約者とのこのような出会いを本能的に恐れ、外的な雑事や感覚的な自己満足に逃避してしまうのかもしれない。かくして黙想は、人間が自分自身を賭けなければならない根本的決断の前に立たせるのである。それにもかかわらず、無制約的な要求を受諾する者は、その要求を通して直ちに自己の本来性、自分自身からは予期していない自己実現の可能性へと導かれている。その際、その人は、超越からの要求に対して徹底して自己譲渡することによって、同時に超越それ自体から養われた自己自身の揺るぎなさと、自らの使命を実現する力とを受け取るのである。

ところで超越は、記述したり直観的に経験したりできるものではなく、ましてや感情移入して了解できるものでもない。しかしながら、ヤスパースも述べるように、超越は全人間的な行為の中に確かめられる。すなわち超越は、人間が常にそれに基づいて生きているものの、意のままにすることも要求することも叶わないような包括者として現れるのである。人間が信頼をもって傾聴する態度において超越に気づくという限りでは、超越の確証は信じるという行為に結びつく。しかしそのような信仰は、超越が常に無償で生を与え続けている根拠として、そこで確証されているので、決して盲目的なものではない。

もし人間が、黙想において信頼をもって超越に身を委ねるならば、この超越はつまるところ、人間を肯定し、癒し、呼びかけながら働きかけるものであるがゆえに、広い意味で人格的なものとして姿を現す。人間の実存は普遍的必然性の一例なのではなく、根本的に一回限りの自由なものであり、さらに人間は、交換不可能で自由な実存そのものにおいて超越から触れられるのである。それゆえ超越からの影響は、普遍的な法則性からではなく、もっぱら自由な恩寵として、一種の汝の自己伝達として理解される。なぜならば、我そのものは、自らに汝として向かって来る無制約的な我の意志の光によってのみ、その応答的な自由のうちに呼び覚まされるからである。ここにはおそらく、ブーバー（Martin Buber 一八七八―一九六五年）やマルセル、エーブナー（Ferdinand Ebner 一八八二―一九三一年）といった、それ自体としては互いに異なるけれども、出会いの哲学とでも呼びうるものに共通した根本的洞察があろう。人間が「汝」と言うとき、それは世界に対して一般的に言い表した関係をたまたま言い換えたものなのではなく、最も深い志向性の中心から発した明言なのである。しかし、汝そのものは人間の我に対して直接、相関的な関係にある。とはいえ、この我はその都度、常に唯一のものであるので、根本的には「汝」は単なる同胞ではなく――そのような人間は、それ自体として多くの人のうちの一人に過ぎない――、そこから人間が自分自身、つまり我となるような、最初で最後の無制約的かつ超越的な「汝」なのである。対象的な「それ」との関係においてではなく、このような汝との生きた関係において初めて、我は完全な信頼をもって自らを打ち明けることができ、希望し、愛し、至福を得ることができるのである。そしてこの唯一の汝との関係において、人間同士の誰もが潜在的に汝となる。その際、「汝」は「それ」という対象的な範疇と並ぶ、あるいはそれ以上である人間精神の一つの範疇を意味しているのではない。むしろ、「汝」はあらゆる範疇から解き放たれ、純粋に人格的な関係へと向かう。

しかしながら、純粋な関係は絶えず自らを超えて指し示すため、無制約的な汝は、最も親密に汝との交換をするときでも、その超越を保ち続ける。この場合、他者を前にしてのへりくだりや畏怖といった根源的隔たりは、他者との一致を妨げるものではない。むしろ、こうした距離感は、超越との一致ということを、自然的な同一化や本質的な融合と見なす事後の誤った解釈を防ぐ。黙想することを基盤にしてそれを促す、人間の心の内にある愛は、このような相互的な自己譲与、受容、合一という人格的関係を目指す。

無制約的な汝への人格的な関係――そこでは、汝という呼びかけは必ずしも必要ではない――こそ、実に祈りの本質なのである。こうして黙想は、マルセルが示しているように、自発的に純粋な祈りの中へと自己を超え出ていく。祈りが、その充溢と深さを黙想から汲み取るように、黙想は、祈りへと方向づけられることで人格の中心へと向かい、そして純粋に自己を超越していく行為となるのである。

黙想は、自分の思いどおりに作れるものではなく、技術として習得する可能性も狭く限定されている。だが、黙想の効果はあらゆる段階で見られ、それはその都度の新たな純粋な贈り物であると言えよう。黙想のために努力すべきかどうかという問いに対して、インドのある賢者は、次のように答えた。「あなたがたの聖なる書物を読みなさい。それと同じものをわれわれの書物のうちにも見出すでしょう。すなわち、汝の隣人を愛しなさい。神を愛しなさい。汝の隣人を神のうちに愛しなさい。そうすれば、他のあらゆるものが不必要となるでしょう。『黙想をしなさい』とは、どこにも書いてありません。けれども、神とあなたの隣人を愛そうとするなら、そして黙想することがあなたにとってその助けとなり、まったく決定的な助けでありうるのだという偉大な真理を発見するとすれば、そのときには黙想をしなさい。それに気づいていなければ、黙想をやめなさい(1)」。

注

（1）　C・F・ヴァイツゼッカー「現代における黙想――その方法と意義」からの引用。Udo Reiter im Gespräch mit Carl Friedrich v. Weizsäcker, in: U. Reiter (Hg.), *Meditation — Wege zum Selbst*, München 1976, S. 186.

第九章　非対象的瞑想の理解のために

一　現代における非対象的瞑想

東洋の諸々の伝統的な瞑想の道は、その現代的な模倣や翻案も含めて現在欧米において広く受容されつつある。それは明らかに、これらの瞑想の道が単なる異国趣味的な新し物好きにとどまらない、霊的で全人間的な、まだ満たされずにいる欲求に訴えかけるものを持っているからに違いない。ところで、東アジアの霊的な伝統は、非対象的瞑想――それは、禅のうちに最も徹底的で純粋なかたちで実現している――の諸々の方法だけではなく、キリスト教的な瞑想法に非常によく似た、具体的内容を対象とする瞑想的祈りの数々の方法も育んできた。例えば曼陀羅による画像瞑想は、十五世紀のスイス人フリューエ（Flüe）のニコラウス（Nikolaus 一四一七―八七年）などに見られる西欧中世の瞑想画の諸定型や黙想の諸形態を思わせ、東方教会の「イエスの祈り」に方法的に近い浄土宗系諸派の念仏や日蓮宗系諸派の唱題は今日に至るまで広く実践されている。

しかし、現在観察されるのは、非対象的な瞑想法がより好まれているという事実である。この事実は、非対象的瞑想には以下に挙げるようないくつかの互いに密接に関連した著しい特徴が備わっているということにその根拠を求めることができよう。第一に、瞑想的努力の焦点となる言葉やイメージを断念することによって、修行者は、それぞれの宗派の教義体系がそこにおいて体現される教理的内容への拘束から解き放たれる。そして、この特定の教説へと意識が狭められてしまうことへの不信感が、現実生活の中ですでに十分に酷使されている思考力への負担を軽くしたい、また宗教的な行を知性的仕事へ解消することを避けたいという念願と結びつく。第二に、非対象的な瞑想の場合、個々の力を一つのテーマへと適用するという方法に、全体的な遂行が取って代わる。この全体的遂行においては、人間の身体性が基礎的かつ調整的な役割を果たす。姿勢正しく坐り、息遣いを整え、深い集中へと入ることが、心身の諸力に活性化と調和のある統合をもたらし、そのことを越えてさらに意識の広がりと深化に導いていく。こうして、非対象的瞑想はあらゆる明確に宗教的な目標設定に先立って、人間的な次元において自己を発見し、自分自身になることのために役立つ。その際、非対象的瞑想においては、その方法が――少なくともその初歩段階において――身体的な遂行、特に呼吸と結びつき、また段階的に組み立てられ、そのために習得が可能なものに見えるというところに、その独特の魅力がある。第三に、非対象的瞑想の実践によって、初心者でも霊的、瞑想的次元の幸福な経験を得ることができる。人生の意味への道が、この次元において内側から開かれ始める。

しかし、そのような長所は、相応の危険性をうちに秘めている。この危険性は、非対象的瞑想がその宗教的な母胎から引き離され、心理療法の実験場に移植されるときに、ますます強まってくる。つまり、例えば禅はその本来の場を、無常の悲惨さからの解放や救いを清貧、節制、師への従順において目指す僧の共同生活において持つのであるが、倫理的・宗教的な文脈が脱落していく程度に従って、瞑想的実践の重点が——それが計測不可能なことであるだけに、知らず知らずのうちに——心身に現れる効果といった表面的な事柄へと逸脱する危険が増していく。そうなったとき、瞑想はもはや形を持たない究極的現実の領域へと向けられた生の真摯な挑戦ではなくなり、むしろ、魂のリラックスや満足のために自在に活用できる手段に堕してしまい、巧みに遂行される技術のほうが重要視されることになるだろう。そのときには、霊的経験が反省によって捉え切れるものとして理解されてしまうことは避けられない。そしてそのような「経験」へのせわしない欲求が、無制約者への精神の最終的な開きと帰依とを狭めてしまう。謙遜な放下の知恵に向けての真の人格的な変革がどんなに欠如していても、そのことは新たに獲得された心的エネルギーのきらびやかさに紛れて、隠蔽されたままになってしまうだろう。

しかし、浅薄化と誤った発展の危険があるからといって、そのような東洋の瞑想法に備わる諸価値を軽視してはならない。東洋の瞑想法は、人間的な根源的遂行の方法的展開としてキリスト教的な瞑想実践にも新しい道を開く可能性を孕んでいるのである。インド、中国、そして日本の霊的な遺産は、東へと進むほど教説の体系としてよりも、むしろ瞑想の知恵として表現されるが、これらの遺産が多くの努力を払ってなんとか保たれえているに過ぎない今日、その本来の意向の実現はむしろキリスト教的霊性において達せられうるのかもしれない。だがそのためには、この遺産の持つ諸々の意味可能性を区別しつつ理解することが必要である。そこで以下においてこの要求に応え、非対象的瞑想、特に禅へと議論を絞りつつ考察したいと思う。

二　禅の諸特性

仏教的霊性は、無常な生存の苦と仮象性の経験からその原動力を得ており、多様で無常なるものから常住なるものを、制約されたものから無制約的なものを、現象と言語的臆見の世界から真実在を追求する。「沈黙において言葉を忘れる者の前には、現実が明るく輝く(1)」。現象界の空性（sūnyatā）を悟ること、孤立した経験的自我が大いなる万有——あるいはより深くは、根本的な「不二（advaitā）」ないし「無」として現れ、真実の本質、根源的本性として輝き出すところのもの——との一致へと止揚されること、ここに救いが存している。

この一致は、主客分裂を伴う単なる志向性すべてに先立って、自己の深みへと還帰する「純粋経験[2]」において達せられる。瞑想の絶え間なき実践によってのみ、「自性」、「心性」つまり精神の本性が内的な眼に開明され、人間精神が自身に一致せしめられるのである。「坐禅において対象は自ずから消え去り、意識活動は永久に忘却へと落ちる。全身は知恵の眼と化し、選択や評価をすることなしに仏性を明らかに観る[3]」。このような「悟り」もしくは「見性」の経験のされかたは、宗派によって異なっている――真の自己への突破における突然の覚醒として、あるいは集中した沈潜において精神が次第に澄みわたっていく過程として経験される[4]――が、瞑想活動の目的はこの「悟り」「見性」である。そして、瞑想活動が深まっていけばいくほど、すべての存在との共苦が、またそれに伴って身をもって他者を助けるために働こうとする心構えが、その中から自発的に発現してくるのである。

この悟りには、修行者のすべてが達するわけではないが、そこに達するための過程は次のような段階を踏んで行われていく。まず、集中した静けさのうちに内的な意志力が浄化、強化された状態（定力）へと至らしめられる。それから、認識能力が賢き知恵、そしてあらゆる表面的なものを貫いて、本質的なものを直観する把握へ向けて純化される。さらに、個別的能力としての知性および意志というレベルに先立つ、静寂な、充足した自己統一（三昧）に達する。この自己統一は、キリスト教の伝統において「純一さの祈り」と「静けさの祈り」と呼ばれる境地に対応するものである。

禅瞑想は、まず意識からあらゆる対象性や具体的内容の支えを取り去り、その代わりに意識を内的な覚醒へと――入り口においてはまず呼吸への集中を手助けとして――導いていくことによって、以上のような結果を生み出す。さて、諸々の意識内容の対象性は、自己を他のものから区別し、それによってこの他なるものを自己に対し境界づけながら対置し、また個別的対象として他の諸対象から切り離す、自我の反省的自己所有に基づいている。自我は、区別された諸々の対象から成るこの世界を、欲望ないし拒絶においてこれらの対象へと執着し対象への対置的関係を通して、自分の絶対的自立を確認するために利用する。しかし、意識が対象とそれへの執着の諸層を経てその深層へと進んで行く漸次的な浄化の過程において対象の支えを脱落させるとき、反省と対象への関係によって規定されている自我は、自らを捨て、あらゆる主客分裂に先立つ真の自己ないし精神の深層へと沈潜する。「突如として本源的な、霊妙な、清らかな、明澄な精神が開かれる。原初的な、単純な光がまったき光を放つ」(5)。したがって、禅瞑想の非対象性は、対象もしくは自我によるあらゆる区別、境界づけを超越する積極的な存在論的経験への道を開くのである。

禅瞑想の本質についての以上の説明は大変簡略なもので、確かに誤解を招きやすいものではあろうが、ともかくこの説明を背景として非対象的瞑想の哲学的解釈に伴う諸問題を論じ、その後で、非対象的瞑想のキリスト教的霊性への可能な組み込みをめぐるいくつかの神学的問題を考察してみたい。

三　哲学的解釈のために

(1)　静寂と言葉

禅瞑想は、歴史的に大乗仏教の万有一体の形而上学に根差しており、逆にまたこの形而上学が禅の経験を解釈しようと試みてきた。しかし、その歴史の長さにおいてキリスト教のそれに劣らない仏教の精神的教義的伝統の重みを十分に重視したうえでも、やはり仏教教義とその瞑想実践とを明確に区別することは、原則的には可能である。というのは、禅の実践はまさにその非対象性、つまり概念と言葉を用いないということによって、根本的には仏教の教義に囚われるものではないからである。禅の実践は、このように言葉と理論に囚われないということに忠実である限り――それが解釈学的に見ればどの程度可能であるかは、確かになお考えるべき問題であるだろうが――キリスト教の信仰と相容れないものであるとは考えられない。さもなければ、沈黙、呼吸、集中といった人間的な根本的行為の注意深い遂行それ自体を、キリスト教信仰に害になるものとして拒絶するような危険を犯すことになってしまうであろう。

ところで、禅仏教の伝統は「公案」――それは、合理的には解くことができないような、多分に逆説的な警句的問題であり、修行者はその解決を通してより高い意識の段階へと前進する――というかたちで、言語現象が禅瞑想の内的領域へと入り込むという要素を含んでいる。公案は、直観的に解決可能なものでもあり、その限りで認識的要素を含むものであることは疑いがない。公案の認識的要素は、一方では沈潜によって得られる答えに結実するが、他方では設問として沈潜自体をまず内的に形成する。それゆえ、非対象的瞑想そのものとは違い、公案には理論中立性は求めえない。公案においては、その枠物語をはじめ、さまざまの程度や段階において、仏教的な知恵と経験とが一つになって沈澱している。それゆえ公案集は、禅仏教の文学と教えの伝統の中核を成している。しかし、禅の瞑想は本来的、本質的には公案の活用に基づくものではない。このことは、公案を用いた禅の実践という方法が、後世に成立したもの——最初の公案集は一〇〇〇年頃に成立した——であり、また完全に一般化することもできなかったという事実からすでに明らかである。比較してこうも言えようか。西洋中世のスコラ学の「命題集」が、キリスト教の理解にとって助けになりうるが、同時に規範的ではないのと同じような意味において、公案は禅瞑想にとって助けになりうるが、同時に規範的ではないのである。

禅仏教の教え、あるいは公案の実践の発展が示すように、禅は言葉に対して根本的に拒絶的な態度は取っていない。しかし、禅においては人間の思考および実存的態度が、単なる教説の中に、つまりそれ自身に基づく限りは現実性に欠けた空虚な意味志向の中に呪縛され、凝り固まってしまわないために、あらゆる細心の注意が払われる。その根底にあるのは、次のような洞察である。究極的現実にはいかなる概念も妥当しない。なぜなら、概念把握は概念において思念されているものを、限界づけられた操作可能な対象として扱い、そのため概念把握の固有の形式的規定性に制約されて、究極的現実に第一の絶対的無限的主体という地位を与えることができないからである。人間が概念把握において主体として、また意味付与の起源として自己を主張する限り、対象的言語は超越的現実に対して盲目になる。禅仏教に少なからぬ影響を与えたと考えられる老子も言っているように、「語りうる根源は真の根源ではない。名づけうる名は真の名ではない」(6)。

さて、否定的述語づけは、思念されたものと一致しそれ自身において完結している意味の付与を行っているという印象をまぬがれており、ゆえに思考を、単に述べられた限りのものを超えて行く道の途上に保つ。そのため、禅仏教において否定的述語づけは、最終的現実の表示のために優先して用いられている。ゆえに、禅形而上学の概念はほとんどが否定的なものであるが、これらの概念、特に「空」(7)と「無」(8)の概念を、虚無主義的に、あるいは無神論的に理解してはならない。むしろそれらは、根本においては肯定的に思念されている究極的なものの脱事物化、脱世界化、脱理性化の試みなのである。否定的言表の同様の方法は、キリスト教的な形而上学と神秘主義の歴史をその始めから貫いて浸透しており、最終的には旧約の偶像禁止にさかのぼる。なるほどトマス・アクィナス（Thomas Aquinas 一二二四／二五―七四年）は、肯定的に言表された無限の思考・言表内容から、画定され、また画定する理性的な思考・言表様式を区別することによって、神についての肯定的言表の可能性を基礎づけたが[9]、そうすることによって否定的言表の正しさを破棄してしまったわけではない。なぜなら、確かに有限的な思考・言表様式は、思念された無限者から区別され、否定されうるにしても、人間的思考が思念された無限者からこの様式を抽象し去ることによって、無限者そのものの本性を全面的に認識できるようになるわけではないからである。それゆえ、禅形而上学の否定的言表は、否定的意味そのものを定立しているのではなく、有限者に関して述べられるときには有限者の偶存性を示し、究極的な次元に関して述べられるときには、究極的な次元についての思考には限界があることを反省的に認めるように促しているのだということが理解されるならば、禅の思想の理解可能性を開く、より広い場がキリスト教的伝統の中から生まれてくる。だが、大乗仏教の形而上学のキリスト教的解釈という問題は、それが非対象的瞑想の問題に必然的に関わるものではない以上、ここで詳しく立ち入るべき主題ではなかろう。

非対象的瞑想において、意味は肯定的にも否定的にも定立されることはない。思考はそのさまざまに異なる志向可能性へと立ち入って行くのではなく、むしろ何らかの内容に固着することなしに、おのれ自身の深層に自由に安らぐのである。「ただすべての意識を思慮の及ばぬ所に集中せよ」[10]。この「非思考」あるいは「無思慮」(無念無想)は、いかなる概念内容によっても制限されえず、同様に、またいかなる概念内容をも積極的に除外したり否定したりもしない精神の覚醒において存する。それゆえ、非思考自体も、定立となったり、執着の対象となったりすることはない。むしろ、思考はあらゆる主客分裂に先立ってその統一した根源へと還帰する。それゆえ、表層意識における具体的な対象性を断念するということが、意味や存在を否定する理論的決断を意味するわけではない。それが意味するのはむしろ、精神がその根底においてそれへとおのれを開く第一の一なるものに向かいつつ、対象世界を実践的に相対化し、日常的意識に囚われなくなるということであろう。

このような態度をキリスト教的に評価するために決定的なのは、世界内的な経験や言語的伝達というア・ポステリオリに対するこのような断念（エポケー）が、その重点を世界内的経験や言語的伝達の遂行されるレベルとは異なったレベルに置いているので、この断念は世界内的経験や言語的伝達に対する根本的な拒絶に存するものではなく、むしろより深い現実と意識のレベルを、ひいては究極的な精神性と現実の次元を目指しているのだ、ということを見極めることである。つまり、この断念によって志向性、伝達、世界内的な出会いのロゴス的な空間はその根源から包括的に捉えられ、その力は——確かに瞑想的遂行は前志向的な領域の静寂の中で行われるものであるにせよ——潜在的に積極的に解放される。[11] ここで問題になっているのが瞑想の遂行における実践的な優先であり、ア・プリオリとア・ポステリオリの、また深層経験と世界経験の関係についての理論的な主張ではない以上、非対象的瞑想がその非対象性そのものを保持しつつも、全体としてそれを包括する意味連関——まさにキリスト教的な啓示の理解が教えている如く、そこにおいて究極的な真理が歴史的な行為において人間に出会って来るような意味連関——のうちに組み込まれるという可能性は、なお開かれ続けているのである。

包括的意味連関への組み込みは、それが瞑想的経験の制約されない深さを矮小化する解釈を行うようなことがない限りは、非対象的瞑想の固有性格には矛盾しない。つまり非対象的瞑想は、いくらそれ自体として至高の遂行であるとはいえ、それ自体は定立的に反省されうるものではないがゆえに、理解深き解釈に対して開かれたもの、いやそれどころかそのような解釈を求めるものなのである。なぜなら、自身のあらゆる遂行において自らを反省的に理解しなければならない人間存在にとって、沈潜はその部分的遂行に留まるからである。

精神の根底における恩寵的な神の現存が、まさに恩寵的な神の現存として反省によって確認されうるとは必ずしも言えない。だが、まさにキリスト教的に見るとき、歴史的啓示とこの恩寵的現存との内容は同一なのである。それゆえ、精神の根底における無制約的神秘への帰依は、人間イエスにおけるこの神秘の顕現から人を引き離すものではない。そうではなく、人間を究極的神秘へと向かわせ、この究極的顕現を求めさせ、理解可能なものとする（ヨハ六・四五参照）。また逆に、歴史的啓示は瞑想的努力に力を与える。霊の主導のもとで神の深淵の中へ導き入れるということ（一コリ二・一〇参照）が、啓示と瞑想の双方に共通の意味だからである。だがおそらく、非対象的瞑想を絶対的な救いの道と主張する性急な要求に対しては、非対象的瞑想をキリスト教的霊性に組み入れることによって、制限が加えられることになるであろう。そのような要求が行う絶対化によって、非対象的瞑想は自己閉塞させられてしまうが、これはまさに非対象的瞑想の本質をなす開放性に反するのである。

非対象的瞑想とキリスト教信仰の対話において緊張が生ずる場合、そのたいていの要因は、非対象性を定立的に理解してしまうというところにある。つまり、非対象性を対象の欠如と同一視し、非対象性を具体的、世界内的な真理の発見のための意識のレベルに所属するようなものとして理解するとき、非対象的瞑想はキリスト教信仰に対立するもののように思われてくる。しかし、対象世界から意識を引き退けるということ自体は、瞑想の遂行のための単なる手段と見なすべきであって、決して非対象的瞑想の本質ないし目的と考えるべきではない。対象世界から意識を引き退けるという手段によって精神が歩み入る意識層それ自体は、「対象」を主題とするものではないが、同時に決して内容を欠くものではないのである。禅仏教においても、対象世界への意識を滅すること自体が目的とされ、意識全体が衰弱し硬直化してしまう危険が強調されている。成功した非対象的瞑想は、むしろあらゆる内容に対し制限なしに開かれ、具体的「汝」と出会い、ひいては「汝」において自身を見出すための力を授けてくれる。禅仏教的に言ってもそうである。「〔思考は〕様々な事物のありさま（dharma）を外的によく分別しつつも、内的には根本的な意義において不動である[12]」。

このように、瞑想の修行においては特殊的な内容そのものに対する不偏心と放下の態度が身につけられるが、この態度が生み出すのは受動的な無関心という心的状態ではなく、内的な自由と闊達さ――それは、自分に分かった真理を目指して最終的な決断を行い、自己をこの真理に捧げる自由さえも含んでいる――であるはずである。なぜなら、沈黙と無の深淵は言葉、存在、能動性の反対物ではなく、言葉と沈黙、存在と無、能動性と受動性の対立を包括しつつそれに先立ち、それらの間の意味のある相違を可能にするものだからである。

(2) 精神の自己経験

非対象性という否定的な道が達するのは、その在処と内容に従って、ひとまず「精神の経験」として特徴づけることのできるような経験である(13)。精神はあれこれの事物への拘束から解放され、常にすでにその対象への対立関係において経験的自我を形作っている対象化的な自己反省をも放棄する。自我中心的自己理解の放棄(無我)によって、精神が自分自身に、自分の本質に回帰する道が開かれる。こうして精神は、その根源的で制限されない開きを自覚し、実現するに至る。その結果、精神は、その精神的存在の自己遂行を介して自身の根源であり本来的な主題であるもの、つまり無制約者へとその無限性において近づいていく。それゆえ精神の自己経験は、精神の自己放棄を、自慢的自我の「死」を、含むのである。なぜなら、自慢的自我はたかだか任意の諸対象に対して優越する力を持つに過ぎず、精神自身の絶対的根源に対してはその根拠と意味を失ってしまうからである。

このような人格の根本的変換に際して、精神は自身を「実体」として経験するのではない。なぜなら、実体は世界内的諸対象に対処するために整備された諸々の能力の担い手として機能するものだからである。むしろ、精神的行為の集中と単純化は、認識する者と、認識する行為と、認識されるものとの同一性へと、漸近線的に近づいていく。この同一性において精神は、自身をある「もの」として主題化するのではなく、むしろ明るい広がりとして覚知する。それゆえ、この自己透徹において精神はなおも再び自己を忘れ、この意味で「非精神（無心）」と成るのである。こうして精神は、あらゆる区別の空無へと入っていくが、精神はそこで根源的な自己存在における自由を獲得し、また名状し難い充満に与るようになる。もっとも、この経験はたいがいは完全なかたちで与えられるというよりは、その兆し、痕跡というかたちで与えられるのではあるが。この根源的自己とその開きは「宇宙的意識」として特徴づけることもできようが、しかし、このような特徴づけは本質を突いたものというよりは、二義的なものでしかなく、誤解を生みやすいものであることは疑いない。つまりこの特徴づけは、この精神経験を日常的な世界意識に照らして、後から検証することに基づいて得られたものなのである。精神のこの自己経験はその本源的遂行において、より純粋で深く広いものである。つまり、宇宙への関係によっては不十分にしか記述できないような存在経験なのである。

ここで試みられている非対象的瞑想の根源経験の精神形而上学的な解明は、禅の伝統の本意にもかなうものであろうと思われる。他方この根源的経験の解釈を、ニュッサ（Nyssa）のグレゴリオス（Gregorios 三三五頃―三九四年）、エウアグリオス・ポンティコス（Evagrios Pontikos 三四五―三九九年）、ディオニュシオス・アレオパギテス（Dionysios Areopagites 五〇〇年頃活動）からスコトゥス・

エリウゲナ（Johannes Scotus Eriugena 八一〇頃―八七七年以降）、サン＝ヴィクトル（Saint-Victor）学派（十二世紀）、盛期スコラ学を経て、中世末期のマイスター・エックハルト（Meister Eckhart 一二六〇頃―一三二七／二八年）、ニコラウス・クザーヌス（Nicolaus Cusanus 一四〇一―六四年）、そして十六世紀のスペインの神秘家たちに至る、教父時代および中世・ルネサンスのキリスト教的・新プラトン主義的傾向の精神形而上学および神秘主義に基づいて、その諸段階を一歩一歩辿りつつ裏づけることも可能である。キリスト教のこの一貫した伝統は、精神のハビトゥス的な自己との――また神との――統一、神の似像（imago）そして類似（similitudo）としての精神、中世においてアリストテレスの能動知性説に結びついたアウグスティヌス的照明説、魂の諸能力に先行する魂の実体に恩寵が授けられているというトマス・アクィナスの説、「魂の火花」、「魂の根底」などの概念、といった諸々の教説を用いてきた。この思想の流れの中で、精神の根底の神との一致について述べられる事柄それ自体が、キリスト教的瞑想によって担われたものである。キリスト教において、直接にこの一致の現実化を目指し、修行によってこの一致に入っていくような瞑想の方法が作り上げられ、一般化されてきたわけではないのは確かであるが。だが、キリスト教的な伝統においては、神の存在と人格性がはっきりと主題化され、またそれに伴い恩寵と愛についての理解が理論的かつ実践的に深められてきた。これらは、東アジアの知恵の伝統において必ずしも明確に浮き彫りにされてきたとは言えない。この相違は、非対象的瞑想の解釈のための枠組みを本質的に左右するものであり、またこの枠組みは、非対象的瞑想の遂行にまで影響してくる。しかし、だからといってこの相違が、東アジアの瞑想とキリスト教の伝統的瞑想の経験の構造において見られる密接な類似を消し去ってしまうわけではない。

(3)　存在経験と神経験

非対象的瞑想は、それ自体としては無制約者に向かう流動性において展開するが、そのとき非対象的瞑想は、已れがすでにこの無制約者に守られ、支えられていることを知っている。この流動性は、常により純化し深化していくという可能性、課題として現れるが、非対象的瞑想はこの流動性においてであることによって、その自己深化と自己開放の行く先を主題的に確定することを断念する。なぜなら、非対象的瞑想の現象の内部におけるいかなる概念的確定も非対象的瞑想の自己制限を意味し、ゆえにまた、非対象的瞑想の生命の源泉であり、非対象的瞑想がそこに身を委ねるべき神秘からの分離、それに対する不忠実を意味するからである。しかし、非対象的瞑想がその根底と中心においては、超越的絶対者の現存化のためだけに留保される精神と存在の次元において行われるということを、経験が、その後からの言語化を通して示していることは疑いない。この瞑想において求められるのは、第一の始源、あらゆる区別に先立つ無比の一者、無上の意味の充満として自身の外に目的と根源を持たないものである。だが、まさにこれらの特徴づけは、神について概念的な認識を行うときに神の本質的特性の現れとして認識される諸規定にほかならない。むろん、非対象的瞑想は直接的な神直観であるわけではない。

経験の反省的言語化は、経験そのものから汲もうとするとき、精神の絶対者からの区別を明確にしないような隠喩を用いようとする傾向がある。だが、そのような表現の汎神論的な解釈はそうした表現の真意を見失っている。なぜなら、経験を一体性の体験として描くときそれは客観的存在論のレベルにおいてなされているのではなく、魂の第一の始源からの非分離性（advaitā つまり同一性の意味ではない「不二」）という動的関係を操作的に表現しようとしているのである。これらの表現は、反省的思考にとって確かに不十分なものであるが、精神の、自らの根源である神に対する差異は世界内的な主客分裂、つまり、互いに関係のない同等のもの同士の相違とは全面的に異なるものであるということ、また神にとっては被造物への距離は存在せず、むしろ神は、被造物をいわば自らのうちに包んでいるのだということを意識にもたらしてくれるという点では、正当なのである[14]。

それゆえ、古典的・中世的な分有形而上学[15]の意味で、精神が内面へと沈潜するということは、同時にそれが無制約的存在に向けて自己超越して行くこととして、つまり自己自身を通してかの包括者へと歩み入ることとして理解されるべきなのである。精神は自己の根源としてのこの包括者において、それ自身が単独で自身において有りえるより以上に自分自身となる。瞑想がこの無制約的中心へ向けての流動性において遂行される限りにおいて、無規定性ないし存在の空無性の現象の中から、無制約者が究極的かつ第一の包括的な充満性として瞑想に対してますます主題化されてくる。それゆえ非対象的瞑想は、神の発現としての存在から、神の把握不可能な現存への移り行きにおいて遂行される。この不断に持続し進行する移り行きという性格は、確かに最初の純粋な経験の突然性のうちに隠されてしまうかもしれない。しかし、非対象的経験が確定不可能なものであり、またいくら高度のものであれ何らかの意識レベルに固定したりできるものではなく、むしろ常に前進しつつ新たであろうとするもの、つまり恩寵として与えられるものであるということから、この移り行きという性格が次第に明らかに示されてくるのである。

四　非対象的瞑想をめぐる神学的諸側面

今日、事実として東洋とキリスト教の思想は精力的な出会いを経験している。それゆえ、「福音が伝えられる以前に古来の諸文化の中に、神からすでに組み入れられた修徳と観想に関する伝統の芽生えを、どのようにキリスト教の信心生活の中に取り入れることができるかを注意深く考察する(16)」という課題が、この出会いの事実に関係して課せられてくる。そこでこの問題のいくつかの側面を挙げることにしよう。

（1） 祈りにおける神という「汝」

非対象的瞑想は、内的な超越のいわば流動的な経験へと導くことができるが、この経験は成就されない待機ではなく、把握不可能なものの静寂な現存によってすでに満たされている。しかし、この現存の超越的中心・根源が、その自立においていまだ明確に自らを伝えていない限り、人間は自分の瞑想の力を尽くしてそれへと沈潜していくことはできるとしても、自分の愛の力による自由な最終的決断によってそれへと身を任せきることはできないのである。現実そのものの無制約的な超越的中心への直接的関係を作り出しつつ、それを開かれたものに保ち、そうすることによって人の心に自己の自由な委ねを遂行させるもの、それは祈りである[17]。

祈りは、一方では一定の内容を備え、言葉とイメージによって媒介されるものである。しかし、こうした祈りの具体的構成要素は祈りが向かう対象ではなく、祈りの努力が神と人間の直接的触れ合いを生み出すことができるようになるための方向性を開く指導的枠組みであるに過ぎない。祈りの内奥において実現される超越論的・人格的関係は、それ自体においては、まったく非対象的なものである。祈りは求心的、関係的方向づけをもっており、それゆえ関係の相互性において——簡単に言えば、向かい合う「汝」同士において——初めてその本来的次元、その安らかな関係としての自己同一性に至るものである。ゆえに、この非対象的関係そのものは、観照的理解が重んじられる瞑想活動の次元から、その重点において区別されるのである。したがって、祈りは確かにその具体的内容の次元においては非対象的瞑想の経験に劣るが、その核心においてはそうではない。むしろ祈りは、経験性の度合いは劣るとしても非対象的瞑想の意味の核心を捉えており、非対象的瞑想をその目的へと導くと同時に、瞑想的経験を自分の生命の源泉としているのである。

祈りにおいて、求めながら、愛しながら自分を委ねるという宗教的行為の極みが達せられる。しかし、非対象的瞑想にこの極みが欠けている場合、非対象的瞑想の実践の後に瞑想に加えられる反省的な解釈の際に――これは、以降のさらなる瞑想的努力のための構図を描くことになるが――非対象的瞑想は、閉鎖的に自己に舞い戻ってしまうというグノーシス化の危険に直面しているのである。もしその危険に陥ってしまったならば、精神的経験の満足感は経験される内容そのものよりも重視され、瞑想的な開きは自己満足のうちに自己へと閉じこもり、そのために流動性の性格と現実性の充満、また絶対的呼びかけに聴き従う心がまえを失って、結局単なる心的状態へと硬直化してしまうだろう。瞑想において沈潜することと祈りにおいて関係性を求めることとは、それ自体で対立的ではないが、修行の道程の展望の中では、両者はまずその活動の構造に従って区別される。それゆえ、実際の活動の遂行の中でも両者がそれらの共通した核心と中心から次第に融合し始めるに至るまでは、両者を分離しそれぞれに固有な純粋性を保ちつつ修するという方法が、実践の努力において区別されよう。

（2） 根源から動かされること——イエスと愛

祈りにおいて呼びかけられる神という「汝」は、究極的現実たる神から具体的な個々の人間への関係の根源である。まさにこの根源からの人格的関係が、その本質的で全面的なかたちにおいてイエスの実存の起源となっている。それゆえにイエスは、この絶対的根源を彼の「父」と呼ぶ。かくして、祈りはイエスの本質的根源に基づいてイエスを内側から理解するための道を開いてくれる。また、非対象的瞑想においても包括的一者は、瞑想が単にその向かう先としてそれを求めるだけではなく、それとの一致、それによる満たしを経験する限りで、人間そして万物を内側から生かしてくれるような関わりの根源としてある。ゆえに、瞑想的経験は具体的個物を無と化すのではなく、その仮象的な自立を無制約的一性への関係の中に止揚し、それによって具体的個物は、この無制約的一性からその実相とそれのもつ諸可能性の豊かさにおいて輝き出す。また瞑想者のほうも、自分自身の自発性、世界への開き、そして倫理的責任が、無制約的根源から新たにされるさまを経験するのである。

瞑想が力の源泉にもならず、具体的なもの、特に具体的人間に対する愛の開きに達することもなく、むしろ一般的なものに向けての抽象的運動に固執しているならば、それは瞑想がまだまだ未熟なものであり、究極的根源そのものから生命を汲み取りうるに至っていないという証拠となろう。瞑想の根ざす深さが明らかになるのは、成長段階としての無為の期間を考慮に入れても、憐れみと行動的愛という実り——禅仏教的に言えば他のあらゆる存在に対する慈悲、すなわち共感的共苦——においてなのである。

この第一の根源からの下降運動は、瞑想者がこの運動の本質的な原実現としてイエスを受け入れることへの超越論的準備、期待を瞑想者に与える。つまり、本質的充満がその純粋性において愛として現れるのは具体的人間イエスにおいて理解されうるのである。ゆえに、非対象的瞑想は、自己の形態に閉じこもり、対象的現実の背景としての無に固執し続けるといったことがない限り、具体的なイエス信仰に対立するものではない。むしろ非対象的瞑想によって、聖書に親しんだ瞑想者は徐々にイエスに集中していき、またイエスの姿は、その内側から光を当てられ浮かび上がってくるようになるだろう。そして逆に、具体者に降る慈悲における下降運動の、それ自体ではいまだ曖昧な力には、イエスへの信仰の関係によって愛という中核が吹き込まれるようになるだろう。非対象的瞑想のイエスの人格への内的関係は隠されたものである。しかし、少なからぬ非対象的瞑想の師たちは、福音の言葉に根源的次元において惹きつけられ、内的な経験において呼びかけられる自分を発見している。非対象的瞑想が内的にイエスの人格に対してもつ関係が、ここに暗示されている。人の心の超越論的な中心としてのイエスによって——より一般的に言うならば、第一の根源よりの下降運動に基づいて——言葉と共同人間性の全領域、つまり世界が活性化される。このとき世界はもはや、単に自己中心的主観の向かう志向の地平であるにとどまらない。世界は、発見と贈り物、呼びかけと答えの、つまり歴史の、開かれた場なのである。

（3）　信仰と経験の間に保つべき差異

ここで禅の実践という中心的な例で論じられた非対象的瞑想は、伝統的に東アジア的な、特に仏教的な諸概念によって規定された解釈学的地平内においてあった。本章では、この連関がまったく誤謬を招くものだというわけではないが、本質的必然性をもつものでもないということを示そうと試みた。しかしキリスト者には、非対象的瞑想を理解し、実践的に自分のものにすることのできるための精神的手段がすでに具わっているのである。だが、非対象的瞑想がキリスト教的内容の導入によってその自由な活動の余地を失い、単なる呼吸訓練といったものにされてしまったり、あるいは逆に非対象的瞑想の経験が、信仰と競合するような命題によって解釈し直されたりして、信仰と非対象的瞑想が直接に統合させられるときに、諸々の危険や矮小化が生ずる。経験は常に暫定的なものであり続けるが、瞑想のそのような暫定的経験が信仰のための解釈規範と成り上がるとき、あるいは瞑想的経験の印象の威力によって、固定的内容や単なる言葉上の表面的レベルに硬直化した信仰が圧倒されてしまうときには、非対象的瞑想が信仰に競合するような形で解釈されるという危険が生じうる。

非対象的瞑想を前にして、信仰は、言語的な明文化を受けるということの正しい意味を自覚したうえで、超越において在る自らの根源に確信をもたなければならない。また信仰の言葉は、諸々の抽象的真理の体系の無矛盾性からその力を得るものではなく、超越からの呼びかけに対する祈りと告白という応答なのだということを自覚しなければならないのである（ロマ一〇・六―一三参照）。信仰がこのような自己理解に立つとき、非対象的瞑想は、信仰する行為を信仰の命題によって信仰において指示された前言語的現実、真理へと関係づけることを通して、[18] 信仰を支えてくれるものとなるだろう。この開かれた態度において、キリスト教的信仰は非対象的瞑想の住みつく場となりうる。というのは、非対象的瞑想は、それが人間存在の総体においては他の諸々の遂行と並ぶ一つの遂行に留まるものである限り、その実践のために生活の中での何らかの場面を、解釈のために何らかの理解可能な地平を必要とするからである。非対象的瞑想の解釈は、修行者に自らの瞑想活動の方向性や次元を――制約づけるかたちではなく、予備的に方向づけるものとして――指示する。キリスト教信仰は、聖霊において自らを譲渡する神秘の絶対的超越という神概念をもち、人間精神を神の似姿として理解し、ナザレのイエスの生き生きとした伝承を保持している。これらの点においてキリスト教信仰は、非対象的瞑想をそれがもつ諸可能性の展開へと鼓舞しうるような座標軸を、開かれた目標点として手にしている。教父時代、キリスト教信仰がギリシア的ロゴス（logos）とローマ的ラチオ（ratio）を自己に受容し、次第にそれらの可能性を、信仰に基づきつつも、哲学というそれらの固有の本質に向けて解放していったように、今日東アジアの知恵とその源泉である瞑想について、同じような課題がキリスト教信仰に対して課せられているのではないだろうか。

注

（1）「默默として言を忘れば昭昭現前す」。『天童宏智禅師廣録』第八、默照銘（大正蔵、四八巻）一〇〇頁a。

（2）この禅仏教に影響を受けた西田哲学の概念については以下を参照。K・リーゼンフーバー「経験と超越――アリストテレス・西田幾多郎・偽ディオニュシオスにおける経験の構造」『中世における自由と超越』（創文社、一九八八年）三九三―三九七頁。

（3）原文は、「坐禅は擧《こ》禮無二と観じ、萬事を抛下《ほうげ》し諸縁を休息し、佛法世法管せず」。瑩山大和尚（一二六八―一三二五年）『坐禅用心記』（大正蔵、八二巻）四一三頁c。訳はH. Dumoulin, *Östliche Meditation und christliche Mystik*. Freiburg 1966, S. 304による。

（4）H. Dumoulin, *Geschichte des Zen-Buddhismus*, Bd. I: *Indien und China*, Bern 1985, S. 103-115.

（5）「本有妙淨の明心頓《にわか》に現前し、本来一段の光明終に圓照す」。瑩山大和尚『坐禅用心記』（大正蔵、八二巻）、四一二頁b。

（6）「道《みち》の道う《い》可《べ》きは、常《つね》の道に非《あら》ず。名の名づく可きは、常の名に非ず」。『老子』上篇、小川環樹責任編集『老子 荘子』（世界の名著四、中央公論社、一九六八年）六九頁。

（7）西谷啓治『宗教とは何か』（創文社、一九七一年）一三五―一八七頁を参照。

（8）以下を参照。久松真一「東洋的無の性格」『久松真一著作集一』（理想社、一九七〇年）三三―六六頁。K・リーゼンフーバー「無の概念と現象」『理想』第四八四号（理想社、一九七三年）五八―七五頁、K・リーゼンフーバー『近代哲学の根本問題』（知泉書館、二〇一四年）に所収。

（9）K・リーゼンフーバー「神認識の構造――トマス・アクィナスの神名論において」『中世における自由と超越』（創文社、一九八八年）五二一―五四四頁を参照。

(10)「但《た》だ意を著《つ》けて不可思量の處に就いて思量せよ」。大慧宗果（一〇八九―一一六三年）『大慧語録』（大正蔵、四七巻）九三〇頁。柳田聖山「中国禅宗史」鈴木大拙監修、西谷啓治編集『禅の歴史――中国』（筑摩書房、一九七四年）九九頁を参照。

(11)「十牛図」の第十図について以下を参照。上田閑照『十牛図、自己の現象学』（筑摩書房、一九八二年）二三四―二四二頁。

(12)「維摩経に云く、外に能善《よ》く諸法の相を分別して、内に第一義に於て動ぜず、と」。『六祖壇経』（『禅語録』柳田聖山責任編集、世界の名著 続三、中央公論社、一九七九年、一一三頁。大正蔵、四八巻、三三八頁c。『維摩経』仏国品の偈の句からの引用）。

(13) 久松真一「東洋的無の性格」『久松真一著作集一』（理想社、一九七〇年）五四―五六頁。

(14)「神はいわば事物を包括しつつ事物において存在する」。「すべてのものにおいて直接的に働くことができるということが、神の至高の力に属する。ゆえに、神から距離があって、いわば自らのうちに神を持たないというようなものはないのである」。トマス・アクィナス『神学大全』第一部、第八問題第一項 第二異論解答および第三異論解答。

(15) Cf. K. Riesenhuber, *Die Transzendenz der Freiheit zum Guten. Der Wille in der Anthropologie und Metaphysik des Thomas von Aquin*, München 1971, S. 313-331.

(16) 第二ヴァチカン公会議『教会の宣教活動に関する教令』一八。

(17) K・リーゼンフーバー「祈りの人間学的理解」上智大学宗教教育研究所編『キリスト教を生きる祈り』（エンデルレ書店、一九七四年）三三―七二頁を参照、本書第六章。

(18)「それゆえ、徳とされるところの信仰は、人間知性が〔人間〕知性に固有な真理を超越することによって神的認識において存立している真理に帰依するようにさせるのである」。トマス・アクィナス『真理論』

第一四問題第八項解答。また、同項第五異論解答および第一二異論解答も参照。

第一〇章　存在認識と啓示の哲学

一　問題設定

啓示を哲学的に考察するということは、それ自体として矛盾した試みのように思われる。なぜなら、啓示は、本質的に人間の理性の自然な認識能力を乗り越えることを主張するのに対して、哲学は、理性によって把握可能なもののみを明確に考察しようとするものだからである。そのために、もし啓示を哲学的な理解に還元するなら、啓示に固有の在り方を損なうことになってしまうであろう。しかしながら他方で、啓示は自覚的な信仰において受容され、生きられることを求めるものであるため、人間の理性的な自己理解に訴えるものでもある。こうして啓示は、啓示された内容をその意味連関に即して明確にするという課題を人間の理性に課すので、そうした課題こそが神学研究の携わるところとなる。理性は、存在全体が原理的に理解可能であることに気づいたとき、啓示はそうした理性を触発し、信仰の内容を理性に方向を示す問題として理解するように促し、その真理内実を理性的な仕方で新たに発見するように仕向ける。そうした試みはカンタベリー（Canterbury）のアンセルムス（Anselmus 一〇三三／三四―一一〇九年）以来、マイスター・エックハルト（Meister Eckhart 一二六〇頃―一三二七／二八年）に至るまでの中世のスコラ学においてなされてきた。しかしながら、信仰の諸命題をその意味に向けて理解し、その真理に関して解明するという、こうした二段階の道程に先立って、まずは、啓示それ自体がいかにして理性的に考えられうるのかという問いが存する。なぜなら、啓示の生起そのものは、その意味、真理、権利について自らを人間の理性に対して証すときにこそ、自らに対する責任ある同意を要求することができるからである。そこで以下の考察では、啓示の個別的な内容に立ち入るのではなく、そもそも啓示そのものがいかに可能であるか、また、啓示において超越がいかに認識されうるのか、という問いに絞って考えていくことにする。

歴史的に見るなら、啓示の可能性に対する問いは、人間の理性が自らをあらゆる認識可能な真理の場ないし規範として発見した時点で生じる。そうしたことは、十七世紀の合理論と十八世紀の啓蒙主義によって拍車がかけられた。人間の思考の自律性を背景として、カント（Immanuel Kant 一七二四―一八〇四年）は『単なる理性の限界内における宗教』（一七九三年）という著作を著し、ドイツ観念論においてはまずフィヒテ（Johann Gottlieb Fichte 一七六二―一八一四年）が、カントと同様の理解に則って『あらゆる啓示の批判の試み』（一七九二年）を公刊した。理性が自己完結的なものとして捉えられるところから、十九世紀におけるフォイエルバッハ（Ludwig Andreas Feuerbach 一八〇四―七二年）やニーチェ（Friedrich Wilhelm Nietzsche 一八四四―一九〇〇年）の宗教批判では、神や超越の概念が、疎外された意識の空虚な投影と見なされることになる。キリスト教世界の内部では、二十世紀初頭の近代主義において、啓示を歴史的に発展していく意識または宗教的内面性の表現と解釈し、そうすることで啓示の客観性と事実性とを疑問視しようとする傾向が見られる。人間の超越への開きを根本的に認めた場合でも、例えばヤスパース（Karl Jaspers 一八八三―一九六九年）の実存哲学において、啓示という考えが超越を世界内的事実へと切りつめ、人間の自由な主観性を限定するものとして消極的に理解され、それに代わって「哲学的信仰」が要請されることになるのである。

このような近世における啓示批判に対して、十九世紀のカトリックの世界においては、信仰主義は啓示に対する一切の理性的接近を断念し、二十世紀前半のプロテスタント神学においては、カール・バルト（Karl Barth 一八八六―一九六八年）の弁証法神学が、理性と宗教とを、神によって直接的に与えられる啓示と信仰に対して徹底して対極の位置にあるものと理解した。伝統的なカトリックの基礎神学は、啓示が信じるに値するということを、自然法則からの逸脱である奇跡によって基礎づけ、「超自然的な」ものとして証ししようとしているのであり、そのためにここでもまた啓示は、人間の理解にとって外的で偶然的なものとなっている。神学が理性的把握の場から後退する傾向をもつとなると、啓示は理性的に統御できない個人的経験の次元、または歴史的事実性や教会の権威の領域へと押しやられることにもなり、そうなるとこのような理性からの訣別によって、啓示や神学は理性に対する普遍性を主張するための基盤を失ってしまうであろう。それに応じて、啓示の内容に対する信仰も、それがたとえどれほど崇高なものであったとしても、恣意的で気ままなものと映りかねない。

ここでの考察では、啓示そのものを哲学的に解明しようとしているのである以上、歴史的事実に依拠したり、信仰上の信条を引き合いに出したりすることはできない。また、啓示そのものの意味に対して疎遠になってしまった現代の問題意識にとっては、新スコラ学に見られるように、啓示の事実に対する理性的基準を作り上げるようなことでは不十分であり、また啓示の可能性を形而上学的な神概念や、人間の認識能力の理論的分析によって演繹するようなことも十分とは言えない。むしろ、啓示の意味、その可能根拠および構造への三重の問いは、思考の同一の歩みによって解明されなければならない。しかし、その解明の際には、啓示が現実に起こったかどうかということ、およびそれがいかなる内容をもつかということを、その歴史的起源と関わりなく、何らかの理性的演繹によって導き出すようなことは避けるべきである。

本章では、人間のすべての認識の基本構造に遡り、とりわけ人間の理解の言語性という現象に即して考察を展開していく。したがってここでは、啓示そのものの根拠と可能性が、人間の認識に対立したものとしてではなく、まさに人間の認識そのものから把握されることになり、そのうえで再び自然本性的認識が、啓示の可能性に対して開かれたものとして示されることになる。ここでの考察では言語性が導きの糸となるが、それというのも人間の理解は――少なくとも反省的になる限りは――呼びかけ、答え、問いといった言語的活動の中で営まれ、また他方で、啓示は、人間によって受容されるためには言語的形態を取らざるを得ないからである。とりわけ啓示は歴史的伝承を必要とし、しかもこの伝承は言語を通じて、つまり歴史物語による言い伝えや、一定の信仰共同体での祝祭的再現において可能になるために、ここから啓示そのものが本質的に言語と結びついているということが示唆される。啓示と言語との不可分の関わりは、より根本的には、啓示自体と歴史的伝承との関係において明らかになる。つまり、過去の啓示の生起は記念を通じて伝達され、そうした伝承がその都度、新たに啓示として確証されるということによってのみ、啓示は言語的領域において理解可能になる。なるほどキリスト教は啓示宗教であるが、歴史的文書の厳密な釈義に依存する――学問的釈義にも散見されるような――「経典信仰」であるとは言えない。それというのも、聖書の意味は、十六世紀末と十七世紀初頭のプロテスタント正統派の聖書字義霊感説のような意味で文書の中に閉じこめられているわけではなく、自らが常に歴史に根差しているという自覚を伴いながら、言語を通じて継続的に産み出されるものだからである。

言語そのものが、啓示の生起とその歴史的伝承の構造を規定しているため、言語的に構成された人間の理解は、超越が語りかける際の文法ともいうべきものを具えており、しかもそれは、ヘブライ語やギリシア語などの個別の言語の文法ではなく、その恒常的な構造が自由な意味形成を可能にする普遍的な「深層文法」(ウィトゲンシュタイン〔Ludwig Wittgenstein 一八八九―一九五一年〕)なのである。このような考え方は、アウグスティヌス(Aurelius Augustinus 三五四―四三〇年)によって展開された精神の「内的言葉」――記憶から生まれた洞察を表現する深層の言葉――という理論を支えとするだけでなく、「ヨハネによる福音書」での最後の晩餐のイエスの告別説教(ヨハ一四・二六、一六・一三参照)に見られるような、言葉と霊、福音の伝承とその都度、新たにされる信仰理解に近いものとも言いうる。なぜなら「ヨハネによる福音書」においては、歴史上のイエスの言葉を想起することによって、主が霊において現前し、単なる反復や追加というかたちではなく、その都度、新たに語りかけるという考えが示されているからである。

このようにして啓示は、その伝承のために言葉を必要とするということは明らかになったが、啓示が言葉として発され、それ自体として言語的構造をもつという主張は、さらに展開し根拠づけられなければならないであろう。有意味な言葉というのは常に、言葉がそこへと結びつく前言語的な認識を前提とし、その限りで、そうした認識の跡を追う二次的なものに過ぎないのだろうか。さらに、言葉は特定の、他の内容から区別された意味内容を表現するものである以上、何ら排他的な性格を有さない神的なものを捉えるには、本質的にふさわしくないとも考えられる。啓示と呼ばれるものは、言語を絶する超越経験や神秘的洞察に由来するのであり、教えとして言語的に伝えられることのできないものなのだろうか。そもそも「神の言葉」なるものは、まずは音声的内容をもって受け手に伝達されるというのでないとしたなら、どのような意味で「言葉」と言えるのだろうか。それよりも、啓示の本質の解明とともに、言葉の根源と本質も新たに捉え直され、言葉というものが、人間の言語という形態を取りながらも神的起源を有するものとして、いわば神的言葉の受肉（ヨハ一・一四参照）として理解されるようになるのだろうか。こうした問いを徹底して推し進めるために、以下の考察では、啓示を根底的でしかも最も広い意味での言葉として、つまり無制約的な現実の自己表現、ないし根源的現実の意味の顕現として捉えることにする。

二　認識において現れる啓示としての現実

意識において把握される内容は、感覚的であるか精神的であるかを問わず、意識自身において、その内容についての意識に先立つ現実を意識するものとして認められ、受容されたときに初めて認識として成立する。なぜなら、認識そのものは真であること、つまりその内容に関して自らに先立つ何かのところに合致していることを主張するものであるため、単に主観の能力や作用によってのみ産み出されるものではないからである。そして認識内容は、それがその固有の内容において対象を思念し、志向的意味を有する限りで、自らの対象と合致するということが可能になる。それゆえ、認識の意味と真理は、対象に対する認識の志向性に基づくのであり、しかもこの志向性において対象は、認識活動には依存しない先行的なものとして前提されている。

認識は、自らの成立と内容を対象の側に負っているということを自覚し、そのような意味で対象へと自らを差し戻すことによってのみ、自らの認識活動に先立つものとしての対象へと自らを関係づける。さらに認識は、単に対象からの物理的な作用にではなく、むしろ対象となるものの現象そのものに自らの在り方を負うために、対象それ自体は認識の基盤および認識の妥当性の根拠として理解される。それゆえに、対象は自ら現象することによって、認識をその意味と真理と確実性に関して、認識する主観の受容的自発性から発現させることになるのである。

対象は、主観に対する自己現出または現象性に尽きるものではなく、それ自身のうちで自存するものとして、つまり存在するものとして自らを示すものであるため、現象そのものは対象の存在、または存在者それ自体の存在のうちにその根拠をもっている。そのため存在者は、自らの存在に基づいて自己自身を現し、そこから認識をその意味と真理に関して根拠づける。対象において第一義的に認識され理解されるものは、対象の現象そのものではなく、その都度の在り方に即した規定をもつ対象の存在そのものである。それゆえ自らのうちに自存し、対象を成立させ、対象にそれ自体としての自己同一性をもたらす存在は、同時に現象の原理にして、志向性の原理、または志向的意味ないし認識の真理の原理でもある。それゆえ存在は、その存在論的真理、またはその明証性において、根源的にただそれのみが自己証示するもの、または認識可能で理解可能なものであり、その意味ではいわば存在者の光、あるいは真理の源泉にして存在者の内在的中心であり、また同時に、認識する者に対して開かれた無限定の輝きなのである。

存在者において理解されるものはその意味であり、しかもそれは、それ自体として存在するものそのものの意味として理解される。なぜなら、意味そのもののみが理解に対して開示されており、理解によって遂行されるものだからである。しかし、意味は自らの具体的形態を言葉のうちに見出すため、存在者がその存在において現象するという事態は、まさに言葉のうちに具体化されることになる。言葉において認識は成立するのであり、言葉においてこそ認識は恒常性を獲得し、存在者の存在を理解のうちで現前させるものである。そのため、言葉を考えることによって、理解を通じて存在者におけるる存在の現存に思いがいたされ、一切の主観的解釈以前の存在の自己贈与と自存性が想起されることになる。言語と認識は、このような存在に対する依存性を判断において表現している。というのも、いかなる判断においても、「～がある」ないし「～である」という、その「ある」において自らの真理と確実性を示しているからである。

あらゆる認識と理解は、究極的には存在者における存在の自己示現を支えとしているため、認識の本質を理解するためには、この自己示現そのものが解明されなければならない。存在者が自らを示す際には、存在者は隠れのうちから立ち現れ、他に対する現前をそれ自身によって遂行することによって、受容する眼差しに対して自らを委ねるが、しかもその際に存在者は、それ自身と分離したり、自身を失ったりするということはない。このように、存在者が自らの現象のうちへと立ち現れるということが、真理の起源でありその根源的生起なのである。存在者がその存在において現象するということの事態を前にするなら、すべての主観的な先入観は崩れ去り、現実をただ盲目的な主観に即して限定し処理しようとする日常的な短絡的理解が打破されることになる。

アリストテレス（Aristoteles 前三八四―三二二年）とプラトン（Platon 前四二七―三四七年）が哲学の営みは驚きから始まるとしていたように、原初的な認識もまた、例えば子どもにおけるように、現実に対する驚きを呼び覚ます。驚きは意識の習慣的な思考形態を揺るがし、意識が思いもよらないより大きなもの、より豊かなもの、より真なるものの輝きに照らされているということを経験させ、意識をそれらに対して目覚めさせる。この驚きは、認識されるもののその都度の特殊的な内容に直接に関わりはするが、根本的には現実そのものの開示性に驚嘆する。そのために、個別的な現象に対する驚きは、現実全体の意味と根拠への反省的な省察を促すことになる。それゆえ、根本的には唯一驚くに値することは、「そもそも何もないよりも、むしろ何ものかが存在している」（ライプニッツ〔Gottfried Wilhelm Leibniz 一六四六―一七一六年〕の表現）ということである。存在者が存在するというこの驚くべきことに対する驚愕のうちには、そうした現象そのもののすばらしさに対する賛嘆、それゆえ、認識そのものの不思議に対する驚嘆が同時に含まれている。認識の不思議とは、認識においては存在者が、自らと異なるものである認識主観のうちに、存在者そのものとして存在することになるという点にある。なぜなら、認識を遂行する者は、存在者そのものをその在るがままの仕方で自らのうちに把捉するからである。

認識とはまず、存在者の自己示現を受容しつつ実現することにほかならない。存在者はその自己示現において、いわば自らの閉鎖性から歩み出て、その隠された本質の輝きを顕わにし、認識を遂行する他者に対して自らの真理を伝達する。このような自己表出において、存在者は、他者に対して自らの意味をそれ固有の意味の可能性として手渡しはするものの、その際にも存在者は、認識を遂行する他者との相関のうちに解消されるのではなく、まさにそれ自身として現出するために、完全に自らのうちに留まることになる。こうして存在者は、認識されるにあたって他者に向かって自らを開き、時間的な遅延を経ることなく、まさに同時に認識を遂行する他者を自らのうちへと、つまり認識される当の存在者そのものの固有の在り方のうちへと戻し入れる。それは、認識されるのはほかならぬ当の存在者であるという理由による。隠れのうちから他者に対して出現し、同時に自ら固有の同一なる存在それ自体へと、その他者ともども帰還するという事態は、存在者とその自己表出が分かちがたく一致するものとして、真理の存在論的生起あるいは存在者における存在の自己伝達、つまるところ、自己顕現の核心を成している。各々の存在者は、関心、問い、驚き、考察、判断といったさまざまな認識の対象となりうるのであり、したがって、いかなる存在者も認識可能である以上、いかなる存在者も、存在論的に厳密に普遍的な意味で存在の自己顕現、しかも存在者における存在の現前化の具体的在り方に応じた自己顕現であると言うことができよう。

すでにアリストテレスとトマス・アクィナス（Thomas Aquinas 一二二四／二五―七四年）が示したように、認識可能性、つまり存在論的真理は、存在者そのものの喪失不能な特性であるが、現象としてのこの性格は、「在る」と言われるところのものの本質から、論理的・概念的に導出することはできない。「存在」あるいは「存在者」、また「事実」や「現実性」のうちには、その意味としてはまだ「現象」や「他に対する現存」、「認識可能性」ないし「真理」ということは含まれていないのである。まさに、このような差異を洞察するところから、存在者の顕現性に対する驚きが生じる。存在者の顕現性は、存在者の説明不要な状態としてではなく、生起または贈与として経験される。それゆえ存在者はその存在に基づいて、不断に新たに自らの現存と現出のうちへと到来する。こうして存在は自らにおいて、自らに基づいて、常に現存する自らの根源的開示性を産み出し、そうした開示性を必然的に自らに伴う。存在者における存在のこのような根源的な開示性を、演繹したり要請したりすることは不可能であり、思考の操作によって強制することはできないため、そうした開示性は自らにおいて自由であるという性格を有している。この開示性はさらに、認識に対してその光と内容をもたらし、認識する者を意味と真理、つまり究極的な充実の領域へと置き入れるので、それ自身において恵みと救いという性格を有している。さらにこの根源的開示性は、単なる主観的な思いなしによる歪曲を被ることなく、認識を無制約的かつ無限定的に自らへと向けて規定するがゆえに、自らの尊厳を規範――つまり、その開示された真理に基づいて正当にも承認を要求しうるところ――として証するのである。さらに、存在者は自らの自己表出を通じて、認識する者に対してその固有の有様においてありのままに自らを提示することによって、存在者は自らを認識する者を自らへと参与させるのであり、認識する者の脱自的な開きないし規定可能性において、認識を通して所有されることになる。それゆえに、存在者のこの自己開示性は、それ自身において喜びをもたらす贈与という性格を有している。

存在者は、認識する者という他なるものとの開かれた関係において、まさに自らの存在において確証されるので、存在者は現象という関係性に解消されることはなく、それどころか、認識する者が追いつくことのできないような仕方でそれに先行しており、認識する者によっては包括不可能で、その存在そのものにおいて単に受容されうるだけであり、再構成したり、代替したりすることが不可能なものである。そのために存在者は、まさにその存在の開示性において、認識主観が毀損することも変更することもできない。それゆえ存在者は、その真理に即して十全に現前しながらも、その固有の存在において主観の活動から逃れ去るのであり、この意味で存在者は、崇敬を通じての受容によってのみ到達されうる神秘と言いうるのである。

存在者のこのような開示性に直面して、思考は、自らの構成的・投企的・算定的活動の根本的で乗り越えがたい限界を自覚する。なぜなら、このような思考は、存在者をその存在において産み出すことはできずに、ただ存在者の自己示現を期待しながら問いかけることができるのみなのであり、しかもその問いかけの主題もまた、存在者のそれ以前の現出についての想起によって規定されるからである。それゆえ、ソクラテス（Sokrates 前四七〇／六九―三九九年）やニコラウス・クザーヌス（Nicolaus Cusanus 一四〇一―六四年）も言うように、思考の真の自己認識、または認識の真の知恵は、自らの無知についての知のうちにこそ求められる。認識そのものの基盤となる無知、つまり認識という受容を可能にする無知は、後からの認識によって埋め合わせられるような、事実に関する知識の欠如ではない。根源的な無知の知とは、人間の認識能力がただそれ自身のみから活動しようとする限り、陥らざるを得ない本質的な無知を反省的に自覚することなのである。真理に対する認識能力の無力や、本質的な無知を自発的に承認することによって、主観はそれ自身によって規定することのできない存在者の開示性に対して開かれ、主観自身を統率する存在の真理の領域に入り込む。カントも言うように、知が正しく限界づけられることによって、つまり知が自らの有限性を自覚させられることによってこそ、知の自己超出のための場が開かれ、存在を意のままにすることはできないということに同意し、根本的な信仰を抱くことに対する余地が与えられるのである。なぜなら、このような根源的な自己相対化、あるいは、フィヒテが述べるように、認識主観の自らの認識構成に基づく主観的な要求に対する自己無化によって、認識は、ハイデガー（Martin Heidegger 一八八九―一九七六年）が言うように、先行把握的な探究によって制限されていない純粋な発見に対して開かれることになるからである。

あらゆる真正の認識において、主観は存在者の自己証示的な真理にさらされており、その真理を、それ以上包括的な予断によって限定しようとすることはない。そのために、主観は自らの認識能力の根底に至るまで、存在者の真理によって捉えられ、それによって規定されている。それゆえ認識とは、主観に対して、既存の範疇という形式に割り振るための具体的な内容を与えるということだけではなく、範疇的・対象的認識そのものにその究極的な意味を与え、人間全体のうちで認識の占める位置を定めるような枠組みの深層に至るまで、主観それ自体を形成するものである。このように、認識能力全体が存在の真理によって鼓舞されることで、主観そのものは、理解を自発的に遂行する能力において、またその自由において豊かなものとなり、より包括的で、より存在にふさわしい認識遂行が可能となるのである。

認識は、その都度の視野を究極的に妥当するものと見なす傾向をもつ。だが、認識が進展するにつれて、このような絶対視は性急で誤ったものとして打破されるため、真なる認識は、ヘーゲル（Georg Wilhelm Friedrich Hegel 一七七〇—一八三一年）が示すように、現存する既成の認識と、その根底に働く存在理解に対する批判という否定的契機をも含んでいる。このような批判的・否定的契機は、例えば預言者の行った祭儀批判もそうであるように、より包括的でより真なる地平へと導くものである限り、それは真理の圧倒的で積極的な内容豊かな啓示の反映なのであり、当の啓示を受容するための適切な場を開こうとする真理の呼びかけの反響なのである。

三　啓示の根本的内容

これまで、認識において現実が啓示としての性格をもって与えられるということを示して来たが、ここからもすでに、啓示そのものの主たる主題、あるいは対象がいかなるものであるかが、漠然とでも推測されるであろう。なぜなら、啓示そのものの主題となるのは、まずは隠されてはいても、それが現れることによって現実との人間の関係を根本的に変化させ、人間を高めることのできるようなものだからである。

啓示においてまず肝心となるのは、個々の事実や事物の存在、また意味として中立的な出来事などではない。というのも、これらの客観的事態は、隠れという性格をもつものでも、根本的な意味と真理を人間に対して伝達するものでもないからである。まずは全体としての世界こそが、その本質と意味に関して啓示の主題となりうるのであり、それはまさに、この全体が人間の対象的把握から逃れ去りながらも、世界が現実と存在一般についての理解に関して規範となるからである。世界の真の在り方に対するこの問いのうちには、有限的存在者そのものの意味についての探究が集約されている。すなわち、有限的存在者が明らかに偶然的で不確かなものであることは、一方でその存在者の隠れた根拠と根源に対する問いを惹き起こし、他方でその存在者の意味と完成の可能性への問いを目覚めさせるのである。このような問いは、時間の地平においては、存在者の原因としての創造への問い〔創造論〕と、世界の救いとしての終末への問い〔終末論〕として表現される。対象的な認識に対しては、まず世界内の存在者が与えられるが、この存在者はその啓示としての性格に従って、起源と完成、始源と終末という一見して逆方向の二次元を指し示し、自らの存在におけるこうした最高の緊張の只中で、その具体的な、つまり内世界的であると同時に超越的な意味に即して顕わになるのである。

ついで、啓示においては、人間の存在（「ある」）と当為（「べし」）が主題となる。というのも、人間は自らの自己意識を通して不可避的な事実として自らに対して与えられ、しかも自らを自由に規定することができるものである以上、人間は、その未規定性のゆえ自らを己れの課題として受け取りつつ、その本質と意味に関しては、世界内のいかなる存在者よりも自らに対して隠れたものだからである。人間は、反省によっては自らの存在の根底を汲み尽くすことができず、また未来の闇を見通すことのできないものであり、さらにその不確かな自己経験によっては、暫定的で不安定な仕方でしか自らの意味を投企することができない。そのために人間は自らを、まさに「か弱い葦」（パスカル〔Blaise Pascal 一六二三―一六六二年〕）として、未知の現実の全体にさらされているものとして理解する。それゆえ、カントが述べているような、人間の自己をめぐる三重の根本問題、つまり「私は何を知りうるか、私は何を為すべきか、私は何を希望することが許されるか」という問いは、人間自身によっては最終的な仕方で答えることができないのであり、その問いの解明は、啓示を待ち望む開かれた態度のうちで求められるほかないのである。

かくして啓示の中で究極的に問題となるのは、神と呼ばれる第一にしてすべてを包括する根本的現実の存在と本質である。こうした無制約者との関わりにおいてのみ、世界と人間の意味と真理が端的に明瞭なかたちで、またそれ以上に遡りようのない自明性のうちに顕わになる。それだけでなく、いかなる存在者、つまり人間の自己意識や存在理解においても、光の源ないし超越の中心として自らを啓示する存在そのものは、こうした普遍的な存在論的現存においても、自ら固有の在り方に関しては理解から逃れ去ってしまう神秘なのである。存在そのものは端的に無制約的なものであるため、その外部から照らされるものではなく、ただそれ自身からのみ顕わになり、存在のこの自己顕現によって初めて世界と人間は、その意味と真理において証示される。しかしながら、このような絶対的存在については、より広い意味連関へと向けてその意味連関の側から理解するようなかたちで、その意味を問うようなことはもはやできない。むしろ、無制約者との関係においては、意味に対する人間の問いが逆転し、無制約者からの意味の呼びかけと要求に対する聴従の姿勢へと転じる。そして、そこにおいてこそ神の無制約的な意味充実が、人間の自由に対する規範的な意味設定として、また純粋な意味を生きることのできる唯一の有限的存在者である人間に対しての至高の約束として、告げられることになる。それゆえ世界、人間という人格的存在、および神――カントによる理論上の三理念――が、その存在と本質において啓示の根本的主題となるだけでなく、――神、自由、魂の不死というカントによる実践上の三理念に応じて――人間の自由の意味付与と人間の無制約的完成の約束とが、それ自身において無制約的な意味遂行としての神から、啓示の中心的主題として与えられることになる。こうした問いは、キリスト教においては、神の三位一体の啓示、神への愛と隣人愛において完成される自由の啓示、および神の子たる人間の永遠のいのちという啓示として成就されるのである。

啓示においては、理論的・観照的次元に続いてその実践的・倫理的次元が現れるが、それに照らすなら、言葉は、その形態においてまさに啓示をそれにふさわしく把握するものと言えよう。なぜなら、言葉の生起においては、理論的な意味の伝達と意味の実践的な実現への呼びかけとが本質的に結びつき、意味理解と理解を通じて自由のうちに生まれる責任とが、不可分の関係にあるからである。自らの啓示において認識する者に語りかける現実は、認識する者を自由のうちへと置き入れるが、このことは、現実が自由に対して、開示された現実の実践的承認に向けてその意味の方向を根底的に合わせるということに拠っている。こうして啓示とは、認識において存在が自らを表出する言葉なのであり、自由の活動において、愛を通じて存在に向かって超出することへと要求し、かつ差し招くものなのである。

四　啓示認識の段階性

啓示のもつ言葉としての構造は、さらにより根本的な意味において理解することができる。言葉には、実際には目の前にない存在者を現前させ、それとともにその意味の啓示において、当の存在者をその不在と隠蔽において顕わにするという働きが具わっている。このような表出機能によって、言葉は、存在そのものの根源的な隠れを、それを単なる無知に解消することなく、隠れそのものとして確保することができる。いまだ隠されて逃れ去っているものが言葉において初めて顕現することによって、認識される当のものを完全に直視しうるかたちで知りたいという希求が人間において芽生え、このことによって開示性が十全に与えられる次元としての将来が指示されることになる。こうして明るみを与える言葉は、理解を行う人間に希望という態度を与えるが、この希望はすでに理解遂行そのものを推し進めている。なぜなら理解遂行は、反省可能な仕方で対象的に認識された内容を乗り越えて、約束というかたちで理解のうちに生き生きと現存する充実した存在へと手を伸ばし、存在理解の前概念的、ないし超概念的な深みへと向かうものだからである。存在の啓示によって養われる了解のこのような深層構造を解明するためには、超越の啓示ないし開示の根本的諸様態が、人間の認識能力の諸段階に対応している有様を考察する必要があるであろう。ここでは、ディオニュシオス・アレオパギテス（Dionysios Areopagites 五〇〇年頃）が素描し、トマス・アクィナスが継承し発展させた、超越認識についての理論を手引きとすることにしよう。

(1) 感覚的現象における超越の啓示

人間が現実と関わる際の最初にして基底的な段階である感覚的認識においては、人間は内世界的存在者の現象と受容的な仕方で関わりをもつ。感覚的知覚は、形・色・味覚・音といった感覚的性質のみを直接に認識させるのであるが、それでもやはり存在者は、その現実性と本質において現れるのである。物を見ることのできる者は、感覚的印象そのものを見ているのではなく、感覚的現象によっては限定的で視点に拘束された不完全な仕方でしか現れない事物を、その現実において見て取っている。感覚的現象においては、直接には見えていない側面をも含めた感覚的形態全体が把握されるだけでなく、その形態を通じて存在者そのものが観察者に対して現前しているのである。さらにそこでは、個々の存在者の瞬間的に現存する在り方が認識されるだけでなく、その過去の地平や、さらには——例えば蕾において将来の花が見えるように——その未来の地平が見て取られている。そもそも感覚的存在者は、その周囲の世界や全体のうちでの自らの場所、ひいては世界を指示しているのであり、観察者を秩序だった構造全体のうちに導き入れる。さらに、感覚的存在者は——例えば水晶の透明さや花の美しさ、動物の力強さといった——それ固有の在り方に基づいて、それを見る者の心のうちに——調和ある秩序への見通し、美そのもの、力そのものといった——現実全体の根本的在り方についての解釈を成り立たせる。こうして感覚的現象は、感覚的・質料的な在り方そのものには解消されえない何ものか、感覚的・質料的在り方の根底にあってそれを内容的に凌駕している何ものかを表現している。芸術や詩は、感覚的形態のうちに現前するこうした現実の汲み尽くしがたい深みと、内容的充実とを主題化することを試みるのである。

感覚的形態は計り尽くしえない現実を、直接に与えられる現象よりも、より包括的で根源的なものとしてそれ自らにおいて顕わにするため、感覚的形態は、自らのうちに隠されている現実へと自らを超出し、これを自らに固有の存在全体を挙げて承認する。そのために感覚的形態は、自らのうちにそうしたより包括的な現実への賛美を含んでいるのであり、このことは芸術作品や歌において実現され、また不可視的な根源的現実に対して可視的事物を崇敬をもって奉献する行為へと、人間を駆り立てる。このような事情ゆえに、感覚的現実は「形態なきものの形態」(ディオニュシオス・アレオパギテス)、ないし「暗号」(ヤスパース)または象徴として現れる。象徴とは、それによって指示された現実の隠れや逃れ去りを解消してしまうのではなく、その現実にいわば浮遊する現存をもたらすものであり、これによって観察者は感覚的形態を踏み越えて、いかなる像によっても把握されえない存在そのものへと導かれる。象徴は寓意とは異なり、完結した現実としての感覚的事実が跡追い的に外部からより高次の意味へもたらされるというようなものでは決してない。むしろ象徴は、より包括的な他なるものから創設されるがゆえに自らを本質的に凌駕し、自らを他なるものへと関係づけるものなのであり、その豊かな内実が汲み尽くされることのない不思議、しるし、謎ないし比喩なのである。

感覚的現象にとって、このような啓示としての性格がいかに根本的であるかは、感覚に制約された人間の言語のうちにすでに示されている。それというのも、もともと感覚的対象や諸特性、諸々の感覚的活動や出来事を表示する言葉は、比喩的に、より高次の意味の次元を示すためにも用いられるからである。このような意味拡張の柔軟性を欠くなら、また高次の意味に対する言葉の透過性や類比を欠くなら、人間の言語活動は、自らの現実理解の外延的な広がりや内包的な充実を反映することはできないであろう。言語活動において、このような意味の拡張は、平面的次元にある異なった存在者をその類似性（ウィトゲンシュタインのいう「家族的類似」）に関して比較することによって水平的に広がるといったものだけではなく、何よりも偶然的で個別的な現象が属する時間・空間という次元を超出し、純粋かつ本質的な存在論的・精神的完全性へと高まることによって実現されるのである。感覚的次元がこのように本質的に存在と精神とに根差しているということは、人間の形姿、とりわけレヴィナス（Emmanuel Levinas 一九〇六―九五年）が示したように、その「顔」において顕著に現れる。なぜなら、顔は、本質的かつ第一義的には物理的な事実などではなく、人間の心や精神、またはその人格的存在の表現ないし顕現だからである。

感覚的存在者の次元は自らの中心を、外的で感覚的な対象のうちにではなく、「世界内精神」（K・

ラーナー（Karl Rahner 一九〇四―八四年）としての人間のうちに有している。しかも人間は、トマス・アクィナスも言うように、「感覚的現象へと向かう転向」において現実の本質に近づきうるものである。それゆえに感覚的現象は、精神的現実として根源的に人間の心のうちで生じるものを最初に開示する場となる。そこで、例えばイグナティウス・デ・ロヨラ（Ignatius de Loyola 一四九一―一五五六年）の『霊操』においてそうであるように、黙想は、福音書の諸々の出来事に対して感覚を至純かつ内的に「適用する」ことによって、最も深く精神的な内容を理解するものなのである。

感覚的次元は、観想における内面空間や自然観察の場面に限られることなく、むしろ自らの中心を、人間がそこに服しながら自らによって形成する具体的な歴史的出来事のうちに見出す。それゆえ、感覚的次元の啓示としての性格は、幸福と不幸をもたらすものとしての歴史、神および人間の本質の隠れと現れの場としての歴史において、その頂点に達する。神の働き、「時のしるし」やその都度の歴史的課題は、精神の目によって事実的・感覚的歴史のうちに見て取られ、またそれと不可分の仕方で、想起を通して過去を呼び起こすことによって歴史物語のうちから読み取られる。個々人は――たとえ全面的に見通すことはできなくとも――すでにそれぞれの運命のうちで、意のままにならない超越の定めと、解放をもたらすその呼びかけに直面させられているように、個々人の運命に尽きない歴史は、無制約的な意味――その解釈のためには神によって照らされた理解を必要とするような意味――をさらに具現化し、その意味をよりよく開示するものでありうる。そして信仰の言葉と神学は、人間を神との関わりにおける歴史へと導く。それゆえに、その言葉は、それが単なる概念のうちに解消されることなく、具体的で歴史的な基盤と結びつきつつ、多様な解釈に対して開かれたものでありながらも、定まった意味の方向を指示する象徴としての性格を保持することによって、初めて実存的に理解可能となるのであり、超越の呼びかけを個々人において発見する営みを人間に対して可能にするのである。

(2)　純粋な完全性の肯定

感覚的形態は、自らのうちにそれ自身として時間・空間の領域に属すことなく、その根源的本質において無制約的であるような内容を担い、それを顕わにすることによって、超越のしるしとなる。このような感覚的形態において顕示される純粋な完全性とは、まずは存在・一・真・善といった根本的な存在論的内容である。これらの内容はさまざまな程度においてあらゆる現実のうちに現れるが、その固有の在り方としては何ら限定や否定を含むものではない。それゆえこれらの完全性は、いかなる場合でもその反対物よりも善いものとして、また同じことではあるが、いかなる場合でもそれが存在しないよりも存在したほうが善いものとして、定義することができるのである。いかなる有限な内容も、こうした純粋な完全性の限定的な様態であり、そのようなものとしては精神による認識を通じて把握される。なぜなら、精神による認識がその根底において主題とするのは、存在、および存在と本質的に同一で、ただ概念的にのみ存在から区別されるような諸規定だけだからである。この点は、トマス・アクィナスによる存在者の超範疇的規定、つまり一・真・善という普遍的規定の理論が詳細に示したところである。

存在そのもののこのような本質的諸特性は、あらゆる存在者の根本規定であると同時に、人間のあらゆる精神的・人格的活動の原理にしてその根本的内容でもある。それというのも、およそ精神の活動とは、存在についての、しかもその一・真・善に関しての、根源的知と根源的遂行を具体化することにほかならないからである。しかも、これらの完全性は精神的遂行に対してその手引きとして先立つため、そうした遂行によってはただ分有されるだけであり、決してその遂行によって構成されるわけではない。これらの完全性は、その意味と本質に関して、自ら自身によって自ら自身のうちで成立してはいるが、その完全性は、同時に精神の遂行を養い、意識と自由、認識と意志、また精神的直視、および自らを伝達する愛といった完全性――それらは、すべての存在者に与えられるのではないが、あらゆる限定や否定から本質的に免れている精神的完全性、例えば意識、意思、愛、自由、幸福などである――へと導く。普遍的で純粋な存在論的完全性は、それぞれの存在者において客体的なかたちで認識されるように、精神は自己についての経験において、純粋な精神的完全性をその遂行を通して把握するのである。

純粋な完全性は、その根源的本質においては無制約的な積極性を意味するのに対して、直接的に与えられる存在者や、その存在者に関わる行為は制約をもつものであるため、精神による認識は、自らの遂行を通じて自らの有限的な対象や自ら自身の行為を乗り越え、当の対象と行為をその内的な中心、およびその無制約的な超越的根底、または神の純粋な完全性へと向けて突破させることになる。それゆえ純粋な完全性は、その根源的な無限性に基づいて、トマス・アクィナスが言うように、「本来の意味で、第一義的かつ実体的に」神自身に属するものであり、神の本質と名称を成すのである。それというのも、神は存在論的には、まさに自らのうちに自存する「存在」、自らと同一の「一性」、それ自身によって明証性を有する「真理」、自らをその現実において根拠づける無制約的な善性そのものである「善」にほかならないからである。あらゆる存在者と精神のあらゆる自己経験において、純粋な完全性がそれらの内的中心、および根源的な核心として現れる際、そうした存在者と精神的遂行において、神そのものの神秘が、それらの源泉、原型、真の現実として啓示される。

しかしながら、無制約的神秘は、精神の直接的な眼差しにおいて、一見すると無限性と有限性に関して中立的な精神的完全性という普遍的地平から際立って立ち現れているわけではない。また、救済史において恩寵をもたらす啓示は、存在そのもののこのような純粋な完全性を通じて自らを伝達するが、その際にも、それらの完全性に外から何かが付け加わるということはない。啓示はただ、それらの完全性の根本的経験と根本的理解を有限的視界から解放し、それらをその無限の根源的形態への近さに至るまで徹底すると同時に、それらの完全性をその抽象的で散漫な外見上の在り方から解き放ち、神そのものの超越的現実における自存的存立にまで集約させるのである。超越についてのいかなる啓示も、純粋な完全性のうちにその可能根拠を有するため、啓示はその意味に関して積極的なものである。つまり、啓示は存在の伝達およびその解明、さらには存在の約束であり、あらゆる否定性・制約・限定・有限性からの解放なのである。

精神の活動は、存在の純粋な完全性の啓示に対して、判断における肯定的な「ある」によって表明されるような、無限定的で無制約的な肯定と承認によって応答する。「ある」ということを通じて、精神は、すでにその肯定の能力に関して存在の純粋な完全性によって構成されているということを自覚しており、認識された存在者をその存在に関して追遂行するものである。そうした認識に際して、精神は存在者の具体的本質を純粋な完全性の様態ないし限定として把握するため、それによって精神は、純粋な存在の充実から存在者へと下降し、同時にその存在者をその起源としての存在の充実へと上昇させつつ帰一する。純粋な完全性に対して肯定的に応答することにおいて、精神はその洞察を通じて、あらゆる有限的現実の意味と、存在を付与する根源である無限な完全性との近さ、およびその完全性の到来を経験し、そこにおいて世界の根拠と救いの源としての神の善性を認めるのである。

（3）限界の超克としての否定

ついで精神は、精神の自己経験の内面において、つまり、アウグスティヌスの言葉では「精神の秘所」、マイスター・エックハルトによれば「魂の根底」において、神との直接的な近さとして経験され、精神による客体的認識の背後にあって常に共に遂行されているところを反省し、対象的に把握しようと試みる。このような概念的主題化において精神は、確かに純粋な完全性をその本質に即して把握し、そこから神についての理解を展開することができるが、その際精神は不可避的に、対象的世界に向けられた自らの有限的な認識の仕方に応じて、経験された内容を客体化し、その深みを切りつめてしまうことになる。それゆえ、純粋な完全性による神認識は真であるにしても、その純粋な完全性が反省による対象化を遂行する精神のうちで主題的に与えられる以上、そのような完全性によって神の存在を十全に規定し尽くそうとするなら、誤りに陥ることになるであろう。それというのも神は、人間がそれについて明確かつ概念的に理解するところよりも、常により偉大なものだからである。精神的洞察において開示される神の自己啓示の深みと、その概念的対象化との消しがたい差異は、精神それ自体において経験される。したがって、洞察の概念的定着は不十分であることが見抜かれるため、純粋な完全性を神に帰する際には、その肯定は否定へと転じ、その否定において神の完全性は、有限な理解形態による限定に先立って端的に無限であることが認められるのである。それゆえ啓示は、その卓越した積極性に基づいて、肯定的規定を超克するよう促し、考えられうる神の一切の完全性を否定することを要求するのである。このような否定は、言葉の上では肯定に対立するようにも見えるが、実のところは肯定を深めるものにほかならない。なぜならこの否定は、理解遂行と理解内容をその有限性そのものに関して否定することを意味するのであり、それによってその理解を乗り越えさせ、もはや概念や判断内容というかたちで理解のうちに完結するのではないところ、つまりただ受容に対して開かれた精神の至純の知的眼差しと、その知的活動と一致しながら自らを超出する肯定的な愛によってのみ目指され、受け入れられるところへと、精神を解放するものだからである。

このような否定――「神は存在ではなく、真理でもなく、善でもない」ないし「存在、真、善は神ではない（むしろ、これらの内容が思考されたものである限り、神はそれらよりも偉大）」といった否定――によって、精神は、普遍的な存在論的理解の一次元的な地平から自らの神理解を解き放ち、概念と判断において獲得された限りでの洞察を否定することを通じて、超越的完全性における神の現存に対して自らを再び委ねることになる。このような否定の力は、単なる批判的・否定的な姿勢に由来するのではなく、あらゆる認識において当の認識を突き破るかたちで、直接に自らそのものとして現前する神そのものの圧倒的な現存に基づいている。こうした否定において精神は、「創造主と被造物の間には、その両者の間の非類似のほうがより大きくないような類似性は認めることはできない」（第四ラテラノ公会議〔一二一五年〕DS 806）ということを洞見する。それゆえ、「〜だけでなく」というかたちでの否定は、神の隠れそのものを、それと名指すことなく、また命名に対する断念を明確に示すことによって主題化し、それによって精神を限りなく前進する脱自的な自己超出の運動へと駆り立てる。その一方で、このような理性的に、――そして地上的なものへの一切の執着を放棄する修徳的努力において――実存的にも遂行される超越の運動は、「まだ〜ない」というかたちで、思考によっては伝達しえない、神自身の神秘的・秘跡的・終末的な自己顕現を迎え入れる場を開くことになる。このような超出の運動において、精神は、真理把握の自律的な能力としての自己を解体し、把捉不可能なものへの帰属とそことの合致のうちに、自らのあらゆる認識活動と能動的営為の根源と目標を見出すに至るのである。

(4)　沈黙の闇における認識

人間の精神が否定の遂行によって、世界内の客体や内容との結びつきから解き放たれ、それと同時に客体に結びついた自らの理解形態の相対性を見抜くならば、精神は、客体への志向性でも反省的自己意識でもない認識を通じて、つまり主観–客観分裂以前の精神の一なる根源において、超越における自らの起源へと向けて遂行される認識を通じて、自己自身と世界内の対象とを乗り越えて自らを高める。こうして、精神は非対象的で、もはやいかなる表象像によっても媒介されない認識へと突き進み、そこにおいて神の根本的現実を、表象や思考によることなく、真に精神的な接触と分有によって把握することになる。こうした認識はまず、日常的には覆い隠された状態から否定によって解き放たれ、本来それに具わる無制約的にして限界をもたないものへと向かう精神の活力に基づいて遂行され、そのうえに、精神が神そのものの恩寵によって高められることによって完成される。

こうした認識において認識されたものは、もはや理性による客体化の明るみによって照らされるということがないため、この認識は精神の反省的意識からは逃れ去り、精神の根底において、精神の内的強化および実体的充実化として告げ知らされる。この充実に魅惑され、精神はこの「あまりにも明るい闇」（ディオニュシオス・アレオパギテス）において、自己自身から解き放たれ、神の隠れた存在に帰属すること以外何も望まなくなる。根底に向けてのこの静かな自己放棄において、精神の一切の個別的活動は沈黙し、精神は、根底の自己伝達に対する純粋な受容としての存在論的脱自という、一なる根本的活動へと自らを集約していく。こうして精神は、神の自己理解と根本的に合一し、人間精神の根源的光として、あらゆる顕在的な理解を可能にする理解活動において、自らの深層――心理学的意味ではなく存在論的意味での深層――において静まり返る。精神の根底における神とのこのような接触は、反省的意識にとっては「魂の暗夜」（十字架のヨハネ〔Juan de la Cruz 一五四二―九一年〕）と映るであろうが、この接触はむしろ精神を神へと向けて形成し、精神がその認識と意志の能力においてただ神のみに向かうことを可能にし、愛の眼差しにおいて、もはや有限的対象によって媒介されることのない神の現存と自己啓示を覚知するに至らせるものなのである。こうした根源的認識は、言語的にはもはや適切な仕方で伝えることができない。なぜなら、こうした認識は、ただ「ある」、「善い」、「真」、「命」、「愛」などの単純な根本語によって表現されるのみであるが、これらの語はまた常に、皮相で日常的な意味へと堕しかねないからである。根源的認識を逆説や弁証法によって表現するなら、精神をしてその本質的な自己超越の道を辿らせることができるが、これは決して端的な洞察へと導く十分な方途ではない。なぜなら端的な洞察は、概念や構成によってではなく、ただ祈りと愛における受容的態度において、獲得されるものだからである。

五　救済史的啓示の構造

これまでの考察では、あらゆる認識において、広義で根源的な意味での啓示がいかに生起しているかということを示し、認識に対して啓示をもたらす現実が、ディオニュシオス・アレオパギテスの言葉によれば、感覚に結びついた「象徴神学」から、理性的「肯定神学」と「否定神学」を経て最終的に「神秘神学」に至る段階的構造をもつものとして明らかになった。そこで、この考察の締めくくりとして、特殊な意味での救済史的な啓示をいかに理解すべきなのかということについて、若干の示唆を与えておこう。そこで問題となるのは、歴史的出来事は、いかなる仕方で啓示された意味を担い、またそのようなものとして認識されうるのかということである。

すでに見たように、人間に対してまず感覚的に与えられ、次いで精神的に認識される世界内の存在者は、存在の純粋な完全性によって神から構成され、それゆえ神に対して自らを透徹させるものである。ところで、純粋な完全性は、自らのうちに充足するものであるとともに、因果性の原理でもある。なぜなら、現実そのものに対する影響としての因果性は、何らかの意味で存在の伝達である以上、存在そのものを起源とするはずだからである。そのため、存在そのものの特性である純粋な存在論的完全性は、それぞれの仕方で一種の因果性を有し、四種の原因性として自らの内容の充実を伝える。すなわち、存在はまず、その現実態において作用因的活動の原型ないし根源である。また一性は、あらゆるものを自らへと惹きつけ、集約し、合一させる働きをもつ。真理は、範型因的に理解を照らし、そこにおいて、自ら自身とさまざまな真理を理解された意味へともたらすものである。さらに善は、自らを能動的営為に対して差し出すことで、その努力を愛と自由へと展開させ、その活動を目的因的に自らのもとへと引き寄せ、その結果、一切の存在者の「第一動者」および「愛されるもの」（アリストテレス）として、一切の存在者を完成させるのである。

純粋な完全性のもつ原因としての性格は、存在そのものから自然発生的な流出として生じるわけではない。なぜなら、存在そのものは自ら自身と同一であり、それゆえに自らと異なるものを何ら必要としないからである。したがって、存在そのものの根源的な原因性は、形而上学的な必然性に由来するのではなく、自由から、つまり存在そのものをその同一性において遂行しうるものの自由から発するのである。しかし存在そのものを肯定し、遂行しうるのは、ただ精神ないし人格のみである。実際のところ、あらゆる精神的・人格的活動は、質料的存在者の活動のように、存在そのものによって背後から、もしくは根底から支えられているだけでなく、存在——それが現実で、真であり、善である限り——によって直接的かつ形相的に養われているのである。その際に、精神的・人格的原因性は、自ら形成するものにおいて、存在の諸々の完全性（一性ないし秩序、真理、善、美）を、その本来的な完全性に即して表現しうる。人間のあらゆる文化創造は、真・善・美を顕在的に主題化するというまさにその点で、単なる自然的な因果性とは区別される。さらに、人間同士のあらゆる出会いは、そこにおいて互いの一致を求めて真理そのものを伝達し合い、愛と善意において善そのものの実現と贈与を果たし、それによって相手をその存在における完成へと近づけるということによって成立するのである。こうして人間は、その精神的・人格的活動において存在の意味を実現し、その意味を事物の形成を通してその事物のうちに表現できるのであるが、その場合でも、材料のないまま存在そのものを直接に産出することはできないのである。

啓示そのものの核心は、特定の内容を伝達することだけではなく、そこにおいて神が自らを表出し、人間にとって近づきうるものとなるという点にある。そのため、神の存在とその自由な活動の現象としての啓示もまた、純粋な完全性の実現と表出に基づくのであり、こうした完全性そのものを受容し遂行することが可能な、唯一のものとしての人間の認識と意志へと自らを差し向けるものである。啓示においては——確かに人間による世界内的な伝達を通じてではあるが——純粋な完全性が、その無限にして無制約的な原型そのものにおいて現前し、現象するというまさにその点で、啓示は、人間の文化的活動とは区別される。すなわち啓示においては、純粋な完全性は、真理あるいは善性といったその平均的で未規定的な存在論的内実において伝えられるのではなく、まさに無制約的で無限な真理ないし善性として示され、また実行されるのである。こうした啓示は、人間と関わり、人間のために生起するため、啓示においては、純粋な完全性が人間に対する現前と所与性という仕方で現象する。それゆえ、啓示そのものは根本的に、人間に対する無制約的な完全性ないし善の実現であり、自らにとって他なるものである人間における、またそれに対する神の自己伝達と自己譲与の実現なのであり、究極的で最高の形態においては、人間に対する神の純粋なる愛なのである。

人間は、信仰と愛という自らの応答において、啓示と神の自己贈与に対して開かれる限り、自らの存在の最内奥において、このような最高にして無制約的な恵み、つまり神の自己贈与の受け手となる。そのために啓示は、単なる文化的営為や人間同士の自然本性的な関係にも優って、存在の純粋な完全性の威光によって人間をその内奥から変革し、刷新する力を有するのである。また啓示は、単なる意味伝達に限られることはなく、直接に神の無制約的存在そのものから発するものである限り、その意味を新たな存在として、確固たる具体的現実性というかたちで実現することができる。このようにして、世界のうちで認識され、人間を実際に刷新する自由で救済史的な働きにおいて、神は世界内の一切の前提なしに働き、かつ完成をもたらしうるものとして現れるのであり、パウロによればアブラハムが信じたように、「存在していないものを存在へと呼び出し、死者に命を与え、罪人を義とする」(ロマ四・一七、二五参照)働きかけのうちに顕現するのである。

第一一章　生きる拠りどころとしての言葉

一　言葉の研究と言葉との出会い

ここ二世紀余にわたる聖書解釈学の隆盛により、聖書の理解に役立つ膨大な歴史的・文献学的資料やさまざまな言語学的方法が提供されてきた。聖書のテクストのもつ元来の意味に迫ろうとする聖書読解にとって、それらは必ずや大きな助けとなることであろう。しかしながら、聖書解釈学はその本来の務めに従う限り、聖書のテクストと読者との生きた出会いに代えて一定の出来合いの結論を打ち出したりするのではなく、むしろ理解の妨げとなるものを取り除くことを目指している。したがって、聖書の言葉を理解へと開示せしめる根源的な行為は、書き記されて読解されうるものとなったテクストに基づく解釈ではなく、その書き記されたテクストを通じて響いてくる生き生きとした言葉を、耳を澄まして聴き取ることである。

聖書の書記者やイエス自身の述べることからも、言葉の理解は、聴く行為に本質的に基づいている。なるほど、聖書における啓示の展開を推し進めている思索や省察の果たす役割を見逃せないにしても、そうした思索や省察も、やはり聴き取ろうとする姿勢のうちに行われているのであるから、いずれにせよ理解というものは、その基盤である聴くという根拠から遊離することはできない。聴くという行為は、それゆえ理解の外的制約、つまり受け手に固有な理解可能性に沿って判読されるような、伝達内容の単なる受信ではない。むしろ聖書においては、聴くことと理解することとは、内的に結びつき合っており、まさに理解することそれ自体が聴き分けること、聴き入れることにほかならない。そしてそれは、聴くことを通じて顕わになる語り手と聴き手の具体的な関わり合いのうちで遂行される。「お前たちは知ろうとせず聞こうとしないのか」（イザ四〇・二一）と質されるように、聴くことこそ、知ること、理解することの根本なのである。

ただし聖書の言葉は、単なる理論的な言明とは異なり、究極的には言葉それ自身が行為であり、出来事なのであって、聴き手に言葉の内容を差し向け、聴き手の受諾を通じてその内容を実現させる。「お言葉どおり、この身に成りますように」（ルカ一・三八）。言葉のうちに神の意志が伝えられ、果たされる限り、言葉は「救いをもたらす神の力」（ロマ一・一六）の現れと実現である。それゆえ、正しく耳を傾け聴くことは、聖書ではそのこと自体がすでに救いの始まりであり、かつ救いの包括的な根拠なのである。

ところで、聴くことがそれ自身の構造を具え、その諸条件や企図について理解可能な行為であるならば、聴くことそれ自体の本質的な根本構造を吟味することによって、聴く行為を可能にしているいわば言葉の光というべきものを、人間論的な地平から際立たせることが可能なはずである。そこで以下では、哲学的な洞察と聖書の表現とを噛み合わせ、相互に照明させ合うことにより、聴くという行為を、聖書の言葉自身から促され要求される解釈学的もしくは前解釈学的な根本行為として、しかもその行為を通じて達成される聴き手たる主観の自己変革に即して、検討することにしたい。

二　聴き手における言葉のはたらき

ものを見るという行為では、注意が連続的な体験野の枠内でさまざまな対象の間にさ迷うことができるのとは異なって、言葉を聴くことでは、注意が言葉自ら思いがけない創始として人間の自立的な領野に出現し、聴取されることを求める。この呼びかけとしての言葉は、主観を中心とする対象世界へその一部として組み込まれるのではなく、逆に直接、聴き手の自由な主観性を、つまり聖書の表現で言えば、自らに固有な名をもつ個人を言葉のほうへと引き寄せる。「あなたはわたしのもの。わたしはあなたの名を呼ぶ」（イザ四三・一）。そのため伝達内容の理解にも先立ち、聴き手は言葉によって抗いがたく、日々住み慣れた自己充足的領域から引き離され、語り手との関係へと開かれ、呼び入れられる。

聴き手のあらゆる理解地平と行動地平を支える主観性そのものが、言葉から捉えられる限り、呼びかけの聴取は聴き手の具える主観中心的な対象世界の閉鎖性を破り、そのようなすべての志向的所有もろともに聴き手を呼びかけることで、自らの現存を証示する語り手の、つまりは「主」の圏域へと踏み入らせる。それゆえ、呼びかけにおいて聴き手は、自らの独話的世界の孤独から解放され、聴き手の全面的参与を要求する専一的な関係のうちへ招き入れられる。「聞け、イスラエルよ。我らの神、主は唯一の主である」(申六・四)。呼びかけが報告や通達や指令などの対象性に解消されえず、したがって聖書にも、「聴く」ということが聴かれる内容を伴わずに独立に用いられる限り、すでにそこにも、主観に対しそのように無条件的に呼びかけることのできる者の比類のない唯一絶対性が基本的に示されている。というのも、その場合に要求されているような無制約的に聴く態度においては、もはや主観は、自己自身にも対象界にも対人関係のうちにも退避できず、自己自身を出て、それ自体として自己に関わってくる偉大な者だけに直面せざるをえないからである。

こうした呼びかけは、どこまでも主観には還元されえないので、聴き手の基本的な自己理解や体験野は、呼びかけによって再編されることになる。そのため、聴取してからも人間はこの呼びかけを自らの思量によって見通すことはできず、逆に、自らが呼びかけられ見通されていることを知るだけである。「主よ、あなたはわたしを究め、わたしを知っておられる。座るのも立つのも知り、遠くからわたしの計らいを悟っておられる」（詩一三九・一—一二）。そのようにして、人間の主観性には由来しないものとして言葉が示される限り、言葉は人間の外から訪れるが、しかしこの「外」とは、物理的な外部とは本質的に異なる。なぜなら、言葉は聴き手の主観性そのものを根底から目覚めさせ、聴き手に向かって聴き手のために語られたものとして現れ、ゆえに聴き手は「どうしてわたしを知ってお られるのですか」（ヨハ一・四八）と問わずにはいられないからである。こうして言葉の疎遠さは消え、「門番は羊飼いには門を開き、羊はその声を聞き分ける。羊飼いは自分の羊の名を呼んで連れ出す」（ヨハ一〇・三）ように、言葉は身近で信頼できるものとして現れる。言葉が、呼ばれる人に聴くことを迫り、そうすることによって自分の姿を認めるように、自己自身へと向き合わさせるので、人間は根源的な言葉のうちに、自らの存在の根底からして自己が本来いかなる者なのか、またいかにあるべきなのかを見届けるのである。「主の言葉がわたしに臨んだ。『わたしはあなたを母の胎内に造る前からあなたを知っていた』」（エレ一・四—五）。こうした言葉は、時間のうちでの全き創始として語りかけてくるとともに、語りかけられた者に対して、その人の純粋に根源的な本質を言い渡す。それは、言葉が人間の全実存を要求し、生かし、それによって自らが人間の存在にとって構成的な基盤であることを知らせるからにほかならない。このように歴史的に出現する言葉と、無から有を呼びだす（ロマ四・一七参照）創造の言葉（創一・三参照）とは、いずれも言葉の出来《しゅったい》という同一の出来事として連続している。それゆえ、まさに語りかけられた者が、歴史的な呼びかけを自らの存在の自己遂行の根源ないしは「種」（マタ一三・三―九参照）とし、そうして自らの全存在を聴く行為へと投入することが可能となるのである。

しかし、言葉がこのように実存の根底にまで迫るのであるなら、言葉の要求に従う人間の在り方は、単なる偶然的な世の移ろいやそれに動かされる恣意とは明らかに区別される。「というのは、神の言葉は生きており、力を発揮し、どんな両刃の剣よりも鋭く、精神と霊、関節と骨髄とを切り離すほどに刺し通して、心の思いや考えを見分ける」（ヘブ四・一二）からである。人間が勝手に考え出した言葉によっては、うわべの自己安息を真の平和と思い込むだけで（エレ六・一四参照）、神の真理とは合致できず、頽落状態を深めるばかりとなる。これに対して、真に神によって与えられた言葉においては、人間は、その言葉から自らの生き方が根底的に問い質されていることを自覚して、偽りの態度を改め、真理そのものに対面できるような根源的な自己刷新を遂げる力を得るのである。

言葉はそれゆえ、「今日こそ、主の声に聞き従わなければならない」（詩九五・七）というように、聴き手の今、ここにいて（ルカ四・二一、二コリ六・二参照）言葉を聞き遂げることを求める。だがそれは、人間の自由な決断を通して、すなわち語りかけへと開かれた姿勢で耳を傾け、必要とあらば、自らの改めようとする決断においてのみ達成される。その際、言葉が人間の自由に関わってくるとき、聴き従おうと決断できた人は、ほかならぬこの自由な決断もまた、贈られたものであることを知るに至るのである。「朝ごとにわたしの耳を呼び覚まし、弟子として聞き従うようにしてくださる」（イザ五〇・四)。

聴き入れようとする意志によって、今や人間は、言葉から自らの弱さが暴かれるのではないかという恐れを克服し、積極的にその言葉を自己へと返し、語られる言葉から自己自身を理解しようと努めるようになる。そのとき言葉は、その人間の存在を真理で照らし、ありのままに認め、しかも慰めつつ受け入れながら救いの未来を約束することになろう。かくしてその人自身には隠され、いかなる反省や自立的決断でもっても達しえないその人自身の深みが、その人に開示されるのである。というのも、すでに呼びかけの言葉それ自体に、聴き手が自己自身として肯定されるような聴き手への人格的関わりが具わっていて、聴き手の自己完成のために協力すべく見通しが開かれるからである。「わたしは神が宣言なさるのを聞きます。主は平和を宣言されます」(詩八五・九)。

とはいえ、聴き手に完成の希望を与える言葉は、同時にそれが語り出されただけで、すでに聴き手に自己超越を促し、その言葉によって切り開かれた次元へと踏み込んでくるよう喚起する。なぜなら言葉には、聴き手が語り手を自分の理解と意志の起点とし、その言葉に自らを賭けるという要求が含まれているからである。それゆえ言葉は、ただ外から聴き手の閉じられた世界の壁を打破するのではなく、それ自身聴き手の最内奥に宿るとともに、聴き手の自発性を呼び起こすことで、語り手との人格的な関わりへと招き入れるのである。甘やかな「惑わし」(エレ二〇・七)にも似たこのような招きにおいて、語り手は自らを聴き手に対して信頼できる汝として現す。語りかけにおいて伝達される課題等は、それに対して副次的で、語りによって開かれる相互の信頼関係、いわば「契約」のもとに従属している。ゆえに見るという行為においては、具体的なものは普遍的な意味の地平のうちで代替可能なものとして現れるのに対し、聴くときには、相手が第一の者として現れ、そこから初めて汝の語りかけの内容に貫かれた世界が、意味連関として形成されるのである。

この呼びかけは、最初は人をおののかせ、うろたえさせる（ルカ一・二九参照）が、人間は根源的な汝への道を踏み出し、その方向づけに従って、自らの存在の新たな中心を見出そうとすることになる。聴き手の日々親しんでいた理解連関は、この新しい道で相対化され、しかも代わりとなる新たな理解の枠組みもまずは現れてこない。すなわち、語り手は呼びかけにおいて、自らをその根源まで還元不可能な存在と現存において「わたしは在る」（出三・一四）ものとして告げると同時に、自らをも呼ばれうる者にしてくださるのだが、この力強く親密な現存にもかかわらず、視覚的・知的把握の対象とはならない隠れたままの仕方で顕わになるのである。ただし、それにしても聴き手は語り手をまったく知らないわけではなく、聴き従おうとする自らの姿勢を通して、直接には反省も確認もできないような仕方で語り手に具体的に触れるのである。それゆえ聴き手は、その言葉を自己自身に立脚するような理解へと、つまり、自分の内的力に基づく直視に拠るような洞察へと解消させるわけにはいかず、あくまで神に向かう脱自的関係において、語られる言葉自身に立脚せざるをえない。しかし、まさにそのことによって、言葉は聴き手に対し揺るぎなくそれ自体で信頼できる根拠として現れ、その根拠のうちへと聴き手は聴従しつつ自らを委ね入れるのである。「わたしの言葉に留まるならば、あなたたちは本当にわたしの弟子である」（ヨハ八・三一）。そのように聴き手は「神の口から出る一つひとつの言葉で生きる」（マタ四・四）者となり、言葉の力と意義によって、自分の思惟と意志の地平を形成していただく。それにもかかわらず、言葉そのものはそれ自体では実体のない透明な媒介者であり、語り手からの、そして語り手への関係を結ばせることを本質としている。そのために、聴き手は言葉を自らに受け入れ、そのようにして自らを言葉のうちへと受け入れていただくことを通じて、語り手自身へと媒介され、語り手自身のうちへと受け入れられているのである。「わたしを信じる者は、わたしを信じるのではなくて、わたしを遣わされた方を信じるのである。……なぜなら、わたしは自分勝手に語ったのではなく、わたしをお遣わしになった父が、わたしの言うべきこと、語るべきことをお命じになったからである」（ヨハ一二・四四、四九）。

したがって言葉は、それが語り手から発出し、語り手を指示しつつ語り手へと還りゆく限り、語り手から、かつ語り手へという二重の運動を遂げる。「そのように、わたしの口から出るわたしの言葉も、……わたしの望むことを成し遂げ、わたしが与えた使命を必ず果たす」（イザ五五・一一）。言葉に具わるこの連関を、聴き手は一心に耳を傾け、言葉による自己変革に耐え抜くことによって、自らのうちに実現させることができる。もっともその際、聴き手が自分自身に立脚するというよりも、真理に生かされている者として自らを理解している。「真理に属する人は皆、わたしの声を聞く」（ヨハ一八・三七)。

語り手による言葉の発出は、聴き手の聴従において受けとめられたとき、聴取された真理が聴き手の心の中に実現される。「あなたがたは、真理を受け入れて、魂を清める」(一ペト一・二二)。言葉がそのように聴き手を「信仰による従順」(ロマ一・五)へと至らせるので、聴き手はその言葉を「心に納めて、思いめぐらす」(ルカ二・一九、五一)ことによって浄化され、主観性が透明になって語り手へと結ばれる。「わたしの話した言葉によって、あなたがたはすでに清くなっている」(ヨハ一五・三)。

ところが、言葉は聴き手の清められた心の中で響くことによって、語りかけに応答するようにと導き、その応えは「主の名を呼び求める」(ロマ一〇・一三)ことに結実する。聴き手は、言葉によって開かれた関係に沿って進み、「霊に結ばれて」語り手のもとに「近づくことができ」(エフェ二・一八)、「感謝を込めて祈りと願いをささげ、求めているものを神に打ち明ける」(フィリ四・六)ようになる。聴従が「霊と真理をもって礼拝する」(ヨハ四・二三)祈りへと発展するにつれて、「言《ことば》は、自分を受け入れた人……に神の子となる資格を与え」(ヨハ一・一二)、神は「御心のままに、真理の言葉によって」その人を「生んでくださいます」(ヤコ一・一八)。人間は、その本質において自己完結的ではなく、言葉の聴き手だからである。それゆえ「神の言葉を受けた人」(ヨハ一〇・三五)のうちに、「霊であり、命である」(ヨハ六・六三)この言葉が、「人の言葉としてではなく、神の言葉として受け入れ」られると、それは「信じている」者「の中に……働いているのです」（一テサ二・一三）。

初出一覧

初出出典は以下のとおりである。主に『超越体験』（初版一九八二年。後の版〔第八版まで〕に追加された論文がある）として自費出版されたものに基づく。小著作集に収録するにあたり、必要な改訂を行った。

第一章　語ることと聴くこと
稲垣良典他著『知ることと信じること――哲学入門』（勁草書房、一九八一年）酒井一郎訳。改訳、釘宮明美。

第二章　ニヒリズムに臨む宗教
上智大学神学会編「カトリック研究」第四〇号（上智大学神学会、一九八一年）酒井一郎訳。改訳、釘宮明美。

第三章　作製的理性と意義の肯定
比較思想学会編「比較思想研究」第三〇号（比較思想学会、二〇〇三年）特集「科学技術時代における救いと悟り」小島優子訳。改訳、釘宮明美。

第四章　意義の発見から神との出会いへ
「ソフィア」第一九巻第三号（上智大学、一九七〇年秋季）高柳俊一、L・アルムブルスター訳。改訳、釘宮明美。本章の注（8）の初出出典は以下のとおりである。K. Riesenhuber, Connaturalitas, Erkenntnis durch, *Historisches Wörterbuch der Philosophie*, Bd. 2, Basel 1971, Sp. 1029–1031.

第五章　超越理解と神経験
上智大学神学講座運営委員会編『神を求める』（エンデルレ書店、一九七七年）原題「人間と神」、渡部清訳。改訳、釘宮明美。

第六章　祈りの人間論的構造
上智大学宗教教育研究所編『キリスト教を生きる祈り』（エンデルレ書店、一九七四年）原題「祈りの人間学的理解」、塩谷惇子訳。改訳、釘宮明美。ドイツ語原文は、Gebet als menschlicher Grundakt として、Günter Stachel (Hg.), *Ungegenständliche Meditation — Festschrift für Pater Hugo M. Enomiya-Lassalle SJ zum 80. Geburtstag*, Matthias-Grünewald-Verlag, Mainz 1978, S. 317–339 に掲載。

第七章　根本決断の構造
上智大学神学会編「カトリック研究」第三二号（上智大学神学会、一九七七年）本間英世訳。改訳、釘宮明美。

第八章　現代思想における黙想

上智大学神学会編「カトリック研究」第三八号（上智大学神学会、一九八〇年）原題「現代思想における瞑想」、九里彰訳。改訳、釘宮明美。

第九章　非対象的瞑想の理解のために

上智大学神学会編「カトリック研究」第五四号（上智大学神学会、一九八八年）矢玉俊彦訳。改訳、釘宮明美。ドイツ語原文は、Zum Verständnis ungegenständlicher Meditation として、Internationale katholische Zeitschrift 4/86, Communio-Verlag, Juli 1986, S. 320-331 に掲載。英訳は、Understanding nonobjektive meditation として、Communio — International Catholic Review, Quarterly, winter 1988, pp. 451-467.

第一〇章　存在認識と啓示の哲学

山岡三治・井上洋治共編『啓示と宗教——キリスト教の存在意義をめぐって』（サンパウロ、一九九八年）、村井則夫訳。

第一一章　生きる拠りどころとしての言葉

『思想』六一九号（岩波書店、一九八四年十二月）酒井一郎訳。改訳、釘宮明美。

主要著作一覧

（著　作）

Existenzerfahrung und Religion, Matthias-Grünewald Verlag, Mainz, 1968;（ポルトガル語訳、experiência existencial e religião, São Paulo, Ed. Loyola, 1972）

Die Transzendenz der Freiheit zum Guten; der Wille in der Anthropologie und Metaphysik des Thomas von Aquin, Berchmanskolleg Verlag, München, 1971.

Maria: im theologischen Verständnis von Karl Barth und Karl Rahner, (Quaestiones disputatae 60), Herder, Freiburg, 1973.

『超越体験』（自費出版）、一九八二年

『中世における自由と超越』創文社、一九八八年

『西洋古代中世哲学史』放送大学教育振興会、一九九一年（『西洋古代・中世哲学史』平凡社ライブラリー、二〇〇〇年）

『中世哲学の源流』創文社、一九九五年

『内なる生命――霊的生活への導き』聖母文庫、一九九五年

『われらの父よ――「主の祈り」を生きるために』教文館、一九九六年（『主の祈り』として自費出版、一九八七年）

『中世思想史』平凡社ライブラリー、二〇〇三年、『中世思想史―総索引』（『中世思想原典集成』別巻）平凡社、二〇〇二年（韓国語訳、The Open Books, 二〇〇七年）

『超越に貫かれた人間――宗教哲学の基礎づけ』創文社、二〇〇四年

『知解を求める信仰』ドン・ボスコ社、二〇〇四年

『中世における理性と霊性』知泉書館、二〇〇八年
『近代哲学の根本問題』知泉書館、二〇一四年
（編　著）
『中世研究』（上智大学中世思想研究所編）一―一一巻、創文社、一九八五―一九九九年／一二巻、知泉書館、二〇〇七年
『教育思想史』（上智大学中世思想研究所編）全六巻、東洋館出版社、一九八四―一九八六年
『中世思想原典集成』（上智大学中世思想研究所編）全二〇巻、別巻一、平凡社、一九九二―二〇〇二年
『図説キリスト教文化史』（上智大学中世思想研究所監修）全三巻、原書房、一九九三―一九九四年
『キリスト教史』（上智大学中世思想研究所編）全一一巻、平凡社、一九九六―一九九七年（初版は講談社より刊行、一九八〇―一九八二年）
『キリスト教神秘思想史』（上智大学中世思想研究所編）全三巻、平凡社、一九九六―一九九八年
『イエズス会の歴史』（上智大学中世思想研究所監修）原書房、二〇〇四年
（共編著）
『トマス・アクィナス研究』創文社、一九七五年
『中世における知と超越』創文社、一九九二年
『西田幾多郎全集』一四巻―一六巻、岩波書店、二〇〇四―二〇〇八年
（記念論文集）
『中世における信仰と知』（上智大学中世思想研究所編『中世研究』第一三号）知泉書館、二〇一三年

＊　上記以外の論文、刊行物等を含む詳細は、J-GLOBAL（科学技術総合リンクセンター）のデータベースにて参照可。

全巻目次

第Ⅰ巻　超越体験

第Ⅱ巻　真理と神秘

第Ⅲ巻　信仰と幸い

全巻目次

第Ⅴ巻　自己の解明

クラウス・リーゼンフーバー（Klaus Riesenhuber）
1938年ドイツ，フランクフルト生まれ。1958年イエズス会入会。1962年 Berchmanskolleg, Pullach, Lic. phil. 1967年 Ludwig-Maximilians-Universität München, Dr. phil. 同年来日。1971年司祭叙階。1972年上智大学，Lic. theol., M. Div. 1989年上智大学，神学博士。
〔職歴〕1969年上智大学文学部専任講師。1974年上智大学文学部助教授，同大学中世思想研究所所長（—2004年）。1981年上智大学文学部教授。1990年秋川神冥窟（坐禅道場）主任（—現在）。2009年上智大学名誉教授。ほかに，放送大学，東京大学，九州大学，東北大学，東京都立大学（現首都大学東京），早稲田大学，慶應義塾大学などで教える。

クラウス・リーゼンフーバー小著作集 I

〔超越体験〕　ISBN978-4-86285-215-1

2015年 8 月 5 日　第 1 刷印刷
2015年 8 月 10 日　第 1 刷発行

著　者　クラウス・リーゼンフーバー
発行者　小　山　光　夫
印刷者　藤　原　愛　子

発行所　〒113-0033 東京都文京区本郷1-13-2
電話03(3814)6161 振替00120-6-117170
http://www.chisen.co.jp
株式会社 知泉書館

Printed in Japan　印刷・製本／藤原印刷

人名索引

ライプニッツ（Gottfried Wilhelm Leibniz）……344
ラーナー（Karl Rahner）……358
ラ・メトリ（Julien Offray de La Mettrie）……93
ルター（Martin Luther）……228, 229
レヴィナス（Emmanuel Levinas）……357

事項索引

あ　行

か　行

さ　行

た　行

な　行

は　行

ま　行

や～わ　行